三亚学院课程思政建设项目《武术》项目编号：SYJKSZ2023103

我国武术教育发展及推广研究

薛　阳　李晓媛　著

中国海洋大学出版社

·青岛·

图书在版编目(CIP)数据

我国武术教育发展及推广研究 / 薛阳，李晓媛著
. —青岛：中国海洋大学出版社，2023.5
　　ISBN 978-7-5670-3513-3

Ⅰ.①我…　Ⅱ.①薛…②李…　Ⅲ.①武术-体育教
育-研究-中国　Ⅳ.①G852-4

中国国家版本馆 CIP 数据核字(2023)第 090187 号

出版发行	中国海洋大学出版社		
社　　址	青岛市香港东路 23 号	**邮政编码**	266071
出 版 人	刘文菁		
网　　址	http://pub.ouc.edu.cn		
电子信箱	2586345806@qq.com		
订购电话	0532-82032573(传真)		
责任编辑	矫恒鹏	**电　话**	0532-85902349
印　　制	日照报业印刷有限公司		
版　　次	2023 年 5 月第 1 版		
印　　次	2023 年 5 月第 1 次印刷		
成品尺寸	185 mm×260 mm		
印　　张	16		
字　　数	332 千		
印　　数	1～1000		
定　　价	68.00 元		

发现印装质量问题，请致电 0633-8221365，由印刷厂负责调换。

前　言

　　武术是中华民族优秀文化的宝贵遗产,在当代教育中承载着弘扬民族精神、培育民族意志的历史重任。武术教育是伴随武术文化传承与发展的主要动力源泉和核心价值之一,教育不仅维系着武术的传承,还推动着武术的发展。对于武术教育价值的认识,是一个认识、实践、再认识、再实践,不断深入的过程。结合当今的时代要求提出武术教育的发展方向,应该更好地发挥科研理论的指导作用,从而推动武术教育高质量健康发展。

　　武术在其漫长的发展历程中逐步形成了内容丰富、价值广泛、文化色彩浓厚的体育文化形态。然而,在科学技术水平不断发展、全球化进程加速以及体育市场化的强烈冲击背景下,武术留下的精神文化财富在现代体育发展中也已经开始慢慢被人淡忘,这不仅对传统武术的传承和发展提出了新的挑战,也对传统武术的创新发展提出了更高的要求。在此背景下,撰写本书,旨在为我国武术在当代的体育事业中得到发展与推广奠定坚实的理论基础。

　　本书以武术概念与发展史为切入点和研究基础,全面分析了武术发展现状以及武术与中华民族传统文化教育的关系,并具体阐述了武术文化教育的传承与发展机遇。在此基础上,深入研究了武术教育价值及武术教育发展体系的构建,进而结合具体实践,探讨了我国武术教育与校园文化、课程思政、体教融合、全人教育以及网络文化方面的互融发展,并进一步对我国武术推广进行了研究,主要探讨了太极拳、散打以及长拳运动的推广,为我国武术文化教育的不断优化提供了科学的实践指导,以促进我国武术教育的可持续发展。

　　本书的撰写借鉴了国内外许多专家、学者的最新研究成果和出版文献,在此一并表示感谢。另外,由于撰写人员水平有限,书中难免存在疏漏之处,敬请读者批评指正。

作　者

2022 年 10 月

目　录

第一章 武术概述

第一节 武术的概念与分类

一、武术的概念

（一）武术的词义解析

在我国不同的文献中，对"武术"一词的理解与解释不同。随着武术的不断发展，武术的概念内涵和外延也在不断发生着变化。关于"武术"一词的词义不同学者从不同角度进行了解析。

"武术"一词，在我国文献中，最早见于南朝《文选》收录的颜延之《皇太子释奠会作诗》中记载："偃闭武术，阐扬文令。"诗中"武术"词意指"停止武战，发扬文治"，而并非现在所说的武术。颜延之在其诗中对"武术"的词义解释显然与我们现代所理解的武术的含义相去甚远，甚至思维并不在一个同等维度上，所以这只能认为是给我们为"武术"下定义提供了一种另类的参考。

在我国古代典籍《礼记》《荀子》和《汉书》中都有关于武术内涵的解析。例如，《礼记·王制》将武术的具体内容概括为"执技论力"；《荀子·议兵》《汉书·刑法志》又称"武术"为"技击"，汉代又称为"手搏"之技。

《辞海》中，将"武"解释为一种"干戈军旅之事"；"术"指"整军经武的技术和方法"的意思。从字义上讲，"武"字被解释为依靠威力服人，或是"讲武论勇"。由武术字义来看，可以将其看作是一种力、技、击、法的方法。

武术的概念始终处于不断变化发展中。要想探讨真正的武术概念，就需要对不同时期的武术概念的发展变化有所了解。因为每一个时期对武术概念的表述都反映了当时的社会背景，普通百姓及统治阶级对武术的态度。

尽管武术在不断地发展和变化，但武术始终以"技击"为根本属性，武术的技击属性始终不变。我国武术具有攻防技击价值。许多具有这一本质属性的格斗技术聚集在一起，就构成了武术。

概括来讲，在我国古代，"武术"指军事技术，即古代战争技术。也正因如此，"兵器"

被称为"武器","军事"被称为"武事","军备"被称为"武备"。现在的"武术",根据《现代汉语词典》的定义,是以中华文化为理论基础,以技击方法为基本内容,以套路、格斗、功法为主要运动形式的传统体育。

(二)武术概念外延

我国武术在其发展历程中受到传统文化和西方外来文化的影响。近代以来,西方外来文化传入我国后,对我国的传统文化产生了很大的冲击,这其中就包括武术文化。火器发明之后,凭借其杀伤力、杀伤面和杀伤距离等优势被更多地使用到了军事领域,我国传统军事中的武术技击价值大大降低,武术的军事功能逐渐被弱化,武术在人民群众中更多的是以强身健体的运动形式存在。

随着我国传统文化的不断发展,我国武术的内容体系越来越丰富。但必须指出的是,武术的本质——技击价值仍旧没有完全消退,仍旧可以使练习者掌握一定的攻防技击能力和技术,以便在必要时起到防身的作用。

武术传承到今天,已经与过去大有不同了。概括来讲,从传统武术概念的外延来看,武术是包括不同运动形式和不同演练特点的所有武术项目。

二、武术的内容与分类

中华武术历经数千年发展和演进,集攻防技击、娱乐观赏、修身养性、教育和竞技比赛等诸多功能于一身,其内容之丰富、理论之精深是毋庸置疑的。现代武术与传统武术是一脉相承的,传统武术是现代武术的活水源头,现代武术吸取传统武术的技法结构,并在此基础上发展,在价值取向上发生了很大的变异。随着武术技术的蓬勃发展,现代武术的竞技价值和健身价值显得更为突出,需要对其进行多元化分类。武术运动发展到今天,它的内容和形式有了很大的发展变化,由于人们认识武术的角度不同,其分类方法也不尽相同,有按性质和功能进行分类的,也有按运动形式进行分类的。这些分类方法不仅有利于展示现代武术的基本内容,区分武术技术特征的不同,而且可以揭示武术运动的某些规律和所属技术间的相互关系。

(一)按照功能分类

武术根据其体育属性和功能,可分为竞技武术、群体武术、实用武术和学校武术。

1. 竞技武术

竞技武术是为了最大限度地挖掘和发挥人体的运动潜力,展示出精湛的技艺,以争取优异成绩和获得成功为目的。竞技武术不仅具有其他竞技体育项目所共有的专业化、职业化、高水平化、超负荷、突出竞技性的特点,而且自身特点鲜明,主要包括以下特点:首先,运动强度大、时间短、速度快、节奏分明,运动员完成全套动作用时 1 分 30 秒左右;其次,动作难度大、变化多、技术复杂;最后,追求完美、动作质量和演练水平的高度统一,充分展示了武术的表现力,具有形神兼备的典型特征和竞技美。专业性和竞争性是竞技武术最为显著的特点。

竞技武术大致包括竞赛制度、运动队训练体制和技术体系三大部分。以竞技武术为形式的国际性武术比赛有世界武术锦标赛以及洲际性武术比赛。竞技武术在国内是以中华人民共和国全国运动会(简称"全运会")为最高层次,以全国武术锦标赛和个人冠军赛为龙头,以武术套路、散打为竞技主要内容的结构模式。其中,武术套路竞技内容有长拳、太极拳、南拳、剑术、刀术、枪术、棍术、其他拳术和其他器械、对练项目和集体项目等。其他拳术按类别可分为四类:第一类,形意拳、八卦拳、八极拳;第二类,通背拳、劈挂拳、翻子拳;第三类,地躺拳、象形拳等;第四类,查拳、华拳、炮拳、红拳、少林拳等。其他器械可分为三类:第一类为单器械,第二类为双器械,第三类为软器械。对练项目可分为徒手对练、器械对练、徒手与器械对练。集体项目则是按规则进行徒手、器械或徒手加器械的集体演练习。散打竞技是将运动员体重划分为 11 个级别进行实战比赛。散打经过 40 多年的总结、改进和发展,与国际竞技体育接轨,已成为一项以踢、打、摔为技术内容,以双方格斗为形式的技能主导类格斗对抗性竞技体育项目。在技术发展方向上,武术套路以突出竞技特点、提高技术水平和鼓励发展创新为基本内容思想,使技术向"高、难、美、新"的方向发展。散打技术的发展方向是强化体能、技法全面、突出个性、快狠巧准。竞技武术发展的最高目标是进入奥运会。

2. 群体武术

武术最基本的活动形式是人体运动。一般来讲,只要进行正常的人体活动,就可以增进健康,达到修身长寿的目的。武术是喜闻乐见的传统体育项目,具有广泛的群众基础。群体武术是以普及为基础的,旨在强身健体而开展的群众性武术活动,有助于群众消除畏难心理、强身健体、休闲娱乐。它的特点是大众性、广泛性、自觉性、灵活性、娱乐性。群体武术涵盖的内容广泛,源流有序、脉络清晰、风格各异、自成体系的拳种至少有100 多种,还有流传于民间的不同风格的套路以及各种功法等。群体武术的内容也包括针对武术普及和全民健身计划制定的段位制和健身养生锻炼方法。群体武术内容丰富多彩,形式多种多样,有利于武术广泛普及,推进了武术的社会化。

3. 实用武术

以个体间格斗为特征的武术早于军事产生,其内在动力是保障个人利益和维护安全的需要。虽然,古代凭借士兵武艺技能的作战手段被现代化的先进武器所替代,然而,公安、武警、保安等特种职业,对徒手搏杀技能仍然极为重视。实用武术以部队士兵和公安武警为对象。它的特点是简单实用,讲求一招制胜和力法、技击方法等攻防技能。特警、防暴警察等在训练内容上主要有四科,即射击、奔跑、游泳和擒拿格斗,其中擒拿格斗技术将散打规则中的禁止部位作为重点攻击点,鼓励狠招,以实用武术为主。武术的发展依赖于社会需求。在当今社会,实用武术仍然在公安、特警、治安等公职部门和民间发挥自身的作用。防卫功能是武术存在的基础,是武术的主要功能。

4. 学校武术

学校武术主要体现了武术的教育功能。武术学校是系统传授或介绍武术基本功和技能的学校。武术学校以规定的武术教学内容为主,而军事院校、公安学校以擒拿、格斗、搏击为重点教学内容。

(二)按照运动形式分类

武术运动按照运动形式分类,可分为功法运动、套路运动和搏斗运动。

1. 功法运动

功法运动是以单个武术动作为主体进行练习,以达到健体或增强某方面体能的运动。例如,专习浑元桩可以调心、调身、调息,长时间站马步桩可以增强腿力。

传统功法运动的内容丰富多彩,按其形式与内容可分为内功(内养功)、外功(外壮功)、轻功(弹跳)、硬功(击打和抗击打)四种。前人根据实践经验总结出来的有些功法一直延续至今,如"拍打功""沙包功"等仍是提高武术专项技能的有效训练方法和手段。

2. 套路运动

套路运动是指以技击作为内容,以攻守进退、动静疾缓、刚柔虚实等矛盾运动的变化规律为依据编成的整套练习动作。套路运动的主要内容有拳术、器械、对练、集体演练。

(1)拳术。

拳术是指徒手练习的套路动作。拳术的种类很多,如长拳、太极拳、南拳、形意拳、八卦拳、通臂拳、象形拳。

(2)器械。

器械是指手持兵器进行练习的套路运动。器械又可分为长器械、短器械、双器械、软器械。目前,最常用的器械是刀、剑、枪、棍,它们是武术竞赛的主要项目。

(3)对练。

对练指在单练基础上,由两人或两人以上在预定条件下进行的假设性攻防练习。对练主要包括徒手对练、器械对练、徒手与器械的对练等。

(4)集体演练。

集体演练是指集体进行的徒手、器械或徒手与器械的演练。在竞赛中通常要求六人以上,可变换队形、图案,也可用音乐伴奏,要求队形整齐,动作协调一致。

3. 搏斗运动

搏斗运动是两人在一定条件下按照一定的规则进行斗智、较力、较技的实战练习形式。目前武术竞赛中正在开展的搏斗运动有散打、推手等。

(1)散打。

散打,是两人按照一定的规则使用踢、打、快摔等方法制胜对方的竞技项目。

(2)推手。

推手是两人遵守一定的规则,使用掤、挤、按、采、捌、肘、靠等手法,双方粘连黏随,寻机借劲发力将对方推出,以此决定胜负的竞技项目。

第二节　武术的起源与发展

一、武术的起源

(一)武术的雏形

1. 武术技能动作的生产生活基础

武术是在人类生产生活中产生的,武术的运动雏形产生于原始人类社会。远古时代,生产力极为低下,人们依靠大自然来获取最基本的生存资料,人们的生存生产环境十分恶劣,必须与大自然进行不同形式的斗争才能生存下去。人们在长期的生产活动当中,通过一些日常与野兽进行抵抗的技能动作(如拳打、脚踢、躲闪等)和原始工具(如石头、木棒、兽骨等)形成了最初的搏斗技能——劈、砍、刺等,经过实践活动逐渐熟悉掌握,并有意识地传授给下一代。武术基本动作的原型都源于这些技能。

人类群居而生,生产生活技能代代相传,这是人类得以从远古时期一直发展和拥有现代文明的重要基础,早期人类与自然搏击、与兽争斗的各种技能有意识地不断改进并传授给下一代,也正因如此,武术的发源通常被认为是原始社会的简单搏斗技能。但是,这种原始的、基于本能的技能依旧属于生产技能的范畴,它的产生为武术技能的动作丰富和取材奠定了基础,并没有脱离生产,还不属于体育范畴,也不能称其为真正的武术技能。

在人与大自然进行抗争的技能经验积累的基础之上,武术技能得以形成,并不断得到丰富与进一步的发展。随着人类生产技术、技能的不断进步,人类开始制作和使用各种工具,人类对器具的使用促进了武术原始技术的进一步发展和武术雏形的形成。据相关研究,在旧石器时代晚期,大量石器工具(如尖状器、石球)不断出现,而且快速发展起来;在新石器时代,人们的生产工具更加丰富(出现石刀、骨制鱼叉、青铜镞等工具),生产、狩猎水平进一步得到提高。一系列生产、狩猎工具的发展和创新使人类的砍、劈、击、刺等技能不断走向成熟,为武术技能的形成和武术这一文化形式的产生奠定了重要的技术动作基础。

2. 武术技能原型的社会化

在研究武术的产生与发展问题时,必须明确,武术是一种社会文化,与自然的争斗不属于社会文化范畴,只有人与人之间的斗争才具有攻守矛盾的存在,才符合技击的逻辑本质,在此基础上形成的搏斗技能才具有社会文化的属性。

人类战争的出现使得人与人之间的搏击不可避免,这为人与人之间的体力、技能、技巧等的比拼提供了条件。

人与人之间的搏杀、格斗正式催发了武术,武术技能脱离生产实践,正式成为一项具有社会属性的技击技术。因此说,人与人之间的搏杀是武术产生的前提,它将人类格斗技能从生产劳动中分离出来,成为武术运动真正萌芽的土壤。

原始社会末期,大规模的部落之间的战争开始出现。对此,《吕氏春秋·荡兵》中记载:"未有蚩尤之时,民固剥林木以战矣,胜者为长。""争斗之所自来者久矣,不可禁,不可止。"另据《世本》中记载:"蚩尤作'五兵',戈、殳、戟、酋矛、夷矛。"客观来讲,兵器的发展对于人们使用兵器技术的提高与进步起着积极的促进作用,人与人之间的搏杀与格斗促进了器械的制作以及器械使用技术、技击技术的发展,战争的出现,使人类的格斗技能脱离了原始生产劳动,发展成了一种社会技能,为武术的正式产生奠定了文化和社会性基础。

3. 武术动作套路的形式化

"武舞"是原始社会人们在狩猎与战事活动前后进行的一种祈祷、庆祝的表演活动。"武舞"内容丰富,舞蹈种类多样,"干戚舞"是其中的一种。史料记载:大禹时期三苗部族多次反叛,部落间战争不断,后来,禹停止战事,让士兵持盾操练"干戚舞",请三苗部族的人观看,三苗部族被折服而臣服于大禹。

"武舞"的出现和发展对武术动作套路的形成与发展具有重要的影响,可以说,武舞的出现,客观上为武术套路的形成奠定了一定的基础。从表面来看,"武舞"主要是对狩猎或战争场景的模拟,有鼓舞本族民众、震慑敌人的效用;从本质上来说,武舞是对搏杀技能的一种操练,按一定的程序对将要实战斗争的人们进行的一种演练,反映出古代人们对武术的认识开始由感性向理性不断升华。一些丰富的知识、技能、身体活动和风俗习惯等都蕴含在"武舞"中,并形成了一些稳定的武舞动作,进而被武术运动吸收成了武术动作的重要参考和组成内容。

综上所述,战争和"武舞"为武术技能的发展和武术套路形式的出现奠定了重要基础,但是,必须认识到,原始社会的这些武术雏形并不是人们有目的、有计划开展的体育活动,这些活动也不属于体育活动的范畴,这一时期的类似武术的活动并非真正的武术。

(二)武术的形成

武术是在历经了生产力十分低下的原始社会后在阶级社会中正式形成的。

在阶级社会初期,家族私斗和部落战争频发,为了在身体对抗中获胜和不受伤,一些比较成功的击、刺、出拳、踢腿等技术动作逐渐被人们模仿、练习和传授。在这一过程中,人们的搏斗经验得到了丰富,同时,人们对搏斗技能的掌握日益规范化和实用化。兵器的丰富更进一步为武术器械技能的形成和丰富奠定了基础,武术发展成了这一时期专门为统治阶级服务的军事技能。

随着人类社会的不断向前发展和推进,人们的生产力和生产方式不断进步,奴隶社会的矛盾不断加剧,奴隶制逐渐崩溃,因此,奴隶主贵族在军队和教育方面对武技的垄断局面被彻底打破。社会上开始出现"士"阶层和"游侠",这两个阶层的出现和他们对于武术技能的丰富、传承，使得武术在民间得到传播、发展。

从社会文化的角度来看，武术从上层社会向民间传播。武术在民间的发展进一步丰富了武术体系，民间武术开始兴起并迅速发展起来。民间武术内容多样，呈现出多样化的发展特性。练习武术的人不断钻研与尝试不同的武术技法，并对其进行比较。武术的攻防技巧和多样化的战术打法（如进攻、防守、反攻、佯攻等）日益讲究，与此同时，民间武术技能水平也在不断提高。

二、武术的发展

(一)古代武术的发展

1. 先秦时期武术的发展

夏朝是我国封建社会的第一个朝代，夏朝属于奴隶制社会，统治阶级和奴隶间的战争给技击技术的发展提供了机遇。这个时期的战斗主要在车上进行，为了适应这种战斗方式，一些武术也针对战斗的需要进行了修改和完善，组合也更加合埋，如戈与矛结合而产生的戟。夏朝还出现了专门以武术技能传授为主要内容的"序"和"校"等教育机构，它们以武术为主要内容，向人们传授各种武技。

殷商时期，以发展农业经济为主，田猎在这一时期已经不是人们获得生产生活资料的唯一方法和途径，但其存在仍具有重要意义，并逐渐发展成了一项具有军事意义的集体活动，通过田猎训练，提高士兵使用各种武器、驭马驾车等的技术水平。由于田猎活动本身就融合了身体、技术以及战术等方面的训练，制作精良的青铜器（如矛、戈、载、铁等）在田猎活动中被人们大量使用，从而使武术的杀伤力得到了较大的提高。田猎成为这一时期奴隶主对士兵的军事技能进行训练的重要手段和内容。此外，殷商时期，青铜冶炼技术得到了大幅度提升，直到今天一些人们都耳熟能详的兵器被制造出来。兵器提高了人的技击术的杀伤力，同时使武术的军事威力大增。

西周时期，统治阶级非常重视对贵族子弟的教育，这一时期的贵族子弟教育内容主要以"六艺"（礼、乐、射、御、书、数）为主，以此来使维护奴隶主贵族专政的目的得以实现。一些教育内容（如乐、射、御）在客观上丰富了武术内容。具体来说，"乐""射""御"对武术的发展有着直接的影响。其中，"御"指驾驭战车；"射"指射箭；"乐"包括开国时期的一种舞蹈，这种舞蹈是向四方（东、南、西、北）各做四次击刺动作，为之后武术的套路和技法（如"打四门"）奠定了基础。

春秋战国时期是我国较为混乱的历史时期。这一时期，诸侯争霸，战事频繁，铸造工艺和练兵习武使武术获得了极大的发展，诸侯各国为了在各战事中取得胜利，统治者积极备战"兵务"，在统治领域内广泛选用拳技、臂力、筋骨强壮出众的人成为抗击敌人的士兵。同时，为了进一步发现和吸纳武艺高强的人才，每逢春秋之际，统治者都会举行全国性的"角试"比赛活动，通过"角试"对武艺高强的人进行选拔，将选拔出来的人才充军，以此来促进军队战斗水平的提高，从而为赢得战争胜利提供保障。《管子·小国》中记载，为使齐国强盛,宰相管仲实行兵制改革,为了寻找军事人才,齐国会每年举办两场武术比赛,优胜者将被充实到军队中,特别出色者甚至可以封武官。

整个春秋战国时期,在统治者重视武技发展的社会背景下,社会习武之风盛行,当时不仅盛行击剑,文人佩剑也蔚然成风,武术的格斗技能迅速发展起来。值得一提的是,春秋战国时期,击剑更是风靡一时。据《吴越春秋》中记载,古代越国有位著名的女击剑家,时称"越女"。越女剑技出众,且其技击理论系统成熟。越女认为,剑术看似浅显,实则精妙,包含开合与阴阳变化,凝动静、快慢、攻防、虚实、内外、逆顺、呼吸等为一体。可见当时的击剑理论已经较为成熟了。这也为武术的理论体系研究和丰富奠定了思想基础。

2. 秦汉武术的发展

秦汉时期,武术内容体系更加丰富,并开始出现早期的内容分化,开始有了拳术、剑术、象形武术等基本分支。

汉朝统治者高度重视武器武备和军事训练的发展。有的统治者还认同武术是固家之本。"兵民合一""劳武结合",整个社会形成了全民尚武的风气和局面。

在军事武术中,剑的地位逐渐被刀取代。到了三国时期,刀已经成为军队中最主要的短兵器。整个秦汉时期,武术发展主要集中在体系丰富和技能理论发展两个方面。一方面,军队中短兵器逐渐取代剑,刀成为主要兵器。刀在战事中更具杀伤力,因此得到了广泛应用。

另一方面,除了实际的武术技击术和兵器的主流转变外,一些论述武术的书籍开始出现,如收录了《手搏》6篇、《剑道》38篇的《汉书·艺文志》,论述习武者"非信廉仁勇,不能传兵论剑,与道同符"的《史记·太史公自序》,等。习武者"武德"要求的基本形成就是以这些文献的出现为主要标志的。在武术的对外交流与传播方面,秦汉时期,我国的刀剑之术、相扑、角抵等不断被传入日本,这也是武术在秦汉时期发展的一个重要特点。

3. 两晋南北朝武术的发展

两晋南北朝时期,政权更迭快、多国并存,呈现出民族大融合的局面,这一时期,动荡的社会大环境使得武术在军中和民间都得到了进一步的发展。这一时期,我国武术的发展突出表现在以下两方面。

第一,武术的文化内涵不断得到丰富,在武术与文化的交融中,武术开始与佛、道的思想和法术结合起来。

第二,娱乐性的武术在民间得到了广泛发展,如角抵戏、刀盾表演、刀剑表演、武打戏等。武术体系内容更加丰富多彩。

4. 唐朝武术的发展

唐朝时期,良好的社会环境使经济、文化等繁荣发展,武术在这一时期也得到了广泛的发展,具体表现在以下两个方面:

(1)剑术在民间的盛行,由于以刀为主的短兵器在军事中发挥了重要作用,剑逐渐被刀取代,其地位在战争中日渐衰弱并最终退出战争;剑的搏击作用减弱,其自卫、健身、娱乐、表演等多种功能得到了进一步开发,并深受民间武术爱好者和百姓的喜爱。这一时期,剑术的方法开始复杂化,逐渐发展成具有自卫、健身、娱乐、表演等多种功能的武术项目。除了剑术获得了民间的大发展外,唐朝的徒手格斗技艺也发展起来,影响力日益增强,并传入日本,为后来日本武术的发展奠定了基础。

(2)唐朝始建武举制,武举制的设立不仅对武术的发展具有重要意义,而且在我国整个封建社会中是一个社会制度的创新。唐朝统治者鼓励民间习武,以为朝廷选拔优秀的战事人才,这有利于武术精炼化以及规范化的发展,也有利于民间武术的发展。武举制面向社会各阶层开放,激发了人们的习武热情。重武的举措促成了唐代的尚武任侠之风,甚至文人墨客也崇尚武侠,如李白的《临江王节士歌》中写道:"安得倚天剑,跨海斩长鲸。"

5.两宋武术的发展

两宋时期,武术有了更进一步的发展。

(1)武术兵器日益丰富。两宋时期民族矛盾尖锐,民族问题始终没有彻底解决,因此,不同民族之间战争连连。战争的存在就必定使统治阶层更加重视军事武备的发展,这成为两宋时期各民族发展的一个常态,其中对武术的发展与支持使军事武艺有了较大发展。战争促进了兵器的改革和进步,同时丰富了武术器械的类型、形制(如弓、弩、刀、枪、铜、棒、鞭、斧等),这些武术器械的出现提高了练习武术者的技艺水平,为武术的进一步发展创造了有利的物质条件。

(2)习武组织逐渐兴起。人们由于长期受统治者的压迫,所以希望通过习武组织与结社的建立来对统治者进行反抗。例如,"弓箭社""忠义巡社""锦标社""英略社"等习武结社组织都在这一时期出现,并且规模和影响力不断扩大,无疑推动了武术在民间的发展。

(3)武艺表演日益成熟。宋朝时期,表演武艺的兴盛使套子武艺开始大量出现。军中就有武术表演,如诸军春教时"禁中教场,呈试武艺,飞枪斫柳,走马舞刀,百艺俱呈"。这些按规定程式、规定动作进行的武艺表演,为后世武术向表演方向发展奠定了基础。

6.元明清时期武术的发展

元明清时期,为防止民间反抗,政治统治森严,禁止民间习武,在一定程度上制约了民间武术的发展。此外,明清火器的出现使武术与军事分离开来,武术地位降低。这一时期,武术的技击功能弱化,健身、娱乐功能得到了进一步挖掘。

古代武术发展主要集中在民间,具体来说,古代武术的发展主要表现出以下特征:

(1)民间武术与艺术相结合获得了一定的发展。例如,元曲中的武打戏是在舞台上表演武术,这使得武术表演和元曲艺术都发展到一个新的高度。

(2)表演武术使得武术套路日益丰富。记载武术套路的书籍增多,如明代程宗猷的《单刀法选》中所绘制的刀、棍等套路演练步法线路图,是我国可考究的最早的武术套路图谱。

（3）武术流派逐渐形成。我国武术拳种、流派大都发端于该时期。这一时期，各种武术流派逐步形成并获得了发展。

（4）内家拳开始出现。它直接用中国哲学理论阐释拳理，全面深刻地反映了中国文化的哲学内涵，是反映中国哲学文化的重要拳术。

（5）武术内功是在武术与气功导引术的结合下开始出现的。武术内功的形成与发展使武术的发展进入了一个新的层面。我国武术的习练具有"内外兼修"的功能，这也是中国武术与国外其他类型的武术的重要区别之一。

（6）武术领域对练习武术者的武德要求不断提高，而且具体到了技术层面，甚至细化到了某个动作要秉持哪种道德标准。武德出现、形成，并且不断演变发展，成了我国武术的重要思想内容。武德不仅对我国习武者有着重要影响，对我国普通百姓的思想道德行为也有着重要的影响。

在我国整个封建社会，武术的体系内容不断丰富，武术技能实践和武术技理逐渐系统化，各拳种、流派泾渭分明，为以后武术的发展奠定了良好的基础，也使武术成了我国传统文化和体育运动的重要内容。

（二）近代武术的发展

近代武术无论是内容还是形式都有了进一步的发展，在武术组织、武术教育、武术观念、武术竞赛等方面更是有了新的发展，具体如下。

1. 武术组织的发展

武术组织的出现，在近代达到了一个顶峰。

近代中国内忧外患，一方面列强入侵，使得我国社会各阶层开始寻找救国之道，体育强国成了一个重要途径；另一方面，西方体育文化对我国传统体育文化造成了极大的冲击，体育竞技化思潮极大地刺激了武术技击对抗的发展。在一些有识之士的推动下，辛亥革命后，人们开始重视武术，并且开始通过一系列的措施来促进武术的进一步发展，在我国沿海和一些大城市（如北京、天津、上海等）纷纷成立了武术组织。1910年，精武体操学校在上海成立，后更名为精武体育会。精武体育会成为当时影响最大、传播最广、维持时间最长的武术组织。1928年，国术馆研究馆在南京成立，后更名为中央国术馆。各地也成立了地方国术馆，武术打破了地域、家族的限制，突破了武术传承中的师徒口传身教模式，使得武术习练的大规模发展成为可能，并为武术的有组织的研究、整理和推广奠定了基础。

2. 武术教育的发展

武术具有教育功能，古代武术的教育功能主要以武德对习武者的思想道德行为约束为主要表现形式。近代武术的教育功能被专门强化，表现在健身、健心、技击、德育等方面。

（1）武术教育规模。古代武术教育的规模小、内容少、针对专门人群的贵族教育，近代武术教育在规模、形式、教学对象、教学科学性等方面均有所发展。

（2）武术教育形式。这一时期，武术开始逐渐进入学校体育教学，促使这一发展的是新武术的创编。1911年，一批武术名家合作编辑了《中华新武术》一书，该书于1917年被定为军警教材，于1918年被定为全国正式体操。1915年，全国教育联合会第一次会议在天津召开，会议通过了北京体育研究社许禹生等提出的《拟请提倡旧有武术列为学校必修课》议案。教育部明令："各学校应添授中国旧有武技"。教育部于1918组织召开了全国中学校长会议，会议决定在全国中学校一律添习武术。武术成为一种尚武强国的学校教育手段。尽管当时学校武术的开展情况并不尽如人意，但是，武术教育形式的创新为武术转型做了有益的尝试，为以后武术教育的发展奠定了重要基础。

（3）武术教育内容。这一时期，学校武术教学面向所有学生，全国各地学校均开展了武术教学，武术教学内容以增强学生体质、发展学生体能为重要基础，武术教材内容也更加科学。

武术教育功能的强化，为武术在近代的可持续发展提供了有效途径，进一步促进了武术及其文化的传播。

3. 武术观念的发展

武术的可持续发展，离不开统治者、学者、普通大众对武术发展的态度，武术观念的发展在不同的时期表现出不同的特点。

在我国近代史上，武术纳入学校教育是武术及其文化传承与发展的创举。为了促进武术在学校的不断发展，我国学者对武术的研究日益深入。同时，随着西方教学思潮和体育思想的进一步发展，我国新、旧思潮交锋，出现了"土洋体育"之争。受此影响，近代开始从体育观的角度来对武术进行深入的认识、理解和解释，这为武术观念的进一步革新奠定了基础武术，作为我国传统文化的一个典型代表，在内忧外患时期，社会不同阶层的人从民族发展、国家存亡、国民觉醒的角度去探讨武术，武术的功能与价值研究不断深入，研究也日益客观，关于武术的健身功能、技击作用等的研究也日益深入，武术研究更加全面、深入、科学。

4. 武术竞赛的发展

近代，西方竞技体育文化与思想对我国不以攻击、取胜为目的的武术产生了重要影响。

随着武术技法和武术理论的不断发展以及武术的不断普及，民间习武的人数进一步增多，加之这一时期西方竞技体育的初步渗透，武术竞赛的举办受到了欢迎。概括来讲，这一时期，武术竞赛体制、规则、组织等都缺乏科学性，但是，客观来讲，近代武术竞赛的举办推动了武术的发展。

（三）现代武术的发展

结合武术发展历程，从武术理论、武术组织、武术教育、武术竞赛等方面对现代武术的发展进行介绍。

1. 武术理论的发展

专门针对武术理论研究的组织和协会的成立极大地促进了武术理论研究工作的

开展。

1952年,中央人民政府体育运动委员会(简称中央体委)设立民族形式体育研究会,对民族体育开展了深入的研究,武术是其中的重要内容。

1957年的全国武术表演评比大会提出了发展传统项目的建议。此后,几次大型武术运动会或武术比赛都逐渐增加了武术项目。

1963年,武术暨射箭锦标赛在上海举行。该项赛事包含的项目非常丰富,一些日常少见的武术拳、械项目让更多人对武术有了更深的认识。

从1979年开始,国家体委在全国范围内掀起挖掘、整理武术的热潮,各地都表现出较高的发掘、继承武术的积极性。

1982年,在北京召开首次全国武术工作会议,会上对加强武术理论建设和科学研究进一步进行了明确,标志着对武术理论研究的逐渐深入。此后经过三年努力,发掘拳理明晰、风格独特、自成体系的拳种多达129个,并于1986年出版了《中国武术拳械录》一书。

1986年、1987年分别成立了国家体委武术研究院(对外称中国武术研究院)和中国体育科学学会武术学会(后更名为武术分会),武术研究组织的建立和发展使得武术理论的研究走向系统化。

20世纪90年代初,我国各地武馆、武校、武术辅导站星罗棋布,学校习武的青少年多达几百万人,越来越多的人开始参与武术运动。

1997年"武术段位制"的实行,从初段位、中段位到高段位共有九段。这项新措施在很大程度上促进了武术的进一步普及,武术在人民群众中得到进一步推广。

2. 武术组织的发展

在现代体育的发展进程中,组织化是一个重要发展特征,武术组织化主要表现为武术管理体制的建立、发展和完善,为武术发展提供了组织保障。

1950年,中华全国体育总会召开武术座谈会,武术发展得到了大力的提倡。1952年,中央体委成立后,民族形式体育运动委员会成立,针对武术的系统的挖掘和整理工作相继展开。1955年,国家体委在运动司下设武术科(后改为武术处),武术开发整理工作上升到了国家高度。

改革开放后,为了进一步促进我国武术的发展,保护和传承这一优秀民族文化,国家体委武术研究院成立,专门负责武术的统一管理和推广工作。

1994年,国家体委增设武术运动管理中心,我国武术的管理体制进一步完善,武术在科学化和规范化的道路上更向前迈进了一步。

3. 武术教育的发展

将武术纳入我国学校体育教育体系对于我国体育教学来讲是非常重要的一个决策,武术教育体制的发展是武术发展的重要因素和重要表现。

中华人民共和国成立后,党和国家领导人都非常重视武术的发展,武术被引入学校教育系统。

1956年，教育部编订并颁布了中国第一部《中小学体育教学大纲》，《中小学体育教学大纲》中明确规定了武术应为学校教学内容。在《中小学体育教学大纲》的指导下，我国各级学校对武术的教学工作开始予以高度的重视，并且开始以学生的需要和发展为中心进行武术教学。由于高校在师资、器材、设备等方面都具有良好的条件，高校武术的开展效果要更好一点。

1961年，全国大、中、小学体育教学大纲中规定了武术课程在小学中的课程标准。

20世纪80年代以后，学校体育中的武术内容再次得到了重视，学校体育课还实现了现代体育教学和民族体育教学的有机结合。

20世纪90年代，我国大、中、小学都有了自己配套的较为完善的武术教材。教育部分别在1996年和2000年出版发行了《武术》统编教材。

到20世纪末，我国学校武术教育体系已经初步形成，高校武术教育取得了较为理想的效果。

武术教育的发展为我国培养了武术人才，武术人才又进一步促进了我国武术理论的发展。为进一步研究武术，在将武术纳入学校教育后，在普及武术和提高学生体质的同时，培养了一批高层次武术研究人才，这为我国武术的进一步科学发展提供了人才保障。武术理论与武术人才发展相互促进，共同推动了我国武术的可持续发展。

4. 武术竞赛的发展

我国武术的竞技化发展以武术竞赛的举办为标志，始于1953年，之后，在党和国家的重视下，我国武术竞赛日益规范，武术竞赛体系不断完善。

1953年11月，全国民族形式体育表演及竞赛大会在天津举办，拉开了全面民族运动会的序幕，这标志着武术作为体育运动项目开始进入到竞赛领域。

1958年，中国武术协会组织部分专家起草了《武术竞赛规则》，这是中国第一部以长拳、南拳和太极拳为主要竞赛内容的武术规则，也标志着武术比赛的发展轨道越来越正规化。为了与武术的发展和武术竞赛需要相适应，1989年，国家体委将全国武术比赛改为全国武术锦标赛，并且进行了一系列改革，使武术比赛的公平竞争机制得到进一步强化，使武术套路及技术水平得以提高，进而为武术竞赛进入一个新的发展阶段创造了有利的条件。1990年，武术成为北京亚运会正式比赛项目。1999年，为了使散手竞赛进一步规范化和突出民族特色，散手正式改名为"散打"。

进入21世纪以后，我国为武术进入奥运会进一步努力。2003年，为了申报奥运会项目，我国重新修订了《武术套路竞赛规则（试行）》，使武术比赛评判的客观性得到进一步的提高，规则的修订也使得我国武术更加接近国家体育竞技规则规范和标准，使我国武术向世界竞技体育看齐，这是我国武术国际化发展的表现。

近两年，我国国际武术赛事日益增多，我国在不断增加和扩大武术竞赛数量和规模的基础上，提高武术竞赛质量，打造国际武术赛事，以进一步推动我国武术的竞技化、国际化发展。

第三节 武术发展现状

一、大众武术健身发展现状

(一)武术发展的社会化与市场化

武术发展的社会化与市场化和武术丰富的内容、形式及我国经济环境的改善有着密切的关系,具体分析如下。

(1)大众武术健身发展迅速。武术运动内容日益丰富多样。武术不受年龄、性别、时间、场地、器材等的限制,拥有广泛的群众基础。尽管在三年严重困难和"文化大革命"期间群众性武术活动一度低迷,但是民间习武的风气一直存在。在一系列措施的推动下,群众性武术活动也逐渐呈现出良性发展的趋势。近些年来,一些以挖掘和宣扬中国武术的电视节目开始出现在广大人民群众的面前。对武术在广大人民群众中的进一步传播起到了推动作用。

(2)民间武术表演发展迅速。20世纪80年代,全国性的习武热潮再次掀起,"武术之乡""武术百杰"等评选活动更是激发了民间百姓的习武热情。

(3)习武者素质不断提高。武术"段位制"的实行使得民间武术活动变得更加规范,也进一步提高了全国习武爱好者的武德水平。

(二)大众武术健身发展现状

新时期,我国重视大众健身事业的发展,武术历史悠久,在长期的历史发展进程中,无论是哲学思想、道德文化,还是运动形式、习练功法,都符合我国人民群众的健身养生认知和生活文化认知,具有广泛的群众基础,是大众健身的重点推广项目。

随着我国大众武术健身的不断推广,我国各健身路径中均能见到以武术功法为内容进行健身的人群,以中老年人居多,这表明了我国武术具有重要的养生与保健价值,同时说明我国武术在少年儿童、青年人中的影响力不大,还需要进一步地进行宣传普及。

二、武术的商业化发展现状

(一)市场经济发展背景

当前我国已经建立起较为完善的社会主义市场经济体系,武术发展也逐渐实现和走上了产业化发展的道路。在社会主义市场经济下,实现武术从公益型向市场经营型的转化,使武术自身发展的潜力不断增加,将武术服务与产品提供给社会,由此,武术健身表演业、健身商业赛事、武术影视文化产业、武术传媒、武术网络信息传播等获得了快速的发展,市场经济为武术发展提供了一个新的发展思路。

(二)武术商业发展特征

在当前社会经济市场条件下,武术发展也逐渐适应市场发展特点与趋势,表现出商业化的发展特征。

(1)经济发展与人们思想观念(经济思想、体育思想)转变进一步促进了武术发展,武术的市场化和商业化越来越明显。1987年,国家体委就曾提出"开发武术资源"的口号。

(2)商业武术比赛不断出现并日益壮大、影响广泛。2000年,我国首次举办"中国武术散打王争霸赛"。这些武术竞赛和文化活动的开展,不仅为促进当地武术的进一步普及和发展起到了重要的作用,还为许多具有习武传统的地方带来了良好的经济收益,进一步推动了武术的商业化发展。

(3)武术文化节与地方民族体育文化旅游相结合,开创了武术商业化发展的新模式。在良好的社会背景下,一些地方开始以"武术搭台,经贸唱戏"为理念开展商业活动,并且对以武术为主要形式的经济产品(如郑州国际少林武术节、温县国际太极拳年会、湖北武当文化武术节等)进行大力的开发,以此来带动当地经济的发展。

(4)武术文化产业的商业化发展。武术是我国传统的民族文化中重要的一部分,在全球多元文化领域中被广泛地运用。从产业化的角度研究武术,即把武术当作一件商品,这一商品内涵丰富,可以从多方面探索其商业价值。例如,武术在传媒市场中被当作影视的素材、在旅游市场中被当作旅游产品、在学校中被当作教育的方式、在日常生活中被当作锻炼身体的途径等。在文化产业领域中,武术已经不断得到充分的认可,人们将其当作一种富有内涵的文化产品并不断挖掘其开发与利用的价值。

三、武术的国际化发展现状

(一)武术竞技赛事发展

自近代以来,西方竞技体育文化对我国民众体育意识的影响越来越大,在体育领域,武术逐渐退出社会主流位置。但是,随着近年来我国的国家综合实力不断提升,以及我国对民族文化、体育发展的重视,在"建立文化自信""建设体育强国"的新时期,广大群众保护传统文化的意识日益强烈,推动着武术走上世界舞台和奥运舞台已变成历史性的选择之一。

近年来,我国武术的国际影响力不断扩大,武术在世界体坛上占据了越来越重要的位置。我国武术的发展历史悠久,武术的文化内涵丰富。为将武术成功并入奥运会项目,我国相关人员对武术的竞赛规则进行不断完善,让我国武术进入奥运会是我国武术的现代竞技发展道路的重要探索。

为积极推动我国武术的竞技化转变与发展,我国不仅积极创办了各种武术赛事,将武术赛事与武术文化有机地结合在一起,还尝试创办严谨、规范的武术竞技赛事,打造武术品牌赛事(如国际武术大赛、世界武术锦标赛、全国武术散打冠军赛、全国武术散打冠军赛等),以不断扩大我国武术竞技影响力和促进我国武术的竞技化发展。

(二)武术文化的国际化传播

近年来,我国重视对传统文化的保护、传承与发展,这是我国发展文化软实力的重要战略决策,经过不断努力,当前,我国武术已经走出国门、走向世界。

(1)我国武术队积极外出走访、交流、推广与宣传中华武术。

(2)我国积极举办世界级的各种武术竞赛。

(3)我国重视官方武术组织的成立与发展,为在世界范围内开展武术活动、传播我国武术文化奠定了基础。

武术是我国优秀的民族传统文化和体育运动项目,是我国优秀的文化遗产,也是世界文化遗产的重要组成部分,促进武术文化的国际化发展与传播对我国和全世界人民来说,都具有重要的意义。

第二章　武术与中国传统文化教育研究

第一节　武术与哲学

中国具有几千年的文明史,在人类历史发展过程中,智慧的先民们在与自然、与人的相处中体悟和总结了许多哲学道理,构成了东方传统哲学体系。

中国古代哲学在商周之际萌芽,在春秋末期形成。中国传统哲学发展三千余年,不同时期的哲学的产生背景、观点、形式和内涵不同,但这些哲学思想与内涵都对武术发展产生了重要影响。

一、武术与"天人合一"思想

"天人合一"是我国传统哲学思想的根本观点。"天"指"自然","天人合一"包括两层含义,既指"天人一致"又指"天人相应",具体来说,就是万物发展顺应自然规律,为人处世也应尊重自然发展。

"天人合一"思想对武术的影响表现在以下几方面。

(一)习武要顺应自然

习武之人应追求人体与大自然的和谐相通,做到物我、内外的平衡,不能违背大自然的规律。例如,习武应顺应天时,人和自然和谐共生,季节的变化同样影响着人的五脏六腑的活动,在不同的气候和环境中应选择不同的武术健身养生内容;习武应讲究地利,在美好而安静的自然环境中更有利于习武者体悟武术的真谛,安静的环境有助于习武者发挥个人创造力,将身心融于大自然之中,达到心如止水的境界;习武应强调人和,习武要符合自身条件,不能不思进取,也不能急于求成。

(二)习武追求动作的"合"

习武应做到"六合",即"心与意合,意与气合,气与力合;肩与腾合,肘与膝合,手与足合",结合人体的运动规律进行练习。

(三)习武要实现人与自然的和谐发展

科学习武,从大自然中吸收营养,模拟自然界中各事物、动物的运动方式、姿态、神情、表现，吸取自然精华促进自身发展，并实现人与自然的共同、和谐发展。

二、武术与"形神统一"思想

"形神统一"是我国传统哲学思想中非常重要的一个思想，"形神统一"的哲学解析具体为形为神之本，神为形之用，二者相辅相成、对立统一。"形神统一"是我国古代唯物主义哲学家荀子和范缜对形、神关系的认识和看法。

对于习武者来说，"形神兼备"是习武的重要要求，"形神统一"是武术习练的最高境界。具体来说，达到"形神统一"应做到以下几点。

(一)抓住武术动作形态的精髓

习武应追求动作形态美、标准化。从武术技术动作来看，"形"指手、眼、身、法、步等有形的武术动作特征；从人体构成来看，"形"是指习武者的身体，包括五官、躯干、四肢、筋、骨、毛皮等；就内外而言，"形"是外在的具体运动形式。

(二)重视体悟武术动作的神韵和精神内涵

从武术技术动作来看，"神"指心、意、胆等无形的心理品质和气质；从人体构成来看，"神"是指习武者的精神、意识、思维等心理活动；就内外而言，"神"指内在的精神内容。

(三)动作和思想要在习武过程中融会贯通

武术动作要做到位，在此基础上，兼顾"形""神"，讲究"以意领气，以气催力"，讲究意、气、神与力的结合，而不是单纯、机械、呆板的动作模仿。

三、武术的太极思想

"太极"一词最早见于《周易·系辞上》，文中记载："易有太极，是生两仪。"这里的两仪即阴阳，太极以阴阳为内涵，是衍生天地万物的本源。南宋著名理学家朱熹的《朱子语类》中记载："总天地万物之理，便是太极。"

太极图是表达太极之理的重要形式，充分表现了阴阳思想的内涵，并对自然万物的发生、发展进行了高度概括，万事万物都是你中有我、我中有你，既相辅相成、相互渗透、共存共生，又彼此区别有所不同，太极思想是中国古代哲学思想的集大成者。

在武术内容体系中，与太极思想联系最为紧密的莫过于太极拳，太极拳是太极思想应用于中国武术的重要动作体系。

太极拳大师认为，太极是世间一切的原动力，任何事物的发生、发展都蕴含着太极的变化，宇宙中有太极，人体亦有太极，有人称人体的腹部即为太极。《太极十三势歌》称："命意源头在腰隙"。

太极拳的练习与太极图所表达的太极思想是一致的。例如，太极图中的双鱼环绕，恰似练习者在习练太极推手时相互双搭手的形态。练习太极拳的过程中，攻守双方臂膀环状，你进我退，粘连粘随，再现了阴阳相互消长、变化之道。就拳风而言，太极拳动作圆活、连贯、一气呵成，体现了太极"阴阳、刚柔、奇耦，无所不有"之理。

四、武术的八卦思想

八卦思想是我国古代重要的哲学思想，是八卦学说的重要理论内容，八卦学说由太极衍生而来。有"无极生太极，太极生两仪，两仪生四象，四象生八卦"之说。古人认为，宇宙是一个整体，万物在其中相互关联，共生共存。

八卦学说阐述了世界上的万事万物之间的联系，指出自然界的生物的重要发展规律与特征，指出事物的生长具有其自身的规律性，并根据这种规律性推测事物的发展和走向，把事物的发展归纳为各种矛盾趋向和谐与不断往复的、递进的发展。

八卦思想影响着古人对万事万物的认知，也影响着古人的武术思想与武术习练。八卦思想对武术技法练习的重要影响集中体现在八卦掌上。八卦掌，原名转掌，是武术中的一个拳种，与八卦学说有着紧密的联系。其运动形式主要是绕圆走转，所绕圆圈正经过八卦的八个方位，又以人体各部位比对八卦，故称"八卦掌"。八卦掌取象于数理，立体于八卦，借用八卦的数术来规范其拳技的层次和系统，以八个基本掌法比附八卦，以六十四掌比附八八六十四卦。八卦掌的拳理依据为"易理"，根据天地间万物万象始终变化的规律形成了八卦取象、取身不易的拳理法则。

第二节　武术与美学

一、美学概述

审美意识、审美对象以及将二者联系起来的审美关系是美学的主要研究内容。具体来说，美的本质、根源、存在形态及其本质特征与相互联系等是美学的主要研究对象。审美意识的物质形态化集中表现在艺术上，艺术反映了人对现实的审美关系，是美学研究的主要对象。中华民族在几千年的发展中，不仅对灿烂多彩的文化进行了创造，也对丰富的美学思想和审美体验进行了创造。

在传统美学中，写神或取韵的物质基础是"形"，只有形神统一，才能达到传神的境界。"神韵""意境"是中国传统美学讲求的重点，这不同于西方美学。林语堂先生曾指出，中国艺术的最高理想是韵、气韵（神韵）。所以，神韵在我国古代审美领域中是非常重要的范畴。

二、美学对武术的影响

古代美学思想对武术产生的影响极为深刻。作为中华民族的宝贵文化遗产，武术逐渐发展成为健身领域的一项重要手段。武术各种徒手和器械套路的编排都是以攻防格斗动作（如踢、打、摔、拿、击、刺等）为素材的,编排后的动作又具象化地体现了人体艺术,可见武术与美学之间的关系密切。

首先,武术追求"形神兼备",这是其主要的审美特征表现。在武术运动中,神在外部表现为形,形于内在的实质是神,习武者非常注重形神统一。在武术的套路演练中,神随形转,形随意动,意含而不露,使整个套路动作富有勃勃生机。武术的套路演练行如流水,整体上都渗透着意境美,以势夺人、以形娱人、以神感人、以气贯穿始终,不管是习武者,还是观赏者,在刀光剑影中享受美,对富含神韵的武术文化细细品味。

其次,传统美学特别重视意境美,这也是我国武术能够形成套路的一个主要影响因素。武术套路具有规范化的特色,而且节奏富于变化,这都是武术中"韵"的源泉,观赏者可以在欣赏过程中获得美的体验与享受。在符合一定价值取向和满足审美需要的基础上,人们从艺术的层面对武术套路中具有攻防意义的技击动作进行了加工,力求加工后的动作能够体现演练者的情感、精神,从而达到情景交融、情技交融、神形交融的目的。

最后,太极拳、八卦拳等武术项目与古代道家美学思想一脉相承。武术中平凡的知识经过审美处理变得新鲜化,抽象的事理经过审美处理变得形象化,科学的规律经过审美处理变得情趣化,宽大、深厚并带有总结规律性的内容通过审美处理用简短的几句话就可概括,而且极具严整性。

我国武术之所以绵延几千年,不仅因为它具有健身自卫的实用价值,还因为它是一种独特的表演艺术,具有绚丽多姿的表现形式,能给人以美的享受,使人赏心悦目,激发人类美的情感。武术的全部内容倾注着中华民族特有的民族气质、民族心理、民族美感和民族精神。武术的美学特征,是建立在中华民族传统文化基础之上的,是一种融运动美与修养美于一体的特殊美学表现形式。

三、武术中美的体现

我国武术是高度的力与美的结合,是一项具有健身和艺术之美的体育运动。武术的美主要表现在以下几个方面。

(一)技击之美

武术拳种众多,动作千变万化,但都是在目的实现的情况下而引起的愉快,即人在掌握了攻防格斗技术后引起了精神愉悦,这是最初的审美萌芽。后经历代武术家将其攻防格斗的技艺加以进一步的提炼、概括、加工和程式化,逐步形成相当稳定的套路形式,使其既具有"技击"的特点,又符合生命的自由活动形式。而积淀在技击中的人的智慧、才能、力量、灵巧、勇猛、坚强等,成为人们观赏的对象,给人一种紧扣心弦的特殊审美感受。

(二)练气之美

武术的各派各家大都强调练"气"的重要性,并把"气"作为武术的根本。虽然武术各家各派对于气的理解,赋予的含义及如何练"气"不尽相同,但在认为练"气"是武功达于化境的基本条件这一点上却是一致的。古代各拳家认为,气是人生命的根源,武术必须修炼人的生命根源一气。我国古典美学认为,美离不开"气","气"是美的本源。天地万物及人是阴阳二气交感而生的,万物的发生、发展、变化都是无目的而合目的,因而美在生命中,生命即美,而这种美的理想境界是"和",因为在"和"的状态下,生命能得到最顺畅、最理想的发展。历代拳家通过内修炼气,达到"元气充足",获得精神健旺、动作敏捷、发力沉实的效果,从而显示出生命的刚健、充实,这本身就是对人的生命的自由活动的肯定,就是美。

总之,武术所注重的练"气",既有对生成人的元气的修炼,也有对人的生命力和创造力的修炼。

(三)形神之美

武术强调神形兼备,内外合一。例如,长拳中的八法,即"手眼、身法、步、精神、气、力、功";南拳中的内练"心、神、气胆",外练"手眼、身、腰、马";形意拳的内外三合。尽管各拳种对神形兼备的提法不尽相同,但有一个共同的根本点,即注重内外运动与生命的自由和谐运动相符,并在运动中使内部意气的流动与外部神气的鼓荡逐渐趋于和谐。拳家们认为,神是形的内蕴、灵魂,离开了神,就失去了武术特有的韵味。而神则主要是指拳家的内在精神世界,如高尚的情操、美好的道德、完美的个性。

(四)意境之美

传统美学范畴中的"意境",通常被解释为文艺作品中所描绘的图景和表现的思想感情融为一体而形成的一种艺术境界。具体于武术,套路的形成与传统美学注重意境美有密切关系。

套路是按一定的价值取向和审美需要,将具有攻防意义的技击动作进行艺术加工,它要与演练者和编创者的情感、精神融合一致,从而达到情景交融、情技交融、神形交融。著名武术家蔡龙云先生认为,演练套路时要将自己"置于一个战斗的场合",才会气韵生动、气势如虹,表现出一种英武不屈、坚忍不拔的斗志和气概,再现出战斗的艺术意境。此外,武术的意境美不仅体现在实际的演变过程中,而且体现在动作的命名上。例如,苍鹰捕食、大鹏展翅,体现了雄鹰气吞千里、力负千钧的雄伟气魄和坚忍不拔的英雄气概,给人一种威猛雄健的感觉;白猿献果、猕猴攀枝则体现出闪展腾挪和巧妙轻灵的特征,给人以机敏灵活、轻松活泼的乐趣;金鸡独立、白鹤亮翅,体现了舒展自如、悠闲和潇洒的情态,给人一种舞台艺术造型美的享受。这些名称,闻其名如见其形,使练拳者与看拳者不仅可以品享其意境神韵,而且仿佛感受到了拳技套路神秘而浓郁的文学意蕴。总体来看,意境美展示了武术自己的风格和富有想象的内容,从而揭示出武术的创造特征。

(五)节奏之美

武术中阴阳二气的运化,使武术运动具有鲜明的节奏感。节奏是武术运动,也是生命运动的一个极为重要的特征,而生命的规律与美的规律有着内在的、深刻的联系。

拳家将武术中的节奏形象描绘为"动如涛,静如岳,起如猿,落如雀,立如鸡,站如松,转如轮,折如弓,轻如叶,重如铁",在动静、起落、快慢、轻重、高低、刚柔的对立转化中表现出鲜明的节奏感。

第三节　武术与伦理学

中国自古就是礼仪之邦,中华民族的许多传统美德早在古代就已经形成较为完整的社会伦理道德体系。这种具有东方特色的为人处世观也深刻地影响了武术。

武术重视"武德"培养,在武术学练中,修养"武德"是比练习武技更为重要的事情,武术大家收徒,首先考察的就是习武者的品德。

武德,顾名思义,就是武术道德。在一些学者看来,武德指"尚武崇德"的一种精神。也有一些学者认为,武德就是练习武术者体现出来的道德。通常来说,武德指对练习武术者行为规范的要求的总和。

一、武术伦理释义

"伦理关系"是现代用语,在中国古代文化中指"伦理"。中国传统伦理体系包括三个方面的含义,即人与人之间的伦理关系、身与心之间的伦理关系、天与人之间的伦理关系,上述三种关系分别简称为人人伦理、身心伦理、天人伦理。

武术是在我国传统文化的基础上产生发展的,受我国古人的传统哲学思想和伦理道德观念的影响,与西方体育思想、社会思想有着明显的不同,表现出谦逊、韬光养晦、宽容等东方文化特色。

中华民族传统伦理道德影响下的武术伦理包括三方面的内容,即人与人、身与心、天与人之间的关系(表2-1)。[①] 首先,人人伦理不仅指个人与个人之间的关系,也包含个人与社会、团体之间的关系。武术人人伦理在数千年的历史形成过程中,规范着习武者的行为方式和价值取向,维护着武术技术的传承路径和传播模式,进而对整个社会和民族的发展产生了重要影响。其次,身心伦理,是任何人都必须面对和处理的人生最基本的伦理关系。从远古时代起,人类就试图对此进行探究,古今中外由此形成各种各样的身心关系学说。这些学说纷繁复杂,但就整体而言,中国历史上的大多数哲学家都坚持朴素的身心合一论,这与中国传统文化独具的内倾型特质有紧密关联。在此背景下,中国武术由专注于外在肢体而逐步升华为一种对于身和心的双重训练,而且随着历史的发展,这种对于身心伦理的关注也越来越强烈,逐步发展出一些具备自身特色的身心伦理理论,如内外六合、形断意连、以气催力等。针对武术的具体情况,武术的身心伦理,不仅

---

① 李守培. 中国传统武术伦理研究——人人、身心、天人的视野[D]. 上海:上海体育学院,2016.

指身体与意识之间的关系,而且总括了身体内外、四肢百骸、意识思想各部分间的所有关系。比如,武术对于手、足、肘、膝、肩、胯之间关系的认识,便是武术身心伦理的重要内容之一。最后,天人伦理,作为中国传统哲学的一个最基本的问题,是中国传统文化从先秦到明清始终如一的关注重点,更是中国古代伦理学说的核心问题之一。天人伦理,着力思考的是人在宇宙中所处位置的问题,即人生之根本意义和价值的问题,是整个中国传统文化价值系统的逻辑起点,对于中国传统文化的发展,以及中国人的思维模式、行为方式、审美情趣和价值取向等,均具有根本性的影响。武术作为中国传统文化的重要组成部分,同样极其关注天人伦理。武术中的天人伦理,对武术的技术和理论产生了全面的、根本性的影响。这些影响致力于解决习武者如何安身立命的问题,试图为习武者的生命或者说心灵寻找到最为理想的安顿之处和安顿之法。具体而言,武术中的"天"主要是指自然之天和道德之天。其中,自然之"天",是对天地之间自然万物的统称,而不单指纯粹的天地之天。但是,我们在具体行文中,根据语境需要,有时也会用天地、天地万物、自然万物等词汇,来代指"天"的称谓。

表 2-1　武术伦理层次及其表现

武术伦理	伦理内容
人人伦理	忠孝为首:孝悌忠信、尊师爱国
	重义轻利:任侠厚施、义之所在
	群先己后:群己交融、以群为重
	男女有别:重男轻女、拳传己家
	和而不同:经权有道、以和为贵
身心伦理	心专身恒:专心致志、恒以出功
	体悟互成:练以累积、悟以升阶
	形质神用:形神不二、以神御形
	阴阳相济:阴阳互根、亦一亦二
	身心和合:六合为法、和谐为鹄
天人伦理	天人合德:生生大德、仁之源也
	天人交胜:参赞化育、相待相成
	天人相类:宇宙全息、比附顺应
	天人互融:格物穷理、融摄超越
	天人一体:万物并行、太和高远

二、武术武德与传统伦理道德的融合

武术武德与传统伦理道德的融合表现在以下几方面。

"仁"——仁者爱人,做人应具备基本的仁爱之心,习武者也应如此。习武不提倡以武力统治天下,而应以德服人,为人处世表现出仁心。"仁"是练习武术者德性的最高境界和最高层次的品德追求。

"义"——义是与人相处的一个非常重要的道德标准,指依人而行的标准、方式与手段,是对人的行为规范和准则的强调,武者重义,表现在狭义、道义、情义等方面。

"礼"——为人处世,应有谦让与恭敬的心理,这是人们待人接物、处理各种社会关系的主要礼节。武术中的抱拳礼就是一种基本礼节,表现了习武对抗的先礼后兵。

"信"——诚信守礼、遵守诺言。习练武术的人要讲信用,信守承诺。习武对抗要赢得光明正大,背后暗算是不礼貌、不仁义、不讲诚信的表现。

"勇"——在仁爱、守义、明礼、知信后,积极采取的行为活动,也就是见义勇为的道德精神。

武术传承千年,形成了自身独特的丰富的道德文化体系,在武术不同的流派,对习武者的具体武德要求不同。在不同的历史时期,有关武术的道德规范要求因拳种门派的不同而有所区别。但武术所继承的中华民族的传统美德在武术发展过程中产生了重要影响,是各朝各代、各个区域的习武者在社会生活、拜师择徒、传授武艺、运用武艺等方面所遵守的基本的为人处世的道德要求。

第四节　武术与艺术学

武术与艺术有着密切的关系。具体来说,武术与杂技、舞蹈、戏曲等都有着密不可分的联系,它们相互影响、相互促进,共同促进了中国传统文化的繁荣发展。下面重点就武术与杂技、戏曲、舞蹈以及其他文化形态之间的关系进行解析。

一、武术与杂技

杂技这种表演艺术具有超常的技巧性。在原始社会中,人类在与自然的不断争斗中显示着自身的力量和技能,这些显示方法逐渐形成了原始艺术,这就是杂技的起源。杂技的发展经历了自娱到娱人的过程。可以说,杂技与武术(由自卫本能升华、攻防技术积累而产生)的出现时间基本相同。

与戏曲、歌舞等表演艺术形式相比而言,杂技与武术更接近。杂技中的一些项目就是源于超绝的武技。杂技艺术在我国发展历史悠久,源远流长,其对中国武术的发展产生了直接的影响。力技、形体技艺、幻术、投技、乔装动物戏、动物戏、滑稽是我国古代杂技的七个类型。这些类型的杂技中,直接来源于武技或可以向武技转化的杂技项目也有不少。我国武术与杂技之间的关系可以用同源共生和互传互补来说明。

古代武术的形成与发展总是离不开杂技,二者间的关系非常密切。武术运动中的一些兵器就是杂技中所用的表演道具。例如,杂技中所用的"飞叉"其原形就是武术器械。

杂技习练者中武艺高强的人也不少,这些人物在武术的发展和普及中发挥了积极的作用。此外,杂技练习中也采用一些武术的训练方法,"内练一口气,外练筋骨皮"等训练技巧在杂技与武术中是共用的杂技表演,经常会出现中国武术的硬功和柔术,这些表演项目以其独特的风格与魅力在杂技舞台上长年不衰。

二、武术与中国戏曲

念、唱、做、打是中国戏曲的几种重要表现方式,这些表现方式与武术之间关系密切。

歌舞是戏剧的雏形。中国戏曲载歌载舞,自然也起源于歌舞。中国戏曲作为一项表演艺术,独具风采,在世界戏剧体系中占据重要地位。值得注意的是,中国戏曲之所以在世界上有广泛的影响力,不仅在于其融合了歌舞元素,还在于其包含着丰富多彩和规范的武打艺术。

武术对戏曲的发展产生了积极影响,戏曲武功中的技术大都源于武术。就武打技术而言,戏曲武打艺术的发展与成熟和武术的成长几乎是同步的。此外,戏曲的内容也受武术的影响。可以说,武术对中国戏曲的影响是多渠道、多层次的全面影响,尤其在文化层面的影响更深入。

三、武术与中国舞蹈

中国舞蹈从产生开始就与武术之间建立了密切的联系。在古代,"舞""武"相互交融,具体表现在舞中行武、舞中现武、舞中存武。早期武术与舞蹈交融的典型形式就是武舞。武舞极具健身性与娱乐性,能够表达丰富的思想情感。武舞中的一些动作组合类似于武术中的套路动作。在武术的技击性、演练性特征不突出的时候,舞蹈的艺术性还未充分显示的时候,对于武术、武舞与舞蹈的区分是有难度的。一些"舞"的形式既是武术的先导,也是中国舞蹈的起源。

随着武术与舞蹈的逐步发展与完善,二者之间的区分越来越清晰。武术从武舞中逐渐分离出来,舞蹈与武术两种文化形态由此形成,这两种形态的文化风格迥异,极富魅力。

四、武术与其他艺术形态

我国武术不仅与杂技、戏曲、舞蹈等动态艺术之间有着密切的关系,而且与静态艺术之间的关系也很密切,如壁画、民间传说、武侠小说等。在我国古代宫室、庙堂的壁画中,有大量有关狩猎、武士、相扑、角抵的图,从这些图中我们可以看到武术的影子。古代民间传说中也有大量关于武术的故事,武侠小说的创作更是以各种丰富的武术形式为主要内容。

总的来说,武术具有丰富的文化内涵。随着武术在健身与竞技层面的双重发展,其在世界范围内的影响力越来越大。丰富多彩、博大精深的武术文化在世界各地广泛传播,积极地促进了国际文化的交流。

第三章　武术文化教育的传承与发展研究

第一节　武术文化传承的主要内容

一、武术史

武术是我国传统文化的重要组成部分。在我国长期的文化传统发展过程中,武术在各个时期受不同历史因素的影响表现出不同的发展特点。全面了解和理解武术,必须熟悉武术的发展历史,武术发展史是武术研究的重要内容,也是武术传承的重要内容。

(一)武术史体系内容

武术史是关于武术发展的理论学说,对武术史的研究是一项重要的理论研究工作,人类的现代文明都是建立在中华几千年的文明发展基础之上的,每一个现代人都应该了解自己国家和民族的发展史,了解本国、本民族的文化史,历史能带给我们对社会文明发展的思考。了解武术史不仅有助于更加深刻地了解历史上某一个时期武术文化的发展形态、特点、境遇,也能给当下探索武术文化的可持续发展提供启发。

武术史作为武术文化的重要传承内容,主要包括四个方面:①武术的起源、古代史、近代史、现代史;②武术断代史,某一历史时期的武术特征、规律;③武术拳种单项史;④武术典籍、文献。

(二)武术文化传承的历史观

对武术史的了解和研究,应学会用历史发展的眼光去看待武术的发展,不能用现代文化的发展否定某一历史时期的武术发展,应该认识到武术发展的历史局限性。

二、武学理论、流派

(一)武术思想、技法拳理

武术的哲学思想、技法拳理是武术文化体系的重要内容,也是武术传承的重要内容,了解和掌握武术的学术理论、哲学思想、拳理技法,对于个体更加全面地认识武术文化以及掌握武术动作、技巧具有重要的帮助作用。

(二)武术流派

武术具有几千年的悠久历史,在长期的发展过程中,形成了各种各样的流派。中国武术中的每个流派都是人们智慧的结晶,是对武术发展的探索与贡献,都具有自身的理论及特点,是武术的宝贵财富和重要的传承内容,任何一种流派的消亡,对武术来说都是一种损失。

三、武德、尚武精神

武德是习武者学练武术的基本道德要求,也是武术文化的重要内在要求,在武术文化的传承中,武德是缺一不可的内容。

武术的本质属性是技击性,武术文化中所包含的尚武精神也是武术传承的重要内容。武术的尚武精神表现在武术个人技击对抗、民族振兴、救国救民等多个方面,可以说,尚武精神是武术的核心,是中国武术发展的最根本的推动因素,它在更深的精神层面影响着中国一代代的习武人和普通百姓,是中华民族精神的重要组成部分。

(一)武德

"武德"的具体内容在"武德"一词产生之前就已经有了,最早可以追溯到上古炎黄氏族融合时代。

据《韩非子·五蠹》记载,尧舜时代,有三苗不服,禹准备攻伐,舜说:"不可。上德不厚而行武,非道也。"

《左传·宣公十二年》中说:"武有七德",即"禁暴、戢兵、保大、功定、民安、和众、丰财也"。可见,我国习武之人很早就认识到了"武德之于武术"的重要作用。

(二)尚武精神

"尚武",在我国各个时期的多个辞书文献中都有详细解释。1947年版的《辞源》将其释为"以武力相尚也";1991年版的《辞源》将其释为"崇尚武事";1980年版的《辞海》将其释为"崇尚武事";《现代汉语词典》将"崇"释为"注重",将"尚武"释为"注重军事或武术的精神"。综上所述,"尚武"即"崇尚武力""崇尚勇武"。

"尚武"精神作为中华武术文化的核心,其贯穿于我国民族文化发展的始终,详细解析如下。

原始社会,生产力低下,人们的生存生产环境恶劣,为获得生存、避免遭受猛禽袭击,远祖们不得不诉诸武力,"以伐木杀禽兽"(《商君书·画策篇》)。人们在长期的生产活动当中,通过与野兽进行抵抗形成了最初的搏斗,并经过不断的实践活动逐渐熟悉掌握,强悍好勇是早期中华民族的主要民族性格特征。这种强烈的求生自强、英勇果敢的民族性格特征,是尚武、习武精神的重要基础。

先秦时期，全民尚武，并在全社会形成了一种习武风气，习武成为人们强身健体、报效国家的一种重要技能。在封建社会的社会格局混乱时期，以武力平息战乱、以武力治天下，成为统治者保持统治地位的重要法则，统治者重视武术和军事发展，甚至认为武术是固家之本。在统治者的不同统治时期，尤其鼓励民间尚武的时期，民间习武之风盛行，在禁止民间练武的时期，私下练武以及武术表演等活动依然广泛存在，尚武精神与武术发展紧紧捆绑在一起，在和平时期，武术丰富了百姓日常生活，使人始终保持斗争和积极向上的心态，在民族危机来临之时，尚武精神更使人们奋发而起，抵御外侵。明清时期，统治者尚武，满族以几十万人统治整个中国的疆域，靠的就是尚武精神下全族习武的优势。清初著名学者颜习斋曾提出"一身动，则一身强；一家动，则一家强；一国动，则一国强"的习武强身强国的理论，这也是尚武精神的表现，在封建社会，尚武精神与国家强盛有着密切的关系。

近代，我国进入半殖民地半封建社会，国家落后，究其根本原因，源于民族精神的落后，民族的尚武精神是民族强大的重要精神基础。在被扣之以"东亚病夫"帽子的屈辱历史中，尚武精神使得增强国民的主体意识虽受压制，但不曾泯灭。保国救种、奋发图强成为这一特殊时期尚武精神的主要表现。

新时期，我国武术发展备受重视，武术是我国民族传统体育文化的瑰宝，在发扬民族文化、弘扬民族精神方面具有重要作用。尚武精神，是中国民族精神中"刚健有为"的表现。现代社会，武术的军事功能弱化，但武术的健身、防卫、技击、振奋民族精神的功能仍然具有传承和发扬的价值，是实现新时期民族振兴的重要精神动力。

四、武术动作、套路与技能

武术动作、套路与技能是武术文化的重要载体，也是武术文化传承的核心内容，武术的所有文化内涵都依附在武术动作、套路与技能上，如果失去了武术动作、套路与技能这些外在的文化形式，那么武术文化内涵就只能成为空中楼阁，失去了存在的根基。

中国武术运动以各种身体练习形式为基础，融合了丰厚的中国传统文化内涵，融合了具有中国特色的中华民族精神。武术的攻防技能是习武者练习武术的最主要内容，也是中国武术文化的最主要内容，是中国武术文化传承的主体。

武术动作、套路与技能内容体系庞大，不同流派、民族、拳种、武术动作形态、运动形式、攻防技能，这些都是武术文化传承的重要内容。

第二节　武术文化传承的要素解读

武术经过数千年的发展逐渐形成了今天这种博大精深的文化形式，武术文化的传承需要多种因素的参与和作用，同时需要满足各种客观的外部条件，其传承的形式也随着社会的不断发展而有所变化。本节将分别从武术文化的传承者、传承方式、传承文化空间以及传承管理几个方面对我国武术文化的传承要素进行具体分析。

一、中国武术文化的传承者

(一)武术文化传承概述及变化

从广义上讲,文化主要是指人类创造出来的所有物质与精神财富的总和。文化是人类社会特有的一种现象,它是人类社会实践的产物。人类由于共同生活的需要而创造出了文化,人类之所以能够延续与发展依靠的就是文化的传承。

在传承一词中,"传"指传授,"承"即继承,因此我们大致可以将"传承"理解为传授与继承。人类文明的传承并不是简单地传递文化元素,而是按照社会发展的程度以及文化适应的规律与要求所做出的有机的排列组合,从而为新的社会秩序和文化系统的建构做必要的文化要素的积累。民族文化的传承并不是个人的自我行为,而是表现出极强的群体性与整合性,并最终实现民族群体的自我完善。我国武术文化历史悠久,在长期的发展历程中积累了非常丰富的文化内涵。武术文化的传承本身就是一种民族文化的再生产与创造,这种传承在历史上使中华民族得以发展壮大,对于当今的中国来说,这种传承则是中华民族屹立于世界民族之林并实现伟大复兴的根本保障。

1. 中国武术的传承环境变化

中国武术在封建社会的不同时期有着不同的传承环境,如有的朝代崇尚武术,有的朝代禁止习练武术。在崇尚武术的朝代,人民广泛习武,有的还可以通过武举考试进入仕途。有些朝代的统治者担心人民习练武术以后会谋反,从而影响统治阶级的利益,就颁布法令禁止民间习武,但是即使在统治者禁止人民练习武术的时代,人民习练武术的愿望也依然强烈,民间练习武术屡禁不止。中国武术以其顽强的生命力传承下来,在封建社会的各个朝代并没有因为外部环境的变化而影响传承。

20世纪初,封建社会结束,整个中国的社会环境发生了翻天覆地的变化。鸦片战争结束后,西方列强对我国进行了军事、经济、政治以及文化等多方面的侵略。这段时期,中国的传统体育文化和西方的体育文化产生了强烈碰撞,在战争中,军事武艺逐渐被火器取代。这个时期,因为军阀混战、政权变迁、政局动荡以及西方文化的入侵等,我国开始出现各种不同的思潮,特别是"土、洋"体育的激烈交锋,使得中国武术在发展过程中也遭受了巨大的冲击,中国武术的传承环境发生了巨大的变化,武术逐渐失去了原本最典型的军事功能,很多人逐渐产生了一种认识,即武术练得再好也比不上洋枪洋炮,因此很多人就失去了练习武术的信心和动力,这样的外部环境对武术传承极为不利。

2. 中国武术的传承方式变化

长期以来,武术是以师徒制度来进行传承的,就是师傅教徒弟,徒弟再教徒弟,如此循环,世代沿袭。传承也即传播和继承,因为武术文化体系形成的渐进性,以及在传承武术过程中的封闭性特征,使得武术传承活动主要采取的是门户传承以及宗派传承模式,其中以武德教育作为武术传承的核心,以师徒传承为基础方式,以武术私学作为主要的教学活动。师徒传承方式指的是在中国武术传承过程中,以小范围传授为主体,师徒之间采取耳提面授、口传身教等方式来传承中国武术。因为我国古代受"自给自足"经济生产模式的影响,以师傅认知、经验为主的传统传承方式对外表现出强烈的排他性,形成师徒武术传承方式的单一、保守与封闭等特征。此外,在我国古代的农耕社会背景下,这种武术传承方式也造成了各门各派的竞争,使得武术文化的发展得以昌盛与繁荣。

但是,随着西方文化的入侵和中国近代体育教育制度的建立,中国的武术被纳入学校教育,并成为我国学校体育课程的重要内容之一,学校聘请武术师傅进行武术教育。

随着现代社会的发展,人们对知识提出了各种要求。这在客观上要求我们不断扩大教育的主体对象,不断丰富、充实教学内容,以此促进中国武术传承方式的改革、创新,为社会培养更多的高素质人才。班级授课制的产生与发展顺应了现代社会对人才的要求。能够提高武术教学效率,并达到一定的教学效果。然而长期以来,中国武术传承中依然采取"师徒制"方式,私人开设武馆、武术俱乐部以及武术学校等,出现了现代武术传承方式与武术传承方式并存的局面。

此外,受传统思维方式、武术自身的活动特征以及生产力水平等多方面的影响,传统武术传承采取的是师徒制传承方式。而现代武术传承采取的手段较为丰富,如计算机技术、数码相机以及录像机等现代化技术,保存与传递中国武术的教学信息,使学生在愉快、轻松的课堂情境中享受武术学习带来的快乐。但是不得不承认,师徒制在武术传承过程中,更加注重武术文化和武术内涵,传承的武术内容更加深刻并具有一定的特点。而班级授课制度只能传播一些基本的武术技法和武术常识,并不能深入,而且很多武术内容因为"标准化"而缺少特点。

(二)武术文化传承的内容及原则

1. 武术文化传承的内容

一般来讲,武术文化传承的内容大体可以分为武术技术与武术文化两个部分。我国武术文化传承的技术内容主要包括各个拳种及其流派中的拳术与器械技术。而对于武术文化的传承,不仅应该重视延续武术技术层面的内容,还应该对武术中蕴含的丰富传统文化进行有效的继承与延续。武术传承的文化内容主要包括传统武德、武术中的传统文化和武术史的内容。

2. 武术文化传承的原则

(1)客观性原则。客观是武术文化传承的首要原则。对于武术文化传承来讲,客观实际是非常重要的,如果在对武术文化进行宣传时加入不切实际的内容,那么武术就会逐渐失去广大民众的信任与关注,并最终影响自身的发展。

(2)古已有之原则。文化是延续的,因此,作为文化有机组成部分的武术文化也是历史悠久、传承有序的。葛兆光研究思想史时发现:"人们从一开始就相信,古已有之的事情才具有合理性与合法性。于是,思想者常常要寻找历史的证据。"①武术文化的传承同样如此,如学拳者往往需要追寻所学拳种流派的根源,从而更好地厘清自己的脉络,并在师承中找到自己的位置。由此可见,传承有序、历史悠久是传统拳种流派的文化底蕴,这同时表现出武术文化古已有之的传承原则。

（3）渐进性原则。文化的传承是分层的,也是循序渐进的,这是文化传承的基本规律。因此,武术文化的传承应该循序渐进地进行,不能够急功近利,否则就会适得其反。例如,武术进入中小学、大学,进入奥运会,这些都是一个渐进的过程,切不可操之过急。

（4）文化性原则。文化只有在发展中才能不断促进自身的成长。通常来讲,武术在传承中应该做到以德为先,注重传承人的悟性并注重拜师的程式,这才是一个完整的文化空间。文化空间的完整性决定了武术文化传承的长久健康的发展。

（三）武术文化传承的模式与意义

1. 武术文化传承的模式

一般来讲,文化的形成、累积、传递及创造大都是依靠教育来实现的,因此,文化的传承模式具有教育的特征。

具体到武术文化,其传承活动就是一种教育活动的开展,武术本身就具有教育的本质属性。它是一种独特的教育形式,通过教育能够使武术技术与文化实现更好地保存与流传。

武术是具备文化、艺术、体育属性的文化体,武术进入教育领域,其文化定位应该与武术自身的特质相符。武术教育的过程应该是其解读文化经典的过程,不能只停留在健身、娱乐、休闲的体育层面,武术教育的价值定位为文化传承与审美,武术教育应发展为集文化、艺术、体育于一体的多元教育。只有从文化的角度继承并发扬自己民族的传统文化,并置身于历史文化的传统之中,才能够真正感受到它的魅力与价值。

2. 武术文化传承的意义

从文化传承的角度来分析,武术文化传承的意义主要表现在以下三个方面:

（1）促进武术拳种流派的交流与新拳种的产生。武术文化的传承能够促进不同拳种流派的技术与文化交流,还能够在这种交流过程中产生新的拳种或者武术流派,如太极拳在自身的传承过程中逐渐产生了陈氏、杨氏、吴氏、孙氏、武氏等不同的流派。武术在传承过程中会逐渐形成不同的流派与拳种,这是武术适应社会发展需要的客观需求。在武术文化传承过程中,只有不断地创新才能够更好地适应社会的发展,但创新不能远离或抛弃传统。

（2）促进武术技术与武术文化的不断发展。武术文化传承的重要功能就是承接与传

---

① 葛兆光. 中国思想史·导论[M]. 上海:复旦大学出版社,2013.

载文化,它能够将武术技术与武术文化继承并传播下来,使之世代相传并与其他文化相互作用。不管是拳种流派的纵向传播还是横向传播,均能够让武术技术与武术文化得到很好的流传与保存。

(3)促进民族传统文化的不断发展。传统文化不仅是一个民族的重要特征,也是构成民族的核心要素,民族文化的传承则是民族共同体形成与发展的重要机制。

每一个民族的传统文化大都具有传递与延续民族生命力的传承价值和功能,而其文化传承对于该民族的社会组织的发展、社会结构的完善和整合具有非常积极的作用。因此,实现武术项目的拓展与延续也是促进中华民族文化事业发展的一个重要动力。

二、中国武术文化的传承方式

(一)武术文化传承的典型方式

武术文化的传承方式有很多,较为典型的与常见的包括以下四个方面。

1. 口传心授

口传心授是武术文化传承最重要的方式。顾名思义,口传心授的含义包括两个方面,即口传与心授。具体而言,口传是授技,心授则是授法,两者的侧重点不同。口传注重"形",强调传授习练方法、表现手段、演练技巧;而心授则更加注重"悟性",所谓"只可意会不可言传",这需要人与人之间进行情感、心灵方面的沟通。

2. 身体示范

身体示范与人们平常所说的言传身教意思相近,其与口传心授的区别主要表现在:口传心授较为注重内在的悟性,而身体示范则是直接进行外在动作套路的教授。身体示范作为武术文化的重要传承方式,其主要是先进行言语方面的讲解,然后进行技术动作的演练。

通常来讲,身体示范包括功力训练、套路演练、实战技击等身体文化内容,通过各种外在的形体活动将武术中的各种技巧、方法、哲理、美感等更好地表现出来。

3. 观念影响

武术的传承不仅包括技艺方面的传承,还包括武术德行方面的传承。观念影响能够让习武者受到武术的武德熏陶,使其成为合格的习武之人。一般来讲,观念影响这一传承方式包括两个层面的含义,一是宏观层面的观念影响,另一个是微观层面的观念影响。

如果人们在习练武术过程中能够形成积极向上的风气,那么就会对参与其中的人产生积极的影响,这就是所谓的宏观层面的影响。在微观层面,观念影响主要指的是师徒之间在教授技艺的过程中,师傅通过启发、训导、以身说法等方式向自己的弟子传输道德方面的规范。

4.口述史影响

（1）口述史①的概念。目前，关于口述史概念的研究，不同学界的专家学者有不同的见解。民族史学家张双志认为："口述史就是研究者运用相关手段包括调查访问、记录、录音、录像等，搜集所需口头材料，经与文字史料核实，整理成文字稿，以供人们研究的历史研究方法。"定宜庄在《口述史读本》中指出："口述史，按照目前国内学界普遍的解释，是以搜集和使用口头史料来研究历史的一种方法。进一步说，它是由准备完善的访谈者，以笔录、录音等方式收集、整理口传记忆以及具有历史意义的观点的一种研究历史的方式。"对于口述史的定义还有很多，总的来讲，在信息高度发达的现代社会，口述史是一种借助现代科技手段对历史事件亲身经历者、见证者进行口述史料挖掘、整理、核对、保存的研究方法。

（2）口述史的研究价值。口述史对史学研究实现了三个突破：其一，以文献资料为互证客体，同时实现了从"故纸堆"到人的研究对象的突破；其二，探索了过去被隐去的历史细节，实现了从上层分子到普通大众对象的突破；其三，实现了访谈工具的突破，为记录和呈现历史提供了更为广阔的空间。因此，口述史研究可以填补重大历史事件和普通生活经历中那些没有文字记载的空白或弥补其不足。

武术口述史研究主要集中在地域民间以及武术研究方面，史料多来源于地域武术志或资料档案，研究对象有武术传人、普通习武人等。例如，对沧州习武场地——把式房的习武者进行口述研究，就传统尚武村落尚武风气对村民、拳师、村干部进行口述调研，以10年以上太极拳锻炼者为口述对象研究太极拳锻炼的社会空间状况，等等。但是，作为历史悠久、博大精深的中华武术，其口述史研究可以说是刚刚起步，中国武术历史研究由于缺乏鲜活的口述史料在近年来的发展受到局限。武术口述史既是武术史研究的有益补充，也是贯彻落实党的十九大精神，建设优秀传统文化传承体系，弘扬中华优秀传统文化的需要，有着重要的社会价值、时代价值和文化价值。

首先，武术口述史研究有助于抢救武术活态史料。武术拳种和流派丰富，传承人众多。许多传承人见证了中华人民共和国的发展历史，其人生与习武经历跨越了武术发展和国家发展的重要历史时期，对这部分人的武术经历进行记录和保护，将会形成许多动人的故事和传奇，同时，会使许多拳术演练经验通过口述得以保存。尽管许多拳种传人多已整理出书，但过于规范的出版物又缺乏了鲜活的资料，难以代替口述史料。

其次，武术口述史研究有助于增强武术史学的人文关怀，增强武术在青少年和广大习武群体中的教育功能。武术口述史研究可在还原当时历史场域的同时，保证人文资料的活态源泉。武术习武群体作为中国传统文化特殊的承载体，这种活态的文化补给，对现今习武者和青少年增强传统文化认知、提升传统文化素养具有重要的教育价值。当前，许多地方在把地方武术纳入学校课堂教学的同时，如果能把生动的武术故事和事例

---

① 口述史亦称口碑史学，在国际上是一门专门学科，即以搜集和使用口头史料来研究历史的一种方法，或由此形成的一种历史研究方法学科分支。

融入武术教学,会让武术课堂更加有趣味、有活力。

再次,武术口述史研究有助于拓宽武术史研究范围。以《中国武术史》命名的教材、专著版本众多,并形成部分口述史的成果,但尚未形成两者平衡发展的态势。武术口述史以人的口述史料为基础,所述的中国武术史、地域武术史及其自身武术史内容是武术史重要的资料来源。从研究对象的角度来看,民间、学校等领域是武术史宝贵的研究资源。

最后,武术口述史研究成果将是中国武术史的有益补充。自中华人民共和国成立以来,新中国武术史和众多史学论文相继形成,然而,由于时间的推移与历史研究视角的不同,其逐渐暴露的缺点需要口述史研究成果进行验证、更新与补充。同时,口述、文献史料的互证可为新中国武术史的完善提供依据。

(二)武术文化传承的具体途径

一般来讲,武术文化传承的途径包括师徒传承、群体传承、学校传承以及社会传承四种形式。

1. 师徒传承

师徒传承也称家庭传承,它指的是师父与徒弟聚在一起,按照一定的权利义务和规范要求,以传习某种技艺为纽带进而组成的一种特定的社会活动方式。我国武术的主要传播方式就是师徒传承。

师徒传承的主体为师父和徒弟,传授的内容一般是某一方面的武术技艺,其过程是传播者(师父)—传播内容(武术技艺)—传播对象(徒弟)。从传播学的角度分析,武术文化师徒传承的基本方式还应该包括两方面的内容:一是通过"口传、身传、心授"进行传承;二是注重传播的效果,也就是追求德艺双全。因此,师徒传承的基本方式可以进一步表述为:传播者(师父)传播内容(武术技艺、文化、道德)—(通过)口传、身传、心授(的方式)—传播对象(徒弟)—(达到一定的)传播效果(德艺双全)。这种传播方式在我国民间普遍存在,即使在现在也非常盛行。

2. 群体传承

群体传承是指众多社会成员共同参与传承某一形式的武术,在传习、继承的基础上使这种形式的武术运动能有所发展和创新。一般来讲,群体传承包括技艺传承与观念传承两方面。

中华传统文化也是在群体传承中实现发展的。武术作为传统文化的有机组成部分,其行为制度也自然会受到社会风俗与礼俗的影响,从这个意义上来讲,武术中的礼仪制度、规章戒律等同样是群体传承的结果。

在我国的非物质文化遗产中,有很多的门类与形式是为群体所创造和拥有,并通过群体传承的方式发展至今的,这种被称为"群体传承"的传承方式,也可以借用现在流行的说法——"民间记忆"或"群体记忆"。

3.学校传承

目前,由于外部环境的变化,武术固有的传承方式面临着很大的生存困境。在这种形式下,武术文化传承采取学校传承的方式是一种很好的选择。学校传承与传统的师徒传承方式存在着很多相同之处。在学校,教授者被学生称为"老师",这与师徒传承中的"师父"非常接近,只是"老师"是一种职业的传承,而"师父"是一种义务的传承。学校传承是武术文化传承的一种新式途径,它是在武术被列为校园教育内容之后逐渐形成的一种传承形式。学校传承对于武术的发展具有非常积极的作用,教育部门也非常重视这种传承的方式,并且对学校武术的教育内容不断地进行完善,这就为武术的学校教育创造了很好的条件。随着社会的不断发展,学校传承这种方式对于武术文化的传承必将发挥越来越重要的作用。

4.社会传承

随着社会的不断发展与进步,书籍、报纸、期刊、影视等媒介的出现为武术文化的传承提供了新的传承途径,即社会传承方式。这种传承方式主要是营造良好的武术文化氛围,通过出版图书、发行杂志、组织竞技比赛等多种方式让那些对于武术有着浓厚兴趣的人能够以多种方式参与到武术文化活动当中,甚至进行武术文化的传承。媒体在社会传承途径中也发挥着非常重要的作用,如一些电视台组织的武林比赛、武术教学讲座等都是武术社会传承的很好体现。

(三)武术文化传承的方法和策略

在传承与保护武术文化的过程中,我们可以采用以下几种方法与策略。

1.自然传承

根据文化现象所表现出的某些基本形态,通常可以将文化划分为"原生态文化"与"次生态文化"两大类型。所谓"原生态文化",是指历史上创造并流传或保存至今的、未经任何刻意改变的传统文化;所谓"次生态文化",则是指那些在传统的原生文化基础上创造出来的新兴文化。非物质文化遗产保护工作的重点正是这种"原生态文化"。

受西方体育文化的影响,武术也发生了很大的变化,一些武术的套路还表现出长拳的味道,而武术本身所具备的古朴、实用、精悍等特征正在逐渐淡化。面对这种情况,我们更需要加强对"原生态"武术的自然传承与保护,从而更好地实现对武术文化的传承。

2.经济传承

非物质文化遗产不仅有着很好的科学价值、文化价值和教育价值,还具有很好的经济价值。经济价值对于武术文化传承非常有利。比如,少林寺在取得经济收益的同时,也有了更好的经济基础来发展武术。通过创办武术学校以及专业网站对武术文化进行更好的宣传与推广,能够使武术文化的传承走上一条良性发展的道路。

3.法律传承

武术文化的传承同样需要相关政府部门发挥其监管与指导的行政职能,通过保护传统文化传承者的各种利益来激发他们参与武术文化传承的热情,同时通过实施相关法律法规来保护他们的合法权益。

当前,全国人大所颁布的《中华人民共和国非物质文化遗产法》已经将具有多样性和复杂性的非物质文化遗产的相关内容纳入其中。要想实现对武术更加完备的保护,就应该建立并健全武术文化相关的法律与法规体系。另外,采用现代知识产权制度对武术文化进行保护与传承也不失为一个良好的决策。

4. 自主传承

传承包括"静态"与"活态"两种形式,其中静态传承更加注重物质资料的保存,而活态传承强调的是可持续性发展,重点加强对传承人的保护。

在非物质文化遗产的传承过程中,植根于民间的文化遗产传承人才是传承的主体,因此,传承人应该积极发挥传承自主性,禁止某些机构喧宾夺主的不良行为。由此可见,传承人是保护武术文化的重点,自主传承是传承工作成功进行的重要保障。因此,我们在制定武术文化传承制度时应该为传承人能自主进行传承工作创造良好的条件,这需要对传承人的相关权利与义务进行明确细致的规定。

5. 物质传承

文化遗产大都包括"物质"与"精神"两方面,纯粹的"物质类文化遗产"或"非物质文化遗产"并不存在。

武术文化属于技能与技艺类的非物质文化遗产,但是也可以通过实物收藏的方式对其进行有效的保护。这种保护形式的最大优势在于:保存的方式更加直观、客观、真实,并具有不可替代性,而且方便进行展示。因此,对于武术文化的传承与保护应该始终着眼于"人",同时离不开传承人主动性的发挥,其关键就是口传心授的"传承"。武术文化的传承工作应该以活态传承为主,静态保护为辅,同时可以采用在有条件的地方建立"武术生态文化保护区"等有效的措施进行武术文化的本真性和整体传承。

6. 整体传承

武术文化的整体传承包括两个方面的内容,一是技能体系的完整,二是生存环境的完整。任何一种非物质文化遗产都是由多种技艺与技能共同组成的,如果不兼顾其他的技艺与技能而只是保护其中的某一两项技艺,那么即便保护得再好也不能够完整地传承这个文化。

武术文化属于中国传统文化的一部分,它不仅包括习练方法、套路种类、技法运用、理论体系等内容,还包括门派典故、武林轶事、礼节仪式、练习口诀等多种内容,这些内容共同构成了武术的技能体系。因此,武术文化的传承是一种整体传承,是以武术的产生背景为基础的。

三、中国武术文化的传承文化空间

(一)武术文化空间

1.武术文化空间的定义

"文化空间"也称"文化场所",是联合国教科文组织在保护非物质文化遗产时使用的一个专有名词,主要是指人类口头与非物质遗产代表作的形态和样式。由于文化空间是非物质文化遗产中的用语,因此文化空间的释义应该以非物质文化遗产为基础。1998年,联合国教科文组织颁布的《人类口头和非物质遗产代表作条例》中,明确将人类口头和非物质文化遗产划分为两大类:一是各种"民间传统文化表现形式",包括语言、文学、音乐、舞蹈、游戏、神话、礼仪、习惯、手工艺、建筑术及其他艺术,即传统形式的传播和信息等民间传统文化的表现形式;二是文化空间。在该条例中,"文化空间"被指定为非物质文化遗产的重要形态。2005年,国务院办公厅《关于加强我国非物质文化遗产保护工作的意见》之附件《国家级非物质文化遗产代表作申报评定暂行办法》第3条关于非物质文化遗产分类界定中明确列举了除联合国公约中五大类外的第六类,即把"文化空间"作为非物质文化遗产的一个基本类别,并定义为:定期举行传统文化活动或集中展现传统文化表现形式的场所,兼具空间性和时间性。

2.武术文化空间的内涵

从文化空间的定义可以看出,文化空间是指有价值的文化空间或时间,是有价值的传统文化活动、民间文化活动得以举行的空间或时间,是有规律的、约定俗成的文化活动场所。武术作为我国传统文化的特色代表项目,其许多有价值的文化空间需要被保护。例如,少林功夫是我国武术的代表项目之一,有1500年的历史,再加上少林寺这一特定的佛教文化环境与僧人习武的传统就形成了一个别具特色的"文化空间",对这一文化空间进行整体保护比仅对少林武术进行技术保护更加全面,也更加符合非物质文化遗产的现象与实际。以此类推,武当武术、洪洞通背拳、山西形意拳等都可以作为文化空间来进行保护。如此说来,武术的文化空间是对武术全部内容和形式的整体传承。

整体传承是文化传承的要求,也是武术传承发展的要求,即要求保护武术文化的全部内容和形式。文化需要传承,传承方能延续。作为我国传统文化的精粹和代表,武术是中国文化的根基,它的传承意味着民族文化的血脉相传,是文化界和武术界的大事。"文化空间"概念的提出使得人们对武术传承与保护的认识更进了一步,基于此,武术的"师徒传承"与"口传身授"也可以作为武术传承的文化空间。

我国武术是艺术,更是文化。武术文化的传承是整体的、全面的,单纯的技术传承只是武术整体的一部分。在中国传统文化艺术项目的传承与保护研究中,大多数学者都以"教育"为传承的首选,以进入学校为传承的重要途径。单从技术的角度讲,学校教育是培养不出"传人"的,武术技术的整体传承一定要"师徒传承""口传身授",经年累月,才能实现武术的源远流长。因此,当今武术传承的研究一定要重视文化空间概念的引入,只有传承和保护了武术存在的文化空间,武术才会得以保留,并不断发展。

(二)武术文化空间保护的基本原则

1.内容的完整性与真实性

一方面,文化空间的保护应该严格遵循与坚持整体保护的原则,应该对文化空间的完整性进行相应的保护,而不是进行片面、分割和单一的保护。这主要是由于,一旦文化空间中出现了任何缺损、破坏或者泯灭,都表明文化空间受到了严重的损伤。

另一方面,文化空间中的文化形态与样式应该保持它们的真实性,维护并维持它被认定的文化价值与特性,即使是文化变迁也应该是真实的,应该是与文化发展规律相符的。

2.生态性与生活性

"文化空间"的存在离不开地理、环境、生态等因素的影响,其具有文化生态性的特征,因此我们在对文化空间进行保护的过程中还应该对自然生态与文化生态给予高度的重视。通常来讲,很多文化的出现是与传统及民俗保持一致的,因此,我们应该对文化空间加以保护,将文化空间赖以生存的自然与文化的生态保护好。除此之外,非物质的文化遗产是活态的、动态的、实践的,是一种生活的文化。如果非物质文化遗产脱离了现实的社会生活,或者在文化空间中非物质文化遗产与生活失去了联系,而成为仅供他人观赏的纯粹作秀的形式,那么其生命的活力也就丧失了。

3.动静结合

动静结合主要指我们在保护文化空间中的动态文化、演示艺术、民俗行为等时,要结合静态的器物、工具实物、建筑、碑刻、文本等,这样才能将动态文化和静态文化的共同保护相结合。只有对动的文化和静的文化共同进行维护和传承,武术文化才会顺利地实现世代相传。

(三)武术文化空间保护的基本措施

武术文化空间的保护具体可以从以下几个方面着手:

(1)申报联合国"人类口头和非物质文化"遗产与国家级非物质文化遗产。申报联合国"人类口头和非物质文化"遗产可以在一定程度上启发人们对于文化保护的意识,从而使人们的民族自信心与自豪感不断增强,人们对于我国武术文化的认识也会更加全面。

(2)对武术流派传人进行保护。武术各流派的传人是武术文化存在的重要根基,武术的相关技术与文化都是无形地、活态地、动态地存在着的,任何物质的、静态的保护都不能阻挡武术的流逝,只有人与人之间的动态传承才能够维持武术文化的存在与继续发展。因此,对于传承人的保护是武术文化空间保护的关键所在。

(3)对"农村武术"加强重视。我国的武术文化广泛存在于民间,民间的武术又多存在于农村。与城市受到的西方文化的冲击相比,西方文化对农村的冲击相对较小,农村的武术文化的生存环境要比城市有利。换言之,武术的文化空间主要存在于我国的农村之中,因此我们应该对"农村武术"给予足够的重视与关注。

第三节 全球背景下武术文化发展机遇

一、武术文化全球化发展

(一)文化全球化

全球化,指某一现象在全世界范围内广泛出现和发展。"全球化"一词的提出是在 20 世纪末,如今,"全球化"一词已广为人知。具体来说,全球化所涉及的范围主要有政治、经济、文化等方方面面。

文化全球化是指全球范围内的各个国家、地区、民族之间的文化交流。在全球化进程下,全球时空缩小,信息传播便利,各地文化交流更加频繁。在开放性的全球文化环境中,多元文化并存,并相互影响。

(二)武术文化的国际化发展

在全球化境遇下,武术文化的传承不能仅限于国内,必须走出国门,扩大武术文化的影响力,提高武术文化的国际地位,在传承的基础上促进武术文化的发展。

目前,我国非常注重将民族文化推广到世界,希望以此成为世界了解中国的一个文化窗口。武术作为中华文化的代表,自然成为在国际中传播最广、影响力最大的文化名片。以致越来越多的国外武术爱好者被武术所吸引,甚至来到我国拜师学艺。在学习期间,他们不仅学会了武术的运动形式,更对中国的传统文化有了较为深刻的理解。武术文化在国际交往中也发挥着其特殊的功能,为中华民族与世界其他民族之间的相互沟通做出了莫大贡献。

全球化为各国的体育文化提供了相互传播与融合的发展机遇,我国应该抓住这一机遇来传播武术文化,具体要以中国特色社会主义文化为标准,以中华民族传统文化为主体来不断整合与革新武术文化,从而满足武术文化国际化传播与世界化发展的需求。

武术文化是打开世界文化交流的窗口,民族的就是世界的,武术文化不仅是中华民族的优秀文化,更是世界的优秀文化,它属于全世界,应该被更多的人了解,也具有广泛的文化吸引力,具有被全世界人民了解、学习、传承的可能性。

2017 年 9 月 28 日,第 14 次国际武联代表大会通过了在 2018 年启动首届"世界武术日"(World Wushu-Kungfu Day)的决议。"世界武术日"旨在号召世界各地人民走近武术、了解武术、爱上武术,把武术精神与理念融入日常生活,共享武术魅力。2018 年 8 月

11日我国各地为庆祝首个"世界武术日"举办了丰富多彩、形式多样的武术文化活动,武术在世界范围内的影响进一步扩大。

二、全球化背景下武术文化发展战略

(一)重视改革,输出为次,融入为上

成功的体育文化国际传播,是体育文化对国际体育文化大环境的适应,我国武术文化的国际化和全球化传播也应遵循这样的规律。

在文化全球化发展背景下,东西方体育文化激烈碰撞,为了提高我国体育文化的竞争力,争取在全球体坛掌握话语权,我们需要突破顽固的守旧模式,尝试对体育文化的传播方式、传播内容等进行创新,并在创新的过程中去其糟粕。

我国武术内容丰富多彩,拳种风格多样,能够使不同受众的需求得到满足,但是繁杂的武术内容体系也增加了武术传播的难度,一些武术拳种动作复杂,招式要求严格,习武者在习练过程中感觉很吃力,并需要长期坚持数年甚至更久才能见效,这就增加了武术文化传播过程中引起关注的难度。

就我国国内武术文化的普及和传播经验来看,24式简化太极拳就是对武术技术进行简化的一个典型。在全世界范围内,要进一步传播我国武术文化,可以充分借鉴国内太极拳简化创编的成功经验,先对复杂的武术技法、套路进行简化创编,再推广,使更多国外武术爱好者能够切身参与武术,体会到武术运动的魅力。

(二)加强宣传,以点带面,全面开花

2000年联合国开发计划署发表的《人类发展报告》指出:"必须扶持本土文化和民族文化,让他们与外国文化并驾齐驱。"可见,多元文化、文化多样成为国际共识。武术文化的国际传播不可能做到全部武术文化内容的一次性全面铺展性宣传,这是不现实的,对此,我们应找到武术文化传播的一个代表"点",将某个武术拳种、武术文化作品作为敲门砖,打开武术文化全球化传播的大门。

在武术全球化发展进程中,我们必须正视的一个问题是,当前,在世界范围内,我国武术虽然走出了国门,但没有形成一个好的文化品牌,无法充分满足当前全世界范围内对武术文化和相关产品的需求。

现阶段,要进一步在全球范围内提高武术文化的国际地位和影响力,可以充分借鉴"孔子学院"国际化推广的成功经验,在全世界范围内设立武术教育机构,使更多的人关注、了解、传承武术。例如,在华人聚集地,通过开办武术专修学院的模式培养更多的武术专业人才,实现"以点带面"的传播效果。[①] 通过主动创办武术教育、交流机构,提供武

---

① 吴永存,张振东. 全球化场域下我国少数民族传统武术文化的传承与发展[J]. 北京体育大学学报,2016,39(1):41-45.

术教育、交流平台，让更多的人认识、认知、认同我国武术文化，以形成广覆盖、规模化的文化认同。[①]

(三)原生态化,丰富内涵,保护精品

文化的保护要坚持原生性，原汁原味，使文化在其发展过程中保持其最本真的传承。文化的发展一般会产生两种结果，一种是一直保持其原本的文化特性，并没有因为历史的变迁和社会的发展而改变，称为"原生态"文化。一些在原来的基础上衍生或创造了新兴的文化，离开了原有文化的生存、发展的文化环境，便不再是原有的文化了，而成了另外一种文化，成为"次生态"文化，如现代趋向于高、难、美、新的竞技化方向发展的"新兴武术"。在武术文化的全球化传播与传承过程中，新兴武术是敲门砖，是传承的铺垫，但真正要推广和传承的是原生态的武术文化，武术文化的传承与非物质文化遗产的保护，必须保留其"原生态"性。对武术文化的传承，就是要对其文化的合理内容与形式进行继承，这是文化属性的根本所在，要强调保持武术的"原生态"性。

在全球化背景下，各个国家、地区、民族的不同文化相互影响、相互融合。当前，西方文化的痕迹(西式快餐、美式电影等)在我国随处可见。随着西方文化的融入，我们的民族价值观和思维方式正在发生着变化，倘若民族价值观发生了很大程度的改变，那么中华民族的文化也就被颠覆了。在武术的国际化传播过程中，我们不仅要传播武术技术文化，还要向世界推广武术深层文化，在传播武术技术的过程中将更多的中华传统文化的价值观展示给世界各国，在武术文化传播与传承过程中不断提高文化意识，大力促进武术"文""武"的结合，使我国传统文化在国际多元文化中始终保持文化优势。

全球范围内，诸多民族共存，创造出丰富多彩、种类多样的优秀文化。武术文化和非物质文化遗产之所以要被重点保护和传承，是因为其对于整个人类文化所具有的重要历史意义。在现代社会，在以往特定时期产生的武术文化面临着严重的生存与发展危机，因此，要重点保护。

(四)整合媒体,依托赛事,创建品牌

在武术的国际化传播过程中，我们要重视借助各种各样的传播媒介来加强武术文化宣传。此外，为了更好地在全球范围内传播武术文化，我们必须有创新意识，以现代化的视角来对武术的内容形式、传播方法与手段等进行创新，其中一个重要手段就是革新武术的传播手段与方法，充分运用传媒资源，有助于进一步提高传播效果。借鉴我国国内武术宣传的媒体应用的成功案例，如河南卫视的《武林风》、中央电视台的《康龙武林大会》等电视节目，都把武术类电视综艺节目推向了一个新的高度。我国武术爱好者通过观看节目，对武术的认识有了更加具体、直观、形象、生动的认识，且泰国、美国、日本等国家的众多习武者也参与了节目，促进了中国武术和其他外来武技的交流与融合。此外，

① 李龙.论中国武术的当代发展路径[J].体育与科学,2012,33(1):35-39.

在信息时代,我们应加强武术国际门户网站的建设,通过互联网传播我国武术文化。

从近年来我国的武术文化传播经验来看,武术赛事是我国武术文化传承的重要和有效途径。我国武术于1991年的亚运会首次被列为国际比赛项目,其所蕴含的运动价值也得到了亚洲各国的广泛认同。而随着在亚洲各国不断开展武术套路的比赛,武术的国际影响力也得以不断提升。武术套路成为亚运会的固定比赛项目,不仅是武术的一种推广形式,也是对我国传统文化的大力宣传。目前来看,我国武术文化不断获得世界人民的广泛认同,不仅冲出了亚洲,而且逐渐走向世界,并争取努力成为奥运会的正式比赛项目,届时将真正促进中华武术文化在世界的广泛传播。

当前,虽然我国武术跨出了国门,走向了世界,在全世界范围内,习武者和武术爱好者数以亿计,但是,国外对我国武术文化的认知多停留在"中国功夫""少林武术""太极拳"等字词层面,我国武术没有一个具有世界知名度的、具象化的文化品牌,能有效、简要、准确地阐述我国武术文化的内涵,对此,我们可借助我国武术代表项目的知名度,塑造具有广泛影响力的武术文化品牌,如进一步打造武术影视文化、武术竞赛文化、武术表演文化等,使国际社会对我国武术文化的了解更加具体化、形象化。

第四章 武术教育价值及实现研究

第一节 武术教育价值的演变与发展

武术是中华民族优秀的文化遗产，具有丰富的文化内涵。武术在漫长的历史发展过程中，其所体现出的教育价值也伴随着时代更迭而产生了相应的变化。

原始社会时期还没有出现武术运动，但如果要对体育的价值进行认知的话，就要从这一时期来分析。原始社会时期，人们在原始生产劳动的基础上逐渐发明了一些活动，这些活动对于提高身体素质具有重要作用。夏朝时期已经出现了贵族学校，在这一时期的学校教育中已经出现了体育的内容，具体内容是"习射"及各种武艺的教学。到了西周，教育更加注重全面发展，旨在培养能文能武的人才。在当时的教育中，武术教育已经得到了大家的重视，在身体锻炼乃至整个社会教育中都具有一定的价值意义。孔子认为，进行教育就是为了培养"文武兼备"的"仁人"。

武术在我国波澜壮阔的历史发展中占据一席之地，并且与社会、经济、政治和文化等方面有充分的联系。在历史发展过程中，武术文化既显示出体育属性和体育文化特征，也显示出了不同时代的价值功能。另外，不同朝代有着不同的局面和形势，武术被赋予的历史进程和使命也会有所不同，从而使得武术具有各种各样的价值功能。

纵观我国历史发展，武术可以分为三个不同的发展时期，在不同阶段的社会发展中，武术的价值功能也在不断发展、演变。

一、古代武术的教育价值功能

相关专家与学者认为，武术在原始社会开始萌芽。在这一时期，武术就已经表现出丰富的价值功能，促进和推动着社会的发展。

(一)技击和生存的价值功能

原始社会时期，人类的生存环境十分恶劣，为了活下去，人类要应对各种野生动物的袭击和自然灾害的侵袭。就是在这种背景与环境下，原始人类慢慢意识到掌握和学习生存格斗技能是十分重要的。原始人类在生存发展的过程中逐渐将这种抵御猛兽、抗击自然灾害的本能行为转化为相应的自觉意识，并逐渐开始运用各种原始的武器，做出相应的攻击动作,这使武术展现出最普遍的价值功能,也就是生存保障价值。

在原始社会,原始人生活的全部就是"生存",他们最大的敌人就是残酷的自然灾害、猛兽的袭击和异族的侵略,而武术在此时还没有发展出完善的活动形式就已经能为人们的生存和生活提供必要的保障了。

(二)军事教育价值

人类文明从原始社会逐步跨入奴隶社会,处于萌芽状态的武术为人类与大自然进行抗争提供了相应的基础,同时,原始武术是部落战争时人类进行打斗的重要手段。随着社会出现私有制,奴隶制逐步被确立,利益分配导致矛盾激化,冲突相应地发生,使战争不可避免。

在原始部落之间,为了争夺利益与财产,部落部族中经常利用武术的技击功能来训练参加战争的武士。武术为人类相互争夺利益和财产提供了一定的"服务",而战争又在一定程度上促进了武术运动的发展。

从奴隶社会到封建社会,武术还是统治阶级进行统治的重要工具之一。为了统治天下子民,尽可能地削弱民间的武力,统治阶级推动武术运动向专业化和职业化迈进,并成立了相应的军事组织进行统治,因此,武术的技击功能也就得到了充分的展现。

(三)娱乐价值功能

武术不仅发展出了技击功能,其娱乐功能也被挖掘了出来,这一功能对于生活在古代社会的人们具有重要意义。《史记·项羽本纪》中记载了刘邦、项羽争霸时发生的"鸿门宴"故事,留下了"项庄舞剑,意在沛公"的典故。"范增起,出,召项庄,谓曰:'君王为人不忍,若入前为寿,寿毕,请以剑舞,因击沛公于坐,杀之。'……庄则入为寿。寿毕,曰:'君王与沛公饮,军中无以为乐,请以剑舞。'……项伯亦拔剑起舞,常以身翼蔽沛公,庄不得击。"由此可见,武术在这一时期就已经显示出其娱乐功能。

唐代杜甫曾作"霍如羿射九日落,矫如群帝骏龙翔。来如雷霆收震怒,罢如江海凝清光",充分赞叹了公孙大娘高超的舞剑技艺。例如,射箭运动最开始是一种冷兵器运动,用于军事战争,其后上升为"礼"的境界,称为"射礼",逐渐发展了道德礼仪的内容,使之成为一种充满高尚气息的活动。再如,汉代兴起的角抵运动,对武术的发展具有重要的促进作用。汉武帝时期,角抵运动得到了极大的发展,融合了歌舞、戏曲、杂技和幻术等多种艺术的元素,从此,角抵的内涵更加丰富,影响更为深远,增添了娱乐的色彩,名为"角抵戏"。

总体而言,在古代社会中,武术逐渐被提炼出多方面的价值和作用:一方面,武术可以作为个体进行防身自卫的重要手段;另一方面,武术还能成为部落和国家之间进行军事战争的重要工具。

二、近代武术的教育价值功能

历史的轨迹踏入近代,此时在清王朝的腐朽统治下,中华民族内忧外患,遭受了空前的侵略和奴役,此时无数仁人志士不断抗争。在民族危急存亡的背景下,为了救亡图存,武术得到了进一步的发展,武术文化愈发成熟。近代时期,很多爱国的武术家团结在一起,成立了武术组织,立志振兴武术,奋发图强,抗战救国。这一时期,武术进入学校课堂之中,人们对武术运动有了更多的研究,并且开始以更科学的理论来评价武术,武术逐渐朝着科学化和规范化的方向前进。在这一发展背景下,武术的价值和功能相应地发生了变化,并逐渐从一种实用有效的技击方法转变为鼓舞精神的手段,成为人们"自强不息"的精神表现。

(一)军事教育价值的弱化

在冷兵器盛行的年代,军队的战斗能力主要取决于将士的身体素质以及对武器和技巧使用的熟练程度,也就是武术能力。在战斗的过程中,士兵的体力和敏捷显得尤为重要,这在一定程度上影响着战争的结果。

近代以来,火器逐渐得到了普及和应用,冷兵器时代逐渐走向尽头,从而使武术逐渐失去了军事价值。清王朝长期采取闭关锁国的政策,从而使国家跟不上世界发展的步伐,科学技术水平停滞不前,使国家实力逐渐衰落,而清朝的统治者依然坐井观人、夜郎自大、不思进取。当西方列强的坚船利炮打开封闭的国门时,中国士兵仅凭手中的冷兵器是无法抵抗侵略者的。战争方式的变化使得武术作为重要战斗手段的时代逐渐成为过去,武术运动的军事价值愈发弱化。

(二)学校教育价值功能的发展

武术是在社会发展中形成和不断发展的,在不同时期均反映着国家的民族文化和民族精神。从这点就能看出,武术文化具有重要的教育价值,对培育和发扬民族精神、铸就尚武精神具有重大的促进作用。近代时期我国国内局势动荡,内忧外患,无数仁人志士为救亡图存奔走呼号。在这个特定的背景下,武术的教育价值功能展现无遗。例如,一代宗师霍元甲,他立志振兴中华武术,抗争西方列强,为此成立了精武体育会,传播武术文化,武术运动得到了更大的普及和发展。

这一时期,武术的教育价值功能还体现在学校的体育教学中,1915年,武术进入学校教育。这一时期对于武术的研究也逐渐增多,人们开始以科学的观点来认识武术。武术的教育价值功能已为社会各阶层广泛接受。

(三)健身、养生价值的发展

武术与传统医学和道家的养生修道的相关理论有着密切联系。中华传统医学注重养生和保健,采用阴阳五行学说,倡导人体气血和阴阳的平衡。而产生于先秦的道家理论更不用多说,其主张养生和现世修行。例如,武当武术产生于道教的养生和健身需要,把精神和肉体的修炼作为手段,将福、禄、寿、喜作为毕生追求,最终实现延年益寿、长生不老的目标。因此,武术在观念上与一般的体育运动项目有着很大的差异,其具有的健身价值功能也相对独特。

近代，伴随着国土沦丧和大众嗟伤，尚武精神使得武术运动开始关注其锻炼价值。诸多爱国人士意识到，中华民族的强弱存亡与国民体质关系重大。因此，习武健身、强种保国逐渐成为近代中国的社会主流思想，武术因为能强健体质，所以受到了充分重视。

在民族危机存亡之时，人们多从社会政治需要出发来认识武术的健身作用，并不是以个人的发展为出发点的，这与现在锻炼身体的初衷是不一样的。近代科学在我国的不断传播，促进了武术的科学化发展，进而使人们对武术的健身、养生价值开始进行科学化的探讨。人们运用一些现代科学理论来研究、分析和认识武术的健身作用，这在一定程度上促进了武术的健身和养生功能的发展。

(四)竞技、观赏价值功能的发展

武术的竞技、观赏价值是武术具有无穷魅力的原因之一。20世纪初，武术逐渐出现在各大运动会上，成为正式比赛项目。近代以来，武术的观赏价值逐渐得到了发展，人们对其的关注程度逐渐提高。

总而言之，武术运动发展到近代后，其价值功能产生了诸多变化，在这一过程中，武术运动的总体发展特征是体育化、科学化和竞技化发展趋势逐渐加强。

三、现代武术的教育价值功能

到了现代，武术要想得到更好的发展就必须充分融入社会。如今，随着物质条件的改善，人们的生活水平越来越高，在武术生活逐渐丰富的同时，人们的精神文化方面的需求也越来越高。因此，武术必须适应现代社会的发展，其价值功能也要相对变化。具体而言，其在现代发生的变化表现在如下几方面。

(一)竞技价值功能

竞赛是运动项目最高的实施方法，是运动项目得以延续和发展的重要推动力，能够调动全社会各方面对该运动的积极性。所以，武术的竞技化发展是必经之路。

1959年，当时的国家体委借鉴了奥运会体操竞赛方法和规则，制定了第一版《武术竞赛规则》，此后，又根据竞技体育的发展方式，制定了武术竞赛的制度和人员等级制度等。1989年，代表竞技武术对抗的散打运动，经反复实验研究后正式加入了全国武术锦标赛，这进一步完善了武术的竞赛内容，丰富了武术的竞技内涵。

自1983年开始，我国有计划、有次序地进行武术运动的推广工作。通过相关人士的不断努力，武术正式成为亚运会和东亚运动会的重要比赛项目。此外，在我国的倡导下，于1990年正式成立的国际武术联合会多次举办了世界武术锦标赛，使得武术的竞技化得到了进一步的发展。

总体来看，现代武术的竞技价值功能是弘扬民族精神，为国争光，对培养性格、发展个性具有重要意义。

(二)审美与娱乐价值

审美与娱乐价值也是现代武术的重要价值功能。人们通过观看武术赛事或武术表演，能够更好地体验和感受武术运动的美感，得到良好的美学感应，满足个人的精神文化需求。在武术比赛过程中，习武者身体之美、武术动作之美、武术套路的意境和风格之美都能愉悦人的身心，使人获得理想的心理体验。

武术的娱乐价值不仅表现在外在形式上，其具备的技击性也广受人们的崇拜与欢迎。在武术对抗中，习武者能把自身的勇敢、威武、顽强、聪慧甚至暴力的特征充分显示出来，使得观赏者在思想上受到刺激，精神上得到满足。

(三)社会价值功能

武术可以作为国家之间进行交流合作的纽带，是我国与其他国家进行友好交流的重要平台。武术的国际化发展不仅能向全世界弘扬中华民族传统文化，还能够让外国人增加对中国的了解，增强国家之间的交流。

时代在发展，社会在进步，武术的价值也在不断发展。在新的历史时期，为了迎合时代需要，我们要不断挖掘武术运动的新价值和新作用，让武术继续在神州大地薪火相传。

第二节　武术教育价值的属性

武术教育价值的属性源于武术本身具有的属性。武术运动本身具有技击属性、文化属性和体育属性，这让武术教育价值也具有了相应的属性，如图 4-1 所示。

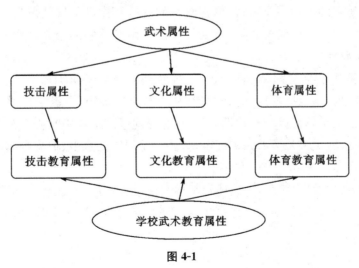

图 4-1

一、技击教育属性

武术运动的重要特征之一就是攻防技击性,武术正是在这个特性的基础上不断发展和壮大的。技击以身体活动为基础,是两人之间进行力量和技术的搏斗,具有锻炼身体、增强体质的作用。技击活动在武德的规范和要求下进行。

武术运动的各种套路由各种踢、打、击、摔等技击动作组合而成。为了保持套路的连贯,方便习练,人们会增加一些不具备攻防意义的其他辅助动作和衔接动作,但是技击动作仍始终是武术套路的核心。技击教育能够使学生的身心得到发展,促进学生对于武术动作内涵的理解。

二、文化教育属性

武术的发展无时无刻不受到中华民族传统文化的影响,要想真正学好武术,深入了解我国传统文化是必须进行的一个环节。因此,武术教育中一定要加入民族传统文化,让学生真正了解传统文化的精髓,体现出武术教学具有的文化教育属性。

另外,武术蕴含着相应的思想观念和道德准则,换句话说,习练武术能够对思想和行为产生一定的影响,而这也是很多运动项目所不具有的重要特点。在习练武术时,习练者要注重武德的修炼,修身养性、完善自我。

三、体育教育属性

体育教育是以身体活动为基本形式的教育,只有通过人体的运动才会达到相应的效果,实现相应的目标。运动是体育教育的基本手段,体育教学活动的过程离不开运动,而这也是体育教学活动与其他学科教学活动的鲜明区别。

体育教育作为学校教育的一个不可忽视的组成部分,在素质教育中培养学生均衡发展起到积极而重要的作用。要知道,体育教育的目的和作用不仅仅是强身健体,它对人体的智力发展、意志品质、道德素质、社会适应能力也有重要的培养作用。一般来说,像语文、数学等文化课的教学通常在室内进行,教学时,学生不能移动身体,处于静止状态。体育教学则在室外操场或室内体育馆进行,学生基本处于运动状态,并且在活动中会用到球拍、球等器械,上课场地可以是塑胶地、草地和室内地板等,教学组织具有一定的复杂性。文化课的教学以传授理论知识为重点,并在此基础上培养学生思考能力和动手能力,而体育教学内容更多是学习并掌握运动技能、发展体能水平、锻炼身体素质以及学习相关体育理论知识。

概括地说,武术教育具有重要的体育教育属性、技击教育属性和文化教育属性,三者构成了对立统一的整体,相互之间产生了潜移默化的影响,为武术教育价值的实现共同发挥着作用。

第三节 武术教育价值的基本构成

在源远流长、经久不衰的中华民族传统文化中,武术是一朵永开不败的花。武术运动不仅集精深的哲学思想、系统的技击理论、完整的锻炼体系和一定的攻防效果于一身,而且它作为一种特殊的文化形态具有十分丰富的文化内涵,对中华儿女来说是一笔宝贵的财富。武术的形成反映了中华民族的智慧与创造,表现出中国人民在体育科学领域里的独特的创造力,武术运动本身也成了中华文化的象征。武术魅力独特,如果想要有更大的发展,被更多的人所认可,就要更好地体现出它本身所蕴藏的价值。

一、武术的体育价值

武术在大众体育中是重要的组成部分,祖国各族人民在不断地繁衍生息中创造了武术这一独特的运动形式,在不断实践中又开创了符合各民族自身特点的健身形式。因地制宜开展各种武术活动,充分利用武术的优势,发挥其作用,对于全民健身计划的实施具有强大的推动作用。

武术运动自诞生之日起就具备了三大价值,即练、用、看。练,即通过各种形式的练习达到锻炼身体的目的;用,即通过演练各种技能,达到防卫自身或制伏对手的目的;看,即以观赏武术表演的形式,使身心愉悦。总的来说,这三者在不同的年代显示出不同的价值。武术的价值虽然很多,但最重要的还是健身价值,在冷兵器时代结束以后,武术更加突出了其健身价值,尤其在当今社会,随着全民健身计划的实施,全国人民参加体育锻炼的热情不断高涨,势必会有更多的人通过武术这一锻炼方式,达到强体健身目的。

(一)健身价值

健身价值是武术的重要价值功能。随着各方面实践和理论的不断进步,武术的健身价值功能得到了充分的挖掘与发展,武术逐渐成为人们重要的健身方式。例如,太极拳的特点是动作柔和、缓慢,处处有弧形,动静结合,圆活不滞,在打太极拳的过程中,通过协调地活动身体,整套动作做出来的感觉是行云流水,连绵不绝。太极拳的动作十分柔和、舒缓,不会让机体产生剧烈的变化,因此,不同年龄、性别的人都可以练习太极拳,太极拳尤其适合于体弱多病的人和老年人。太极拳运动在全世界的普及,已成为中华武术对世界健康的一大贡献。

武术在促进身体的健康发展和抵抗衰老等方面都有很大的价值。通过开展武术运动,能够有效促进其健身作用的发挥,增强人民体质。

1.对神经系统的影响

武术套路有着众多复杂的动作,强调手、眼、身法、步、精神、气、力、功的协调配合,同时,讲究意与气合,气与力合,手与足合,肘与膝合,肩与胯合。有些武术项目中需要利用相关的器械,还要求身体与器械相互协调,人们在这些要求下进行武术练习,必然会对神经系统产生良好的影响。

相关人员曾经做过身体测试,发现经常从事武术锻炼的人的"反应时间"更短,比一般人少 0.2～0.5 秒,差异十分显著。同时,经常从事武术锻炼,可促进神经系统活动的均衡发展。

2.对心血管系统的影响

关于武术运动对人体心血管系统的影响,有许多学者做了相关研究。相关资料表明,18～25 岁运动员在进行长拳比赛后,其脉搏和收缩压分别为每分钟 170 次、187 毫米汞柱。利用遥控心率仪测得,在练习自选拳时,运动员心率最高达到 216 次/分钟;在练习自选器械时,心率最高达到 192 次/分钟,在运动结束 4 分钟后,才逐渐恢复到安静水平。对 12～14 岁武术运动员与普通学生进行了三年的对照实验,发现武术运动员的左心室壁平均厚度比普通学生厚 6.7%,武术运动员的心室舒张末期容积的平均值为 79.58 立方厘米,普通学生的平均值为 74.50 立方厘米,相差 5.08 立方厘米;武术运动员的心室心肌质量的平均值为 133.4 克,普通学生的平均值为 116.5 克,相差 16.9 克。由这些数据可以看出,武术运动对心血管系统的影响是巨大的。

3.对呼吸系统的影响

武术运动对人的呼吸系统有很高的要求,在武术运动中采取的呼吸方法依动作变化有所不同,通常有提、托、聚、沉、气及闭气等,对呼吸系统有着较大的影响。

对参加初级长拳的人进行呼吸测试发现,练习后呼吸频率为 31～34 次/分钟,肺通气量为 20～29 升,有些武术动作因为速度快、频率快、变化多,需要极大的肺活量,所以,运动时的氧债达到 70%～85%,需要 6～9 分钟才能完全偿还这些氧债,相对代谢率是平时的 9～17.5 倍,进行一次初级长拳运动相当于进行了 5 000 米长跑。对武术专业学生与普通学生的呼吸系统功能进行检查发现,武术专业男生的呼吸量及肺活量分别增大了 2.12 厘米和 489.17 毫升,武术专业女生的呼吸量及肺活量分别增大了 1.38 厘米和 496.6 毫升。上述数据足以说明武术运动能提高机体的呼吸能力。

4.对身体素质的影响

经常参加武术练习能够明显提高身体素质,最主要的变化是肢体力量的明显加强和柔韧性的明显提高。武术锻炼能使腹肌、背肌和四肢肌肉力量明显得到加强,原因是武术运动中的桩功、甩腰、弹腿以及各种器械练习会对身体产生综合作用。此外,武术套路中有很多大幅度的动作,对柔韧性要求很高,因为每一招每一式都会牵动相应的肌肉和韧带,通过坚持不懈的锻炼能提高韧带和关节的弹性。

(二)健美价值

1.对人体基本姿态的影响

武术运动离不开人体的活动,武术套路中的动作能展现人类的多种优美姿态。而人的健美也源自各种身体姿势和动作的展现,在千变万化的动作和招式中得到丰富和发展。站、坐、行是人的最基本的活动姿态,武术谚语中的"立如松,坐如钟,行如风"就是对站、坐、行姿态的基本要求。长拳要求头正、顶平、收额、颈直、挺胸、拔腰,这种练习能发展人体的背部伸肌,让人体逐渐形成正确的身体姿势。相关资料表明,经常打太极拳的老人出现脊柱畸形的比率为 25.8%,而普通老人的脊柱发病率为 47.2%。发病率降低了那么多,是因为太极拳常讲"虚领、顶颈、含胸拔背、松腰"等特点,对克服弯腰、驼背具有明显效果。

2. 对身体高度的影响

人长个子的基础是骨骼的发育,而骨骼的生长发育取决于肌肉活动。由于练武时身体各关节的活动范围比较大,相关肌肉在运动中会持续收缩和松弛,当肌肉力量定点作用于身体时,血液循环会加快,增加对骨细胞的营养供给,促进长骨两端骨骼骨化进程的抑制,使骨骼长度增加。所以,长期进行武术锻炼的儿童能长更高的个子。

3. 对体形的影响

武术运动具有"牵一发而动全身"的特点,因此,武术不仅可以提高四肢力量、加强柔韧性,而且能减少堆积在腰部和腹部的脂肪。相关测试表明,12～15 岁的男子武术运动员,他们的平均胸围比普通同龄人大 0.12 厘米,而腰围比普通同龄人小 3.86 厘米。而女子武术运动员的平均腰围比普通同龄人小 3.36 厘米,平均胸围比普通同龄人大 0.25 厘米。

此外,武术运动中各种腿法和步形的练习能够锻炼臀部肌肉,提高臀肌力量,减少皮下脂肪。相关测试数据显示,男子武术运动员的盆宽/身高的指数与一般人差异不大,但女子武术运动员均小于一般人。从下肢来看,武术运动中的桩功、腿功、跳跃、平衡等动作主要依靠下肢来进行,这种大的负荷明显促进了下肢肌肉的发育。从相关测试结果来看,男女武术运动员的大腿围比一般人分别增长了 0.23 厘米和 0.17 厘米。经常参加武术运动的人下肢肌肉隆起,肌肉线条清晰,身姿挺拔。

二、武术的德育价值

任何人都要接受道德教育。道德教育之所以重要,是因为道德作为一种自觉自愿的规范,只有所有社会成员都遵守,才能真正称为道德。所谓道德规范,就是用群体道德约束和制约社会上每个人的行为,使他们在思想和行为上都具有"善"的特点,但是,这种群体道德如果想真正被社会所接受,必须转化为每一个社会成员内心自我控制的调节能力,而这个转化过程是通过道德教育来实现的。

古往今来,"德"一直是武术教育始终推崇和贯彻的。如今,在武术运动中,对习武者进行的思想教育通常被大家称为武德教育。所谓武德,就是习武、用武、教武之人的德行。武德起源于古代军事武术,最早的武德是关于军事养兵用兵方面的德行。

据《左传·宣公十二年》记载,楚庄王提出"武有七德",即"夫武、禁暴、戢兵、保大、定功、安民、和众、丰财者也",这是诸侯用兵的首要目的。到了近代,武术的军事功能被削弱,武术以特有的形式发展和延伸,武术运动中的道德从军事武德中逐渐得到发展和扩充。但不论武术运动发展成什么样,武术的道德规范始终都体现着中华民族的道德精神。最具民族精神价值的莫过于中国传统文化中的"忠、义、勇、侠、礼"思想。

(一)"忠"

"忠"的意思是爱国。喜好武术之人大多具有爱国的民族精神,我国有许许多多关于爱国英雄的历史故事,这些故事是一笔宝贵的精神财富,永远值得后人学习。

以少林武术为例,少林武术在发展过程中就反映出了爱国主义精神。明朝中叶,沿海地带受到了倭寇的骚扰,在抗击倭寇的斗争中,少林寺的高僧"强兵护国""楼经调遣,奋勇杀敌"。战场上,他们英勇无比,手持七尺长、三十斤重的铁棍,"官兵每临阵,辄用为前锋……抡棍破敌,与者即仆,顷刻毙数倭"。少林武术是武术的重要派系之一,是中华武术的代表。对国家忠诚,实际上也是中华武术的精神境界。这种爱国精神永远不会过时,无论在什么时代都应该是每一个国民应具备的素养。

马克思认为,爱国主义是一个具体的、历史的范畴。爱国主义的内容有鲜明的时代特色,弘扬爱国主义,必须将其内容与时俱进地推动,并使其随时代的发展而不断升华。在新时期,党的十八大提出全面培育和践行社会主义核心价值观,其中就包含了"爱国"。对于每一个习武之人来说,要有"苟利国家生死以,岂因祸福避趋之"的爱国情怀,努力学习与实践,全面发展自我,将爱国主义融于自己的一言一行之中。

(二)"义"和"勇"

"义"和"勇"是儒家与兵家所推崇的美德。历代武术先辈一贯倡导重义轻利和见义勇为。古人云:"有行之谓有义,有义之谓勇敢,故所贵于勇敢者,贵其能以立义也;所贵于立义者,贵其有行也;所贵于有行者,贵其行礼也。故所贵于勇敢者,贵其敢行其礼义也。"简单来说,勇敢的可贵之处在于敢于伸张正义,树立正风正气,见义勇为。"勇有于气者,有勇于义者,君子勇于义,小人勇于气"则指出了关于"勇"的不同意义,君子把勇用于国家和百姓的利益上,小人把勇用于个人私利上。在古代,习武之人崇尚"义"和"勇",是为了国家,为了平民百姓,打击的是侵犯国家主权的敌人和损害百姓利益的恶人。这种行侠仗义的"勇"以国家和百姓利益为重,历来被习武之人奉为人生价值准则。

(三)"侠"

"侠"是武术的派生物,武是侠的根基,义是侠的灵魂。有武有义就能显示出侠的本色,即重气节、轻生死、讲义气,路见不平,拔刀相助。"侠"体现出尚武之人刚健有为的精神。在古代,具有侠的气概的人是黎民百姓心目中的英雄,因为他们能打击恶势力,伸张正义。武术名家吴图南在其《国术概论》中讲道:"习武的意义除了包括拳术器械之外,当以修身养性唯一之目的。养成勇敢奋斗团结御侮之精神,培养雄伟侠烈之风气,发扬民族固有之技能。"①

如今,我们参与武术运动、学习武术技能的主要目的肯定不是培养侠气,但侠的本色依旧被我们所敬仰和推崇。对于当今的练武之人来说,要从侠的本色中认识其更深层次的含义,古代大侠之所以能成为百姓眼中的英雄,是因为他们眼中没有私利,他们的动机、行为都是发自内心的正义。因此在今天,习武之人要把古代侠客的思想运用到对现代社会发展的服务上来。

(四)"礼"

"礼"是儒家重要思想,中国素有礼仪之邦的美誉。"礼",就是诚实守信、谦虚礼让、尊师重道、宽厚待人、乐于助人、孝敬父母等品质,而这些品质都是中华传统美德中的礼节要求,也应是习武之人的养身之道。对于习武者来说,尊师重道是中华民族的优良传统,尤其要做到。荀子对尊师重道有这样的论述:"国将兴,必贵师而重傅……国将衰必贱师而轻傅。"在荀子看来,尊师重道能与国家的兴衰产生一定的联系。在武术的拜师学艺中也有着"一日为师,终身为父"的说法,表明徒弟对师傅的崇敬之情。这种伦理受到了古代封建制度的影响,强调对本门派的尊重,要遵守门规,决不允许背叛师傅,从而就造成了门派的"权威性",不利于武术运动的发展与融合。

在现代社会中,应给"礼"赋予尊敬师长、谦虚明礼、宽厚待人等全新的内涵,应把"礼"的思想拓展到社会的各个领域。对于现代人来讲,既要尊敬师长、孝敬父母、尊重他人,也要遵守社会公德、具有职业道德等,真正把武行之礼用于社会主义思想道德建设上。

传统武德中的忠、勇、礼、义、侠,是历代习武之人必须遵循的道德观念和行为,它折射着中华民族优秀传统文化的光彩,展现出中华民族刚健有为的民族精神。武术底蕴深厚,历史悠久,自成一派,它不仅是民族传统体育项目之一,更是中华民族传统文化的代表之一,是一块绚丽的无价之宝。武术的发展已经有几千年的历史,它一直受诸多中国传统文化形态的洗礼与影响。

长期以来,中国文化的基本精神,中华民族独特的思维方式、行为方式、审美观念、价值取向、人生观和世界观,都在武术文化中所有反映。武术具有浓烈的民族色彩,注重德艺兼备、内外双修,是思考人生、启迪人生的人世之学,体现出传统道德文化的缩影。所以,武术运动必将成为思想品德教育的有效手段和方法。

三、武术的文化传承价值

武术并不仅仅是一项单纯而简单的搏击运动,还是中华民族经过长期文化熏陶积累出的一种独特的文化现象,更是一种讲求内修外炼、术道并重的人体运动。武术连接着中华儿女和华夏文明的历史血脉和记忆,是中华民族的信仰,以身体语言的形式传承着

① 吴图南.国术概论[M].北京:中国书店,1984.

中华民族传统文化。

(一)独特的身体语言

武术的原始功能是搏击,以打、摔、踢、拿等攻防格斗的动作为素材,遵循攻防进退、动静急缓、刚柔虚实、内外合一等格斗规律,编排了具有特色的成套动作。作为表演节目,武术表演既要有艺术表演的技巧性和审美的韵律感,还要体现出武术运动特有的攻防技击性,这种特点和要求都要通过表演者的身体展现出来,也就是说,武术中的身体运动与其他运动项目的身体活动有着明显的差别,它不仅追求美的享受,更重要的是要在过程中体现出攻防技击性,展现出武术运动的文化、哲学、美学的含义。

(二)民族文化孕育的武术

到今天,还有很多人对武术的认识依旧停留在技术层面,认为它是一种“法术”。一谈到武术,便是“中国功夫”、攻防技击,就像武侠小说中描绘的“九阴白骨爪”“六脉神剑”等灭敌于无形的强大武功。在西方国家,中华武术更多的是以一种技击术来传播的,所以,中华武术在英语中就是“功夫”(Kong fu)。

从定义上来看,中华武术确实是一种具有自卫性质的技击术,就技击而言,武术套路是为了便于传授、记忆和训练而产生的。但是世界上很多国家和民族都有自己的格斗技术,世界上的不同人种都有相同的人体结构,所以,他们的技击术和武术一样也要遵循人体生理规律。但西方国家中并未产生像中华武术这样体系完整、涵盖丰富的技击套路,这显然与国家和民族的文化发展背景有关。中华武术的诞生与发展受到中华民族的文化洗礼,在各方面都具有中华传统文化的烙印,因而也表现出它独特的民族文化特点。

武术是中华民族文化形式的一种,它不仅表现出中国人对攻防技击的理解和运用,还表现出中华民族的思想感情、理想追求、意志、欣赏习惯、思维特点等多种文化品质和心理特点,具体表现在以下四个方面。

1.“刚健有为”在武术中的体现

“刚健有为”的思想由孔子提出,在战国时期的《周易大传》中已见成熟,“刚健有为”的思想具体包括“厚德载物”和“自强不息”两方面。对于武术运动来说,不论是动作风格还是精神追求,都以刚健为主旋律,武术的技击风格多以刚健勇猛为主。长拳舒展挺拔、南拳刚健有力,形意拳刚劲充实,刀术刚猛迅捷,棍术横扫千军,都体现了武术运动的刚健有为。

如今,武术运动的这种刚健有为的精神不仅要体现在民族传统文化中,更要实践于社会的各个领域之中。或许现在武术各门派对技击的争论很大,但对于武术运动的自强不息的继承是没有异议的。与其他运动项目相比,武术在很大程度上体现了中华文化刚健有力、积极向上的精神特点,如果失去了这个特点,那么武术运动将黯然失色。

自古以来,中国对外来文化的态度一直是大气豪放的,这种宽广的胸怀在武术上也有体现。例如,明朝时,日本刀器因质地精良而负有盛名,民族英雄戚继光说:“长刀,此自倭犯中国始有之,彼以此舞蹈光闪而前,我兵已夺气矣。倭善跃,一进足则丈余,刀长五尺,则丈五尺矣。我短兵器难接长器,不捷,遭之者身多两断。"戚继光意识到日本刀技术优良,倭寇刀法技艺精良,所以,倭寇能产生很大的杀伤力。在抗倭战争中,戚继光将日本刀法吸纳到自身的武艺体系之中,"得其法,又从演而之"。《纪效新书》详细地记载了日本刀谱,使得明代中国士兵的刀术既吸收了日本刀法的精华,又结合了中国传统刀法,以套路形式创编刀术。

另外,中国许多兵器来自中原王朝周边的少数民族政权区域。宋朝士兵所用的兵器就受到了辽、金、西夏等兵器的影响,可以看出武术对兄弟民族技艺是以一种宏伟的气度来吸收的。

2.天人合一是武术的哲学基础

天人合一就是人与自然万物的和谐统一,认为人与大自然不是敌对、抗衡的关系,而是具有浑然一体、不可分离的联系。所谓合一,指对立的统一,也就是二者具有相互依存的关系。天人合一思想产生于春秋时期,并且伴随着武术的发展不断地渗透其中,最终成为武术的哲学思想基础。

(1)形神兼备。人与世间万物一样都是有形的,但人有自己的精神和思想,武术恰恰是在精神的主导下形成动作和形体的。形神兼备一方面反对了唯心主义中只练习"神"的做法,另一方面反对了形式主义只练习"形"的做法,实现了"形"与"神"的相对统一。

(2)德、功并重。武术运动是"有知有义"的人进行的形体运动,需要"义"和拳脚功夫并用。所以,武术运动十分重视武德的修养,建议习武之人"练武先练德";在练习武功时又倡导"武艺要练精"。

(3)阴阳相济。万物根源皆为阴阳,武术运动追求阴阳相济。武术运动中的很多规律都体现了阴阳相济的特性,如动静、刚柔、进退、虚实、攻守、开合、明暗,都是相辅相成、相互配合的。阴也好,阳也好,都是物质的表现。

3."贵和尚中"精神在武术中的体现

中华传统文化重视宇宙万物的和谐,重视人与自然的和谐,更重视人与人之间的和谐,在君臣、父子、师徒等人际关系中注重和谐的关系,注重集体利益的维护,推崇求大同存小异。古典文化追求"合",讲求独立,不向外扩张,讲究通过道德来教化,使万邦和谐。所以,受传统文化的影响,武术与西方竞技追求快、狠、猛,注重打击效应不同,它更加注重"养",认为练武就是为了"养",养练结合,追求身体健康、长寿。武术还力求自娱性、稳妥性、安全性;有很强的道德规范,追求以柔克刚、舍己救人等;讲究"点到为止",顺其自然,不提倡暴力与野蛮;等等。这些是其他运动项目所没有的。武术长期受中庸之道的影响,提倡"己所不欲,勿施于人",技巧上讲究"以静制动,以柔克刚,以小力胜大力,以弱胜强",强调拳打人不知,出手不伤人。由此可见,中华民族传统文化的和谐价值观深深地根植于武术运动之中。

4."以人为本"精神在武术中的体现

中华武术文化是一种世俗化的文化,是儒家思想占据主导地位的文化。儒家思想倡导以人为本,强调自强不息,认为人类是万物之灵,是社会的主体,通过以人为本的思想来实现人生的价值。想要实现以人为本的思想,充分发挥人的主体作用,就必须做到自强不息。

儒家思想反映在武术的理论之中,表现为重视人的自我养生和修养。中华武术的人体养生理论有着丰富内涵,并且提倡形神合一、内外兼修、内养性情、外练筋骨、固气壮体、手足矫健等。在武术先辈看来,武术不仅仅用来自卫与搏斗,也是修身养性、陶冶情操的手段与方法。

如今是文化交流的全新时代,全球范围内各国积极与其他国家进行友好交流合作,相互之间举办文化年活动,传播本国民族的独有文化。在这个形势下,武术作为中华民族的独特文化象征,要主动抓住这个机遇,用独特的身体语言向世界传播中华民族文化的精神,为世界文化大发展大繁荣做出应有的贡献。

不同民族之间语言不通、文化各异,但身体语言在不同国家和不同民族之间无疑是最佳的文化传播方式。武术作为一项身体运动文化,在传播过程中具有得天独厚的优势,因此,体现着中华民族旺盛生命力、承载着中华民族文化精神的武术,作为中华民族文化的身体语言代表,在国际交流中充分发挥了自身优势,使世界上更多的人因武术开始了解中国文化,认同中国文化,对我们国家和民族有了更深入的认识。

四、武术的美育价值

中国武术套路有着几千年的传承历史,在中华传统文化的滋养和哺育下不断发展。武术吸收和渗透了中华民族的知识、道德、信仰、艺术、法律和风俗等多种文化形态,有着丰富的文化内涵。武术的套路在形成和内容上都体现出了中国传统文化的哲学理念、美学观点、伦理道德、兵法思想等。

然而,有一个客观事实摆在面前,就是武术界对套路技术以及宣传推广的研究很多,但对武术美学价值的研究甚少。进入 21 世纪后,武术的搏击内容以其简洁、实用的价值特点受到了大家的欢迎,在市场中占据一席之地,而以套路动作为主体的武术套路却不太受重视,未能引起人们的关注,反而有人认为武术套路是花拳绣腿的"假把式",这种观点是极其错误的。在武术套路比赛中,有的运动员为了争取高分,片面追求动作技术的难度而忽略了套路中的精、气、神的内在表现,使得武术套路中的美学价值没有被挖掘出来。

武术套路有着极高的美学价值,符合中国传统美学思想的审美特点,在动作中有着很明显的反映。武术套路崇尚自然美,认为自然美才是真的美;以艺术为最高理想神韵;强调习武之人的人格美;等等。这些都体现出武术运动的美学思想。

(一)武术套路的神韵美

所谓"韵者,美之极",美学思想家将"韵"定义为"超然于世俗之外的节操、气概,从而表现出神态、风度"。武术套路显示出动作的"神韵",表现出和谐美、整齐美、节奏美。武术运动中的韵味,具体体现为充分而激烈的动作变化,使动作套路整体具有线路清晰、层次分明、韵厚味醇的特点,用形象的语言来比喻就是"快如风、缓如鹰、起如猿、落如鹤、重如铁、轻如叶、立如鸡、站如松、转如轮、折如弓、动如涛、静如岳"。在武术套路的动作中,对"轻"与"重"、"动"与"静"、"起"与"落"、"快"与"慢"、"高"与"低"、"刚"与"柔"分寸的掌握,形成相互依托、相互补充的阴阳辩证思想,充分体现出武术运动具有的鲜明节奏感,体现了其独特的神韵美。

(二)武术套路的意境美

传统美学中的"意境",通常被解释为文艺作品中所描绘的图景和表现的思想感情融洽一致而形成的一种艺术境界。武术套路根据审美需要和价值取向,通过对攻防的技击动作的艺术加工,与编创者和表演者的情感融为一体,以达到情感与景色的交融、情感与技艺的交融、神态与形态的交融。武术套路要求习武者在操练过程中把自己"置身于一个战斗场合,通过生动的气韵、如虹的气势、贯一的气质,表现一种英武不屈、坚韧不拔的斗志和气概,再现出战斗的艺术意境"。武术前辈在长期的拳脚实践中,用世间万物的形态和历史典故给套路动作命名,使动作名称体现出意境美,使武术运动的技击功法产生美感,像"苍鹰捕食""大鹏展翅",就具备威猛雄健的美感。

武术套路和动作的意境美,将抽象的事物形象化、固有的知识新鲜化、严谨的规律情趣化,把那些深厚而枯燥的总结性和规律性的内容浓缩为严整、简短的一两句话,体现了语言的无穷魅力。例如,"吐为落雁,纳为鹰扬",就像是一幅优美的画卷;"枪如游龙随身转,棍似旋风打一片""刀如猛虎力无边,剑似飞凤上下翻""巧打流星,顺打鞭"等武术套路,生动形象地表达了武术套路中的内容与情节,反映了武术套路中的意境美。

(三)武术套路尚武崇德的精神美

武德是习武之人在社会活动中必须遵循的道德规范和应该具有的道德品质与精神。武术自形成之后就诞生了武德,随着武术套路的不断发展,武德的精神内涵也不断丰富,具有鲜明的时代特性。武德体现在各武术门派中,即各门派都规定了本派的"门规"和"戒约",如"三不传""五不传""十不传";也制定了"清规戒律",如"五戒约""八戒约""十戒约"以及"要诀""禁忌"等内容,其内涵集中表现了人在精神与信念上的社会基础伦理,体现出"仁""礼"等儒家思想。

在我国教育文化中,武术是一种很好的教育内容和教育手段。通过武术家的不断挖掘、提炼、创造和发展,武术汲取养生的精髓,集技击娱乐之大成,慢慢发展出多种锻炼方式,具有强身健体、修身养性等多种功能。武术因其深厚的底蕴和独树一帜的教育价值,在学校体育教学中越来越受大家的重视。让当代国人正确认知武术的教育价值,让武术运动充分发挥出重要作用,处理好武术与国家教育事业的关系,使更多的人学习武术,是新形势下值得武术教育者思考和探索的问题,也是武术继往开来、开拓创新、不断进取的关键。

五、武术的生理价值

学习武术不仅能够强身健体,而且能够使自己的内心得到净化,身心得以全面发展。只有人的内部与外部达到和谐统一,才能发挥出巨大的社会价值。因此,在竞争压力日益激烈的当代社会,身心健康对人的发展至关重要。

(一)内练精气神

"内练精气神"中的练"气"是武术的独到之处。中国古代探讨的"气"和"形、神"的关系,常与"养生"之道有关。武术作为一种体育项目,是健身养生的手段,它和养生的理论相通,注重"气"也就是必然的了。练气是许多拳种习拳的心法要诀,"功夫总在呼清倒浊"。《少林拳谱》中记载"上气下压,下气上提,上下会合,阴阳归一,气练一体,方显力足"。练气的同时还需养气。

如何才能"养气"呢? 修身要"见性",方能"养气"。妙兴大师指出"明晓生死,洞察虚幻,悟彻真假,澄洁心志,远离思虑,断绝情欲,摒除嗜好,力戒暴怒","遇到一切外魔、挫折、嘲讽和污辱,都能坦然处之,无动于心,久而做到心志专一,坚守吾真"。练气并养气的武术理论指导着武术实践,如形意拳突出对"内"的养练,强调"人身以气为本,所以为根"的传统"气用"养生作用,"通过修饰其内,使血气精液充盈贯通全体经络、四肢百骸,滋养各部,从而达到年虽迈而气不衰,形虽朽而精不枯的目的"。可见,学练武术,心为主导,外顺内合,能够使人经络气血畅通,全身得养,从而达到以内养外,内强外壮的目的。

(二)外练筋骨皮

拥有一个健康的体魄和完美的身材是当代人的追求,而且这对于彰显民族英勇气概和精神面貌具有重要的意义。因此,经常进行体育锻炼的人,不仅身强体壮,而且有一颗始终不老的心。拳谱中说"五体匀称可谓之形备"。五体匀称素以筋骨血肉并提,主张"先仪骨体,后尽精神,有肤有血,有力有筋",其形必须"方中矩,圆中规,自中绳衡平均施,敛束相抱,左右顾盼,八面供心",每个动作和势式都要顾及空间的前后左右、上下高低,做到不偏不倚、中正安舒、势正招圆、形体工整。可见,武术动作特定的要求,可使人体身正体直、挺拔张展、对称均衡、比例和谐。

形备是基础,形健才是目的。文质彬彬,是文弱形象的写照,而孔武有力则是强壮形象的标志。体力是生命力旺盛的基础,无体则无德智。拳谚说"力生于骨,达于筋""外练筋骨皮"。练就筋强骨壮,方能形健质善。"外练筋骨皮"离不开"内练一口气"。我们日常称"劲"为"力气"或"气力",力和气结合才叫力气。所以,练气也就是练劲。气的运行有赖于心意支配,练气也即练意。若能做到意、气、劲三者合一,那练气的功底就算到家了。

武术中有关基本功的练习,一直强调要动静结合,这样不仅能够提高习武者的柔韧性,而且对增强习武者的身体力量有重要作用。所谓的外练筋骨就是指习武者的筋力和筋长相互结合练习。在武术练习中，人体骨骼的强健对于武术各方面发展起着统帅作用。因此，在训练中，习武者要注重"骨法"的练习，主张"贯其力于股肱之中"，使人体四肢干常处于张力状态。武术中对上下肢骨力的锻炼有个传统做法，叫作"练功先站桩，大鼎增力量"，站桩是增强下肢骨力，拿大顶是练就上肢骨力。比如，少林武术的运使之法，一般也是从马步入手的，先从身躯上下伸缩开始，再配合拳架中的各种基本手法，进而应用各种桩步进行练习活动。其目的在于练气贯劲，使下盘达到"以足掌分前后踏地，能站立于危狭之处，而推挽不坠为究竟，练成功时，虽立足悬崖，而坚立不虞颠仆"。可见，学练武术不仅可以使人经络气血畅通，柔韧性得以改善，气力得以增强，还可以对其他素质产生积极影响。

武术理论和实践均强调"后发先至""动如脱兔""拳如流星、眼似电""一动无有不动"等，这些要求使练习者的反应速度、动作速度、灵敏素质和协调能力等均能得到很好的锻炼。

六、社会价值

武术的社会价值主要体现在促进人之间的交往。所谓的"交往"就是指个体在具体实践中获得的一种社会存在关系。这种社会存在关系对于人的发展是至关重要的。另外，交往是一种自我存在方式。交往之所以被认为是一种自我存在方式，原因有两点：第一，人作为社会个体，在社会存在中，必然有自身的个性和特点；第二，人既然是社会存在的主体，那么也必然会存在他人的世界中，会与他人、社会产生交集，这就会形成交往。如果社会个体只是单个的个体，那么他的存在价值就会变得毫无意义。由此可见，交往不仅是人的一种活动，也是人的一种需要。交往的过程就是双方相互交流、相互沟通、相互理解的过程，这也是人的最基本的存在方式。在交往中，每个人都是社会的主体，都是造物者，而且都有将自己的想法与人交流的权利和需要。具体在学校武术教育中，交往就是教师与学生相互协调、沟通、达成共识的双方共同作用的过程。在这个交往过程中，人们一定要遵循客观发展规律，即受教学内容、对象和目标的制约和限制。

所谓的学校武术教育就是指教师和学生根据教学内容、教学目标进行的有目的、有计划的实现学生自我构建的一种实践活动。这一过程涉及多种交往方式，即生生交往、师生交往等。生生交往、师生交往活动都是在武术教学内容、教学目标的指引下完成的，在这一过程中，他们不仅可以相互交流想法，而且可以提出不同的观点并进行讨论，在不断地讨论中学习武术基础内容，获得心理和生理上的满足。正是有了交往的存在，学生才能不断学习到新的知识，获得人格上的满足。因此，在学校武术教育活动中，教育者要尽可能地为受教育者提供一个良好的交往平台，不论是在对练教学中，还是在团体比赛中，生生、师生之间都需要进行交往，从而顺利实现教学目标。武术教育中最常使用的教育方式就是两两对抗，在这样的教学模式中，学生更容易获得直接交往，因为，对抗意味着产生冲突，这就需要学生调动所有因素进行调整，如果调整成功，那么学生获得的不仅是身体机能素质的提高，更重要的是，学生无形中学会了正确地处理人际关系，这对学生今后在社会上生存具有重要的作用。

在教学中,交往还促进了学生智力水平的提高。一般而言,讲授武术知识的教师都具有高尚的人格、较高的知识文化水平,还具有多年的格斗经验,学生在与教师交往的过程中,会受到潜移默化的影响,自觉地投入武术训练,这有利于学校武术教育目标的顺利实现。

在学校武术教育中,学生的交往通常发生在与同伴进行力量和技术较量中。学生在与他人进行较量中,不仅自己的技术和套路会得到较大的提高,还可以借鉴他人的优点,弥补自身的不足,从而增强武术学习的自信心,在武术训练上取得更大的进步。学习武术,在外人看来,只是两人之间的身体对抗,但是就习武者自身而言,学习武术不仅是外部武艺技术的提高,还是心理素质的比拼,都有利于锻炼学生坚强不屈的毅力。通过武术训练,学生不仅可以正确认识到自身的优点和缺点,还可以获得精神和心理上的享受。

七、武术的精神价值

人的精神被划分为三个层面。第一,最基本的层面是心理,其是精神存在的前提条件,在此基础上存在的个体才能在社会中实现心理和生理两方面的和谐统一。第二,道德和意识层面,这个层面的发展需要在与人的交际中才能实现,表明的是个人在与他人交往中,其精神能力的提高。是否具有高尚的道德情操和稳定的意识是判断个体精神面貌好坏的重要依据。第三,审美意识层面,审美意识层面的发展是人精神发展的最高程度,即人的自由所达到的状态。因此,我国要着重加强人的精神教育,从而提高人的道德观念、审美情感以及人格发展。具体在学校精神层面的教育问题上,教师应该不断加强对学生精神领域的引导与开发,使学生的精神生活得到丰富和满足,从而使学生能够上升到精神层面正确看待人与人、人与社会、人与自然的关系,达到物质生活与精神生活的和谐统一,具体路径如下。

(一)情感调节

古往今来,精神状态良好是衡量人身心健康的重要标准。但凡是人,就会有七情六欲,所谓的七情就是指喜、怒、忧、思、悲、恐、惊七种情态,如果人的这七种情态趋向消极,必定会使人生病。因此,人的精神活动要合理取舍,多做些有意义的、对身体健康的事情,不要想那些令人心情低落的事情,这样才能保证身心健康发展。而具有"修身养性"的武术对于调节人的精神活动就意义非凡,武术强调的"修身养性",就是一种动静结合的训练和修养。

在武术训练中,能够正确调整自己的心态至关重要。有的习武者在变换多样的环境中,俨然能够岿然不动,专心于训练,这对于提高习武者的武艺有重要的意义。而那些处于纷繁复杂世界中,易受外界影响的习武者就不能专心练拳,足以见证"心神"在习武中的重要作用。"意念"是人的心愿、意向,就是指习武者在练武中运用的思维,思维活动需要在"心神"稳定的状态下进行。武术讲究的是内外兼修、和谐统一。习武者外部动作的展开源于内在的意识,通过调息、运气、发力与外在的动作相配合,然后通过外部动作的展示达到内心活动的体验,这符合武术"和谐统一"的要求。因此,这就需要教师在具体的教学中,在讲授武术专业知识的同时,还要加强对学生内心活动的教育。

一个人是否具有自我发展、自我提高的内在动力,是否对发生在身边的事情产生好奇心,是否在与人的交流过程中勇敢、大方自信,是否面对美的事物能够深有体会,并展示出来,这些都是通过人的情绪、情感品质和态度的好坏体现出来的。因此,人拥有积极乐观的情绪对人在社会中的发展具有重要意义。人的情感发展的本质是人的情感的理智化、道德化和审美化。对能够"修身养性"的武术而言,其对人的情感理智化、道德化和审美化的发展意义非凡。具体来说,两方对抗练习中,既有身体外部的较量,也有一系列的心理活动,而这些心理活动的发生都不是毫无意义、冷冰冰的,而是集合了人的理智、审美和道德的。习武者经过长期的训练,不仅能够达到身强力壮的效果,而且人的大脑皮层兴奋和抑制的平衡机能也能得到不断加强,这有利于习武者在今后遇到事情时,善于冷静思考,避免因冲动带来的负面问题。在习武过程中,习武者都会面临胜败的情况,有的人因获得胜利而沾沾自喜、目中无人,有的人因失败而痛哭流涕、停滞不前,还有的人因错失机会而错怪别人,这都是不正确的对待成功和失败的心态和行为。因此,学生有一个积极乐观的、健康的、开放的、能与他人和睦相处的心态对于其未来的发展和就业影响重大。因此,在学校武术教育中,教师不仅要讲授武术击技的方法,还要深入讲解"武德"知识,让学生深刻体会高尚道德的重要作用,从而在日常生活中面对不良事件时能够及时出手、见义勇为。武术拳种和套路的演练过程并非是一个模仿动作的过程,而是体会武术动作美和内涵美的过程。学校实施的美育教育,就是从情感、情绪发展的角度入手,注重提高和培养学生高尚的情操和道德观念。只有善于发现美的人,才能不断地被周围的事物所吸引,才能为追求未知的世界而不断努力。因此,学校的武术教育,也应该在教学内容中多融入一些关于美的知识,从而让学生在掌握专业武术知识的同时,能够鉴赏和体验到武术的真正内涵,从而达到情感净化和促进情绪和谐发展的效果。

(二)顽强意志

世间万物都有一定的生命力,对人类而言,其更具有克服恶劣环境、适应环境的顽强生命力。意志是生命力的重要组成部分,意志力顽强的人,其生命力也会更旺盛。当前由于学习任务重、压力大、活动时间缺乏,大部分学生存在身体素质差、意识力薄弱的问题,这需要学校领导高度重视,积极解决。而武术对于学生强身健体、培养顽强的意志具有重要的作用,因此,学校可以通过开展丰富的武术活动来达到强身健体、增强意识的目的,这对于武术的发展也是卓有成效的。拳谚讲"未习打,先练桩""打拳不遢腿,到老冒失鬼""练拳不活腰,终究艺不高""要练武莫怕苦,要练功莫放松""一日练,一日功,一日不练三日空""夏练三伏,冬练三九"。这些拳谚使我们深受启发,作为习武者要想取得高超的武艺,就要具有不怕苦、不怕累的顽强意志,面对挫折和困难勇往直前、持之以恒。学会技术精湛的武术是非常不容易的,但是如果学生能够持之以恒,体悟武术的精髓,又能获得身心的愉悦，习武便不难。对于那些掌握不到武术精髓的习武者而言，最重要的是他们没有做到"心诚"，所谓的"心诚"，既是人生存的保证，也是练武的重要条件。有句古话说得好，"精诚所至，金石为开"，不论做什么事，只要"心诚"，就会收获理想的结果。

何为"心诚"？就是人要具有坚定不移、诚心诚意和始终不渝的意志力。有的习武者经过长年累月的不断研究和探索，能够真正参悟武术的最高境界，达到"体称劲道"的要求。而有的习武者在训练中连最基本的蹲马步都坚持不了几分钟，更别提参悟武术的最高境界了，"不积跬步无以至千里，不积小流无以成江海"，如果没有经过长期的训练，怎能达到武术的最高境界呢？究其原因，很大一部分是习武者没有顽强的意志力。那些意志力顽强的人，具有独立性、果断性、坚持性和自制力强的特点，而且他们做起事来得心应手。顽强的意志是克服困难、取得成功的重要法则，因此每一个人要想在社会中生存就必须学会这一重要法则。对于一名习武者而言，没有顽强的意志力是很难坚持到最后的，而对于具有顽强意志力的人而言，获得胜利是轻而易举的。

(三)崇德达礼

所谓的道德就是知与行相互统一的过程，两者缺一不可，具有你中有我、我中有你的辩证统一的关系。其中，"知"是指道德认知，"行"是指道德行为。在古代中国，伦理学家常将两者结合在一起解释，具有深刻的哲理性。道德认知最终通过道德行为体现出来，没有通过道德行为体现出来的道德认知就没有道德。作为社会意识的道德，具有较强的实践性。武术一直将"内外"统一作为最高的习武标准，这就需要习武者在演练中注重武德知与行的统一，就是说习武者不仅要注重内心道德意识的发展，还要注重外部行为的规范和一致性。

第一，道德认识向道德行为转化的过程中，需要人的情感、意识等方面的参与，只有全方位地达到统一，才算真正实现了道德教育的根本目的。武德的实现需要通过习武者双方进行交往来实现，而交往的实现途径就是对抗。两者在对抗中面对失败与成功，需要做到胜不骄，败不馁，赢得高尚，输得体面，对对方有礼貌，这也是当前体育对习武者教育提出的要求。因此，教师在进行武术教学时，要格外注重知、情、意、行的统一，使学生不仅能够领会武德的真正内涵，而且能够根据武德的要求从事训练。

其次，在武术教育中，教师让学生在演练、对练中，不仅掌握武德的真正内涵，还要体会到武术中"仁"的思想内涵。另外，在外部实践中，教师还要引导学生对失败的人给予关心、支持和帮助，从而真正让学生学会用"武"践行"怨""忠"之道。一个真正武艺高强的武术大师，必定是达到内外统一境地的人。正是武术"仁爱"精神的彰显，才使家庭之间的联系更加紧密，社会的发展更加稳定，在这种精神的指引下，习武者也会不断约束自身，从而为时代的发展贡献一份力量。同时，教师在进行武德的教育中，需要强调学生对私德的认知，注重对武术公德心的培养。尽管这种精神的培养需要长时间才能完成，但只要在武术实践中体现出来，学生就会崇德体道。比如，面对遭遇困难的人时，习武者可以提供及时的帮助，救人于水火中，这就是道德行为的力量。在教授武术内容时，教师可以时不时地介绍一些品德高尚的、武艺超群的武术大师的生平事迹,从而让学生在学习他们高尚道德的基础上,学会正确地调整自己的心态,达到双向的目的。

对武术武德礼仪的教育从古延续至今,而且武德礼仪教育始终是武术教育的重要组成部分,下面我们来具体阐述一下武德礼仪在古代教育和现代教育中的具体体现。古时,师父对徒弟的选择标准很高,其中具有高尚的道德品质是最重要的标准。武谚说,"谈玄授道,贵乎择人""大道等闲若轻授,须防九族尽遭刑",告诫武师选择徒弟要重视道德品质、以德为先,可见,武术教育中对武德礼仪的要求是非常详细的。从伦理规范上来说,习武者要尊敬长辈,不得违背长辈的意愿,而且古代有一套严格的礼仪规范,这对于约束习武者的言语和行为具有重要意义。尤其是面对师父的教诲,徒弟更要言听计从。对于同辈之间的交往,习武者要团结和睦,不得随意搬弄是非;对于比自己小的晚辈,习武者要爱护他们。对于道德礼仪方面的要求一直延伸到当前武术教育中。所谓的"一日为师,终身为父",这句话不仅点明了作为徒弟应遵守的道德礼仪——尊敬师傅,还说明了师父不仅要传授徒弟技能,更要为徒弟的未来生活承担责任,这在当代的武侠电影和电视剧中也有具体的表现。如果自己的徒弟获得了较高的声誉,作为师父也会感到至高无上的幸福和骄傲,相反,如果徒弟臭名远扬,则师父就会感到无地自容,抬不起头。

所谓的礼仪教育就是指对人们的礼仪道德规范进行讲解,从而使这些规范与个体的意志和价值目标融为一体,然后通过人们的实践活动体现出来。武术礼仪教育的核心是武德,而武德也是武术礼仪的具体体现。要使人的礼仪规范外化为行为目标,就需要对人的内心加以"礼"的规范,如果一个人没有正确认识到礼仪的真正内涵,那么即使对其进行礼仪教育,也会成为一种表现形式。如果教育者注重对受教育者内心礼仪的教育,那么不仅能够收到意想不到的结果,而且可以在教育过程中使自己受益。反过来,如果教育者并没有对受教育者的内心加以培养和约束,那么就会使武术礼仪教育流于形式,更达不到武术教育的教学目标。因此,上课时,教师首先需要向学生讲解礼仪的具体内涵,在学生对其有了一定的了解后,再要求学生按照这些礼仪规范约束自己的言语和行为,这样在不断的实践中学生的内在仁义也会通过活动体现出来,从而达到外部与内部的统一,即人的修养的提高,才会有"礼让"的发生。

"让"是礼仪精神的内在标准,也是礼仪教育的重要依据,如果说追求和谐是道德主体在社会实践中处理人际关系的一种道德精神和态度,那么礼让就是道德主体在社会实践中处理人际关系的一种具体的行为方式。相互谦让不仅是当代人应具有的道德品质,也是武术对练中双方应满足的要求。这就需要双方在武术演练和对抗中,谦虚随和,点到为止,并将自己的所学技能展现出来。即使在双方比赛中出现争执,只要不碰触对方的底线,就不需要斤斤计较,大可通过礼让的方式解决。虽然"让"有时候能够帮助人解决一些因武术技击带来的负面影响,但是宽容并不是一味地迁就,也并非向对方示弱,更不是"事不关己高高挂起"的生活态度。在武术教育中,对学生进行武德、武礼的教育,不仅能够使学生约束自己的不当言语和行为,而且有利于社会的和谐发展。"习礼"就是为了使人的行为符合礼仪规范,人们只有知道了什么是有礼的,什么是无礼的,什么是正确的,什么是错误的,才能真正成为崇尚礼仪的习武者。

当代世界各国都加强了对运动员德礼方面的培养,尤其是日本的空手道和韩国的跆拳道项目对德礼的重视给中国的武术比赛带来了深刻的影响。在散打比赛中,我们可以看到运动员的行礼方式是多样的,有抱拳的,有揖礼的,有弯腰抱拳的,有挺胸抱拳的。武术礼仪教育非常重要,要体现在训练习武者的礼德意识和行为等各个方面,只有这样,武术的魅力才能发扬长久。比如,习武者的服饰要规范、上下课行拳礼、器械要摆放整齐、师生见面行礼等。这些亟须学校武术教育者制定出一套能够反映武术特点、民族精神的切实可行的武术行为规范,从而从武术的点滴生活开始约束习武者的言语和行为。

八、武术的终极价值

人的和谐发展是指人的内部各要素及其与人的外部关系的和谐发展,即人的身心和谐、人与他人的和谐、人与社会的和谐以及人与自然的和谐发展,一旦人的身心发展受到阻碍,那么就会带来一系列的问题,如感染疾病、道德丧失、人际关系失衡。同时,人的和谐发展是相对的、开放的、不断提高的过程,但最终人的发展会走向自由。

个人身心的健康发展、人际关系的友爱和睦、社会的平等、民族的和谐、人与自然的相处等,都是人和谐发展的高级目标,是在实现人的生理价值、社会价值和精神价值的基础上发展而来的。因此,学校教育无论从哪个方面进行教育,都要将人的和谐作为最高标准,顺应人的发展规律。

中华传统文化一直追求和谐发展。在社会不断变化的今天,中华传统文化秉持的"和谐发展观"对当代社会人的思维方式和行为习惯起到了重要作用。作为传统文化的一部分——武术,自然也具有"和谐发展"的文化内涵,武术特别强调促进人的身心和谐发展,不仅要求人具有强壮的体魄,而且要求习武人去感受"和谐发展"的内涵。习武,就是在人体运动、人际关系和人与自然关系三者之间的发展中实现的。这三者是相互统一的整体,"人际关系"和"人与自然关系"的和谐是以"人体运动"为前提条件发展而来的。因此,从学校武术教育的角度来看,教育者一定要将全面发展、和谐发展作为武术教育的发展目标,从而为实现这个目标而努力。全面发展是指教育者不仅要强调武术技术的掌握和武术技能的提高,还要关注学生身体与精神层面的发展,从而促进个体的发展,个体与他人、与社会、与自然的和谐发展。

(一)人的身心和谐

完整的个体必定是身心统一的个体,武术是强调身心和谐发展的体育项目,因此在武术训练中,注重运动成了和谐发展的重要方面,这种运动是身体内外部结合的全面发展。这就需要习武者的身心达到高度的统一,如内三合(心与意合、意与气合、气与力合),外三合(手与足合,肘与膝合,肩与胯合),还有武德与拳理、技术与修养的结合,外在形健和内在神韵的追求。

习武的过程,就是人的身心全面发展的过程,强调了人心的和谐。因此,习武者要注重身心内外的协调配合，才能达到阴阳平衡。教师在对学生进行武德教育时，不仅要使学生参悟"怨""忠"之道，真实体验到武术的内在美，感悟到人性关怀的美，还要使学生从身体的外部动作中体会到强筋练骨的美。只有符合外有强健体魄、内有高尚品德要求的人才能在瞬息万变的社会中立于不败之地，才能使自己得到全面和谐的发展。

（二）人与人、人与社会和谐

人与人的和谐是指在社会实践中以诚信和爱心为纽带构建的和谐的社会主义人际关系，人在这一过程中是"社会关系的总和"。在诸多的社会关系中，人与人之间的交往有和谐的、有对抗的，不管是哪一种类型其都是建立在个体独立性的基础之上的。随着人与人之间交往的不断加强，人们开始在交往中注重公平的竞争以及团结协作。而作为传统文化的一部分——武术，就为人的发展提供了这一平台。在武术演练中，双方通过对抗和交往，不仅获得了身体技能的提高，而且丰富了自己的情感体验。马克思曾说过，人的社会发展不仅要"全面"，更要"丰富"，即人的全面发展的基础条件是个体关系的普遍性和全面性发展。中华传统文化一直以来深受儒家思想的影响，致使武术文化中也充满着浓郁的"仁礼"思想，而"仁"这一思想整合与马克思人的全面发展相吻合。"仁"的伦理要求有两点，一是重视人的内心修养，二是重视人与人之间的和谐关系。武德教育不仅强调了"怨""忠"的内容，更强调了"点到为止"，意思就是在演练或者对抗中，不能得理不让人，用武力解决问题，而是要注重人机关系的和谐、繁荣和融洽。正如少林妙兴大师所说的"技击之道，尚德不尚力，重守不重攻……只可备以自卫，切戒逞意气之私，有好勇斗狠之举"。

人与社会的和谐发展是指人与社会以及其他社会个体共同发展，形成以人权、公平、正义为基础的人与社会共同发展的关系。在学校武术教育中，练习武术对于培养学生团结协作、公平竞争的品质具有重要作用，而作为具有公平竞争和团结协作意识的人在与他人交往中，又会给他所处的社会的和谐发展带来影响。武术作为强调人身心和谐发展，促进人与社会和谐发展的运动项目，为当代世界体育做出了突出贡献。另外，学生通过长期练习武术，还可以参悟武术背后的仁爱之心，成为报效祖国的人才。

（三）人与自然和谐

因中华传统文化长期受到道家"天人合一""万物同源""道法自然"等思想的影响，武术文化也相应地带有道家思想。这种思想符合当代生态文明思想，对人类解决人与自然环境的问题具有重大意义。"天人合一"的观点告诉人们，一旦自然环境遭受破坏，生态平衡也会受到威胁，作为社会存在的人也将受到侵害。人与自然的和谐相处是当前社会发展一直在强调的问题，因此，我们要确立生态意识，建设生态文明。武术作为强调人的身心和谐发展的项目，长期以来受"道法自然"思想的影响，更是将人的运动与自然的运动放在重要位置。自然与自身的统一是武术思想认识论和方法论的根本观点，也是习武者练习技艺的核心准则。由阴阳观念衍生出的动静、刚柔、虚实、开合等一系列对应概念,运动过程中对"圆""空"的追求,象形拳的象形取意,等等,都是效法"天人合一"思想的体现。在武术的不断练习中,习武者还可以通过与自然达到和谐统一,体会武术背后蕴含的人与自然和谐相处的内涵。比如,一个习武者选择在一个广阔的田野里练习武术,这种练习本来就是与自然的融合,把自己与自然融为一体,与大自然实现无声的对话,从而参悟出人与自然和谐相处的道理,达到武术所谓的"天人合一"的最高境界,与自然融为一体对于提高习武者的武艺具有重要作用。另外,习武者通过练习武术可以体悟到人与自然的和谐美,进而在武术美的影响下产生对世界的审美意识。武术审美意识的产生对于人与自然和谐相处具有推动作用,如果人一味地练习武术,没有参悟到武术的意境美,就是流于形式的训练,对于提高武术技能也是毫无意义的,更不利于人与自然和谐相处。人的身心得到放松和解放的过程就是人与自然达到和谐共生的过程,在这一过程中,人的审美能力也会发挥重要的作用。因此,在学校武术教育中,教师要提高学生的意识,使其在理解人与自然和谐相处内涵的基础上,发挥自我能动性,不断探索自己的内心世界,从而真正达到心灵与环境的和谐统一。

第五章 武术教育发展体系的构建研究

第一节 武术课程教学体系建设

一、武术教学现状分析

(一)武术教学观念现状

武术教学的发展尽管有一段的时间,但收效甚微。究其原因,表现为两点:第一,作为中国传统文化的组成部分,在具体教学中,武术教学观念没有与新时代体育教学观念相吻合;第二,学校教师没有真正领会武术教学可以促进学生身心健康和传承武术文化的教学本质。

在具体教学中,部分学校教师还存在对教学目标和发展方向不明确的问题,主要体现为以下两个方面:

(1)以为武术教学属于体育类专业课程,因此常用专业的武术标准来教育和指导学生,没有遵循学生的发展规律,导致学生产生抗拒心理,最后失去对武术学习的兴趣,从而阻碍了武术运动在学校的普及。

(2)认为武术教学属于娱乐性体育活动课程,在具体教学中过分强调武术活动的娱乐性,忽视了武术教学的道德性和实用性。

(二)武术教学教材现状

教材是进行武术教学的重要依据,对武术教学的顺利开展具有重要的指导作用。学生通过学习教材,可以掌握大量的武术专业理论知识。武术教材不仅是武术教学内容和教学方法的知识载体,而且是教师与学生联系的重要载体。因此,教材对于学生和教师而言,其作用是巨大的。

但是,在当前学校武术教学中,教材普遍存在着以下三个方面的问题,具体分析如下。

1. 武术教材不统一

当前我国学校武术教材编写缺乏统一的指导,每个学校的武术教材呈现的教学内容侧重点也各不相同。教材没有进行统一的规范,因此会严重阻碍学校武术教学的可持续发展。同时,教材内容缺乏科学性、系统性、逻辑性,对学生的身心发展产生不利影响,导致其不能将书本上的专业知识内化为自己的东西,从而影响学校武术教学目标的实现。

2.武术教材质量不高

当前学校武术教材都属于自编教材,虽然教材版本不同,但是其内容却大同小异,造成了武术研究繁荣的假象。而且部分学校的教材存在整篇、整节内容相似的问题,这种质量不过关的教材让学生学习,很难达到武术教学的目的。

3.武术教材内容不合理

当前学校武术教材中的内容多偏重于理论知识的讲解,忽视了对学生实践能力的培养,各个专业知识之间缺乏必要的联系。尤其在简单的套路练习中,单个动作过多,套路编写少,这很难激发学生的学习兴趣。在教师的指导下,学生还可以进行模拟练习,一旦离开了教师,学生掌握起来就会比较困难,久而久之,缺乏自信心,对武术产生抵触心理,这非常不利于学校武术教学顺利开展。

针对上述学校武术教材中存在的问题,相关领域的科研人员应共同努力,以编写出高质量的武术教材。有了高质量教材,教师才能进行有效的教学,学生才能进行自主学习。

(三)武术教学内容现状

当前,学校武术教学普遍存在教学内容过于单一、重实践轻理论的问题,这严重阻碍了中国武术的继承和发展,不符合新时代体育多样化发展要求。

第一,任何一门学科的教学内容都要符合教学大纲的要求,武术教学也不例外。我国武术教学大纲是国家制定的,因此每所学校的武术教学内容也大体是相似的,如初级套路演练,但是竞争性和攻防性较强的武术教学内容却涉及较少。具体教学中涉及的武术项目也不多,尤其在普通学校,武术相比其他学科占比小,凡此种种对于继承和发展武术教学都极为不利。另外,在武术教学中,尽管有学生对武术充满了兴趣,但是由于教师在具体教学中较注重武术动作的外形和规格,教学内容枯燥、无味,部分学生逐渐失去了对武术学习的兴趣。因此,这就需要学校及时改正武术教学大纲中的不足之处,创新和发展武术教学内容,挖掘简单实用、动作组合又少的攻防套路,从而激发学生对武术的学习兴趣。

第二,有的学校存在重实践轻理论的教学问题。马克思主义理论提出理论和实践是相结合的,它们的关系是辩证统一的。因此,在武术教学中,教师应将理论和实践相结合,共同促进武术教学的发展。丰富的理论知识有利于学生领会武术的精髓,但是当前学校武术教学中普遍存在武术理论课时少、重武术实践的问题,这不仅不利于学生真正地把握武术的文化内涵,更不利于实现学校的武术教学目标。

因此,学校武术教学在注重提高学生身体素质,使他们掌握必备的武术技能的同时,还应加大对武术理论知识的学习,使学生充分体会到武术的精神内涵,继承和发扬武术文化,从而满足学生全面发展的要求。

(四)武术教学方法现状

当前学校武术教学一直沿用传统的、单一的、"填鸭式"的教学方法,这种教学方法在新时代发展背景下,逐渐暴露出一些问题来。

"填鸭式"的传统教学方法,将教师放在教学的主导地位,强调以教师的教为主,这样的教学方法,首先,不利于充分调动学生的主观能动性;其次,枯燥的、"满堂灌"的教学理论知识的讲解,不利于激发学生对武术学习的兴趣;最后,学生的学习积极性不高,不利于武术教学目标的实现。因此,在新时代背景下,学校的武术教学要顺应时代的发展潮流,将现代教学手段、教师和学生有机结合起来,从而顺利实现武术的教学目标。

(五)武术课程设置现状

根据国家统一制定的武术教学大纲的要求,每所学校都开设了武术课,且大多将武术课作为选修课,教学的内容为初级三路长拳、初级剑术、24式太极拳等。

学校开设武术教学的目的是促进学生的身心和谐发展。由于武术课是选修课,学生根据自己的兴趣和武术项目的特点而选择武术课,缺乏对武术的深入了解,这对于学校武术教学的发展是极其不利的。同时,武术课的教学内容有限,因此对于想要继续进修武术的学生来说更是增加了一定的难度。

众所周知,武术的套路演练、动作技能和器械技术都是一气呵成的,但是当前学校武术教学课时安排却是分散的,不利于学生对武术套路的系统学习。

另外,分散式的教学会影响学校武术教学取得良好的发展。

(六)武术师资建设现状

当前学校武术教学中的教育者大都是体育院校的毕业生,专业武术学校的毕业生却很少,即使是专业的武术毕业生,他们的理论知识学习也都是大纲规定所学的内容,这就容易导致教育者知识面狭窄、整体素质不高,从而不利于传统教学的顺利开展。另外,武术教育者的教学态度差、教学水平和专业水平低等问题,也是制约学校武术教学发展的重要因素。

(七)武术教学设施现状

当前,尽管我国学校加大了在武术教学上的投资力度,武术教师的数量也逐渐呈递增趋势,但是武术教学并非真正意义上的体育教学课程,它仅仅被当作一种运动项目,因此,部分学校武术教学都存在着教学设施不完善、教学条件差的问题。

其中,教学设施不完善具体表现在武术教学器材数量少、器材设备严重受损等方面,这不仅会威胁到学生的人身安全,而且不利于学校武术教学的顺利开展。另外,武术教学场馆的建设不仅是学校开展武术竞赛活动的重要条件,还对学校培养高水平的武术人才至关重要。

因此,为了促进武术在学校中的发展和普及,各个学校都应加大在武术教学设施上的投资力度,只有为学生提供充足的必要物质基础,学生才能在武术学习上更上一层楼。

二、武术教学体系理论与发展策略

(一)武术的教学规律

1. 技能形成规律

首先,武术技术动作的学习,既要获得外部运动的感觉,又要受内部心理活动的支配,两者结合,才能通过肌肉形成一种反射效应。运动感觉的产生,要受到大脑皮层动觉细胞的影响,也可以这样认为:运动的生理机能是以大脑皮质活动为基础建立的暂时性神经联系。因此,武术技能的形成要受生理和心理两方面的影响。

从生理学和运动学的角度来说,武术技能的学习和掌握要经过三个阶段,具体分析如下:

第一阶段为简要掌握阶段,也就是学生要对武术的技术动作概念有所了解。

第二阶段为具体掌握和改进阶段,也就是学生要对武术技能有更深层次的掌握,确立肌肉运行的基本路线。

第三阶段为巩固发展阶段,也就是学生要做到武术动作与动作之间的有效衔接,从而实现武术技能动作的技能化。

学生只有遵循武术技能形成的规律,才能在具体的学习中得到不断的发展和进步。

2. 学习认知原理

认知心理学是武术技能学习的理论基础。认知心理学中的"痕迹衰退说"认为,武术技能的学习和掌握就是通过人的"记忆"和"知觉"来获得的。这种观点强调人的内部直觉的作用,认为认知主要是通过人的一系列的心理活动来获得的,是动觉表象。而认知心理学中的"反馈说"则认为武术动作的学习是通过人不断地练习获得提高的,这种观点强调人的外部动作的变化,是视觉表象。总而言之,武术技能的认知过程为,大脑通过对接收来的信息进行深层次的加工,然后向人的肌肉发出动作指令,使人完成高难度、复杂的技术动作,从而形成不同风格的武术技术动作。

3. 运动负荷规律

任何一项运动都有一定的运动负荷,因此,我们在具体实践中要考虑两方面的因素:一方面是运动量,另一方面是运动强度。从字面意思来理解,运动量是指数量、次数,运动强度是指速度、密度、重复距离等。学校武术教学的最终目的是促进学生的身心发展,这一目的的实现必然要在学生不断地练习和掌握技术动作的基础上产生。在不断练习中,学生要承受和适应一定的训练负荷,而学生通过适应一定的训练负荷提高对外的适应能力的过程就是训练负荷原理。因此,在具体教学中,武术教师要从多方面考虑学生最佳的训练负荷量,循序渐进,促进教学目标顺利地完成。

4.武术技法学习

(1)学生需要对武术技法有一个全面的了解,从而为以后掌握精湛的技能做准备。

(2)在具体教学过程中,武术教师要抓住主要矛盾,做到具体问题具体分析,在确定好武术教学内容的重点后,分配好武术技术动作学习的课时数,对于重点的技术动作进行详细的讲解,从而使学生充分掌握武术技术的精髓,促进武术的大发展。

(3)注重武术教学规律和教学方法的使用,教师在指导学生练习武术的过程中,尽量要求学生将手法、步法、眼神、劲力、节奏、身法、呼吸有机结合,共同作用,从而培养出高水平的武术竞技人才。

(4)对于重点武术技法,教师要多向学生演练几遍,突出武术技术动作的专项特点,从而促进学生对武术技法有更深的了解。

(二)武术教学的内容与步骤

1.武术课堂教学

(1)掌握丰富的理论知识有助于学生更好地实践。因此,在武术理论知识的讲解过程中,教师要将武术技术的动作、过程、术语、要领、要求、技术特点、力学解原理、谚语、口诀、典故、故事、表彰、批评、评价等内容讲解清楚。另外,教师还要注意语言使用的清晰度和准确度。

(2)技术动作示范。

技术动作的示范,需要教师保持认真的态度、规范自己的动作,展现出武术动作的艺术美感。对于技术动作难的部分,教师要有足够的耐心,对动作进行分解示范、完整示范,从而使学生掌握武术技能的精髓。

(3)技术动作领做。

在学生对武术技术动作概念有了充分了解的基础上,教师要带领学生一起练习,在领做的过程中,教师一方面要注重动作方向和位置的准确;另一方面要确保自己站的位置能让全体学生都可以看到。

(4)指导学生练习。

在学生掌握了基本的武术技术之后,教师要边念口令,边对学生的不规范动作进行指导。通过教师的指导,学生可以正视自己的不足,及时加以改正,从而为后续武术技术的学习做准备。

2.武术套路教学

(1)基本动作学习。

武术基本动作的学习对于学生掌握精湛的武术技能有着重要的意义。因此在教学中,教师要注重对武术的组合动作、套路动作以及攻防技能等方面知识的讲解,从而为以后的技术教学做准备。

（2）基本功练习。

基本功就是学生为完成基本动作所应具备的专项身体素质,扎实的基本功练习对于学生今后掌握较难动,作具有重要的意义。

（3）组合动作学习。

掌握好组合动作对于学生掌握系统的、整体的武术套路技能具有关键作用。武术组合动作练习有手法组合、腿法组合、步形组合、腰法组合、跳跃组合以及综合性的组合。

（4）套路学习。

套路学习是通过上述组合动作来实现的,因此套路学习对于学生今后学习基本的攻防方法具有重要的帮助作用。

（5）技术创新实践。

任何事物的发展都需要创新。因此,在武术教学中,教育者要及时在武术技术动作的基础上加以继承和创新,这样不仅有利于学生掌握时代发展所要求的竞技、攻防性动作,而且能引导学生自主创新,无形中提高他们的创新意识和创新能力。

3.攻防技术教学

武术攻防技术主要是指运用踢、打、拿等方法,以击败敌人并保护自己的活动。因此,武术攻防技术具有明显的特征——技击性和对抗性。

（1）基本动作学习。

武术攻防性技术内容繁多,主要包括步法、手法、腿法、摔法、拿法等五类基本动作。学生只有在充分掌握了武术基础动作的基础上才能进入攻防技术学习。

（2）基本素质练习。

要想掌握好武术技能技法,就必须满足一定的身体素质要求。身体素质强的习武者可以迅速掌握武术技术和技能动作,从而不断加大武术攻防性动作的难度。

（3）攻防技术组合学习。

武术的攻防技术组合有多种形式,包括上肢动作组合、下肢动作组合、上下肢动作组合、打摔动作组合、踢拿动作组合等。对各项动作进行灵活、合理的组合是攻防技术有效实施的前提。

（4）攻防战术学习。

在武术对抗中,攻防技术的学习和掌握是实施攻防战术的必要基础和保证。攻防战术可分为主动强攻、迂回强攻、防守反击、虚实结合、引进落空、后发先至等。

在攻防战术教学中,教师要认识到实战的重要性,对于学生的表现进行有价值的指导和评价,从而使他们在实战中能够灵活掌握攻防战术的窍门。

（5）模拟实战练习。

实战对于提高学生攻防性技术水平具有重要的作用。因此,教师可以在学生尚未熟练掌握技术和战术的情况下,按照每个学生的差异,安排一些实战练习,如步法移动练习、活动练习、指定进攻、限制实战、点击实战等,从而使学生在模拟的实战中积累经验,提高自身的应变能力。

（6）实战练习。

学生武术技能技法的掌握水平要通过实战来进行评价。因此在实战教学中，教师要注意以下四点：①实战的双方，能力应处于同一水平，从而有效避免不必要的伤害；②实战的对抗时间要适宜，不能过长，否则学生会因为承受不了那么大的运动负荷量而受伤；③在实战中，为学生提供一个安全的环境；④在进行完实战后，及时对此次实战做出评价。

（三）武术的教学原则与方法

1. 武术教学原则

（1）全面发展原则。

全面发展原则是学校武术教学应遵循的首要原则，这个原则受武术自身特点的影响，即武术有强身健体、修养身心的作用。

武术教学除了要促进学生的身体健康外，还要加强对学生智力、情感、道德和美感的培养，这就需要学校教师在准确把握武术教学大纲要求的基础上，加强对学生各方面能力的培养，从而使学生的身心得到和谐发展。另外，全面发展原则还要体现在武术教学的方方面面，如教学内容、教学任务以及教学方法选择等。

（2）重视尚武崇德。

崇尚武德是武术的重要精神文化内涵，"崇尚武德"从字面意思来理解，"尚武"就是要提倡和参与武术锻炼，"崇德"就是道德品德的修养。因此，作为习武之人，更有必要遵循这一原则。

在具体教学中，学校教师不仅要向学生传授武术理论知识和武术技能，还要不断加强学生思想素质教育，使学生在充分领会武术文化精神内涵的同时，自觉做到尊师重道、遵守社会公德和秩序、爱国爱民。

（3）强调直观教学。

武术是通过外部动作和内部心理变化体现出来的。因此，在传授武术时，教师要多使用一些直观教学法。

采用直观教学法也是由武术自身的特点决定的，武术包含多种拳种、套路和器械技术，因此，单靠长篇大论的理论讲解是不够的，还需要教师亲自示范动作，只有这样，学生才能熟练掌握武术的方向、线路和动作。

在传统教学中，当学生对复杂的动作不熟悉时，教师就会选择"言传身教"的方法进行教学，这样不仅有利于学生了解和掌握武术动作的往返折叠，而且有利于武术各个动作之间的有效衔接，更有利于学生进行系统性的学习。

（4）突出武术风格。

在武术教学中，突出武术风格也逐渐成为教学应遵循的一个重要原则，主要表现为两个方面：首先相比其他体育项目来说，武术专项特点鲜明，因此，教师在教学中要明确指出武术技术的风格特征，从而使学生将武术与其他体育项目区别开来。其次，由于武术产生的地域环境不同,各个流派的武术动作也存在着较大的差异。这就需要教师在教学中一定要充分把握不同拳种、套路和器械技术,从而向学生传授不一样风格特征的武术。同时,武术风格是通过典型的技术来体现出来的,如长拳的舒展大方、快速有力、动迅静定、节奏鲜明,太极拳缓慢柔和、外柔内刚、体松心静、形意融合,南拳拳势刚劲、步伐稳固、发力发声、以气催力、手法丰富;等等。这就要求学校教师在武术教学中,既将不同流派的武术动作和技术讲解清楚,又确保每一招、每一式的动作合乎规范,从而使武术展现出不一样的风格特征。

(5)注重内外兼修。

众所周知,"修身养性"是武术的主要特点。具体来说,"性"指人的内心活动,如神、意、心智以及气息的运行;"身"指人的外部表现,如眼、手、口、腿、足等的变化。武术从古至今都非常注重人的内外和谐统一,这也是武术重要的哲学思想基础。

只有习武者熟练掌握了武术组合和套路的技法,才能真正做到"出神入化""心动形随",从而实现内外和谐统一。因此,在武术教学中,教师要从多方面入手,强调学生内外的和谐配合,从而使学生成为全面发展的人。

(6)终身体育原则。

终身教育原则不仅适用于其他学科教学,也适用于武术教学。首先,教师传授的丰富武术理论知识对于学生今后的运动健身会有深远的影响,其次,学生对武术产生浓厚的兴趣后,会继续深入研究,不断获得新的知识,并为之奋斗一生。最后,终身体育原则也是武术课程标准的新要求。

2.武术教学方法

(1)语言教学法。

语言教学法是指教师通过对学生进行语言指导,从而完成教学目标。语言教学法主要包括以下四种。

①讲解法。

讲解法是教师最为常用的武术教学方法,是教师对武术动作要领、方法、规则和要求等方面的知识用语言讲解出来的一种方法。讲解法一般适用于简单动作教学。

教师在使用讲解法时需要注意以下五点:

第一,明确教学目标、教学内容,根据学生身心发展特点,将知识讲解出来。

第二,讲解的内容要正确。不管是对武术基本知识还是武术竞技规则要求的讲解,都应做到准确无误,不得随意增加或删减,加入感情色彩。

第三,为了让学生充分领会动作的要点,语言的运用要生动、具体、有重点。

第四,讲解的知识要具有连贯性,不能将武术理论知识和实践割裂开来,确保武术知识之间的衔接,从而使学生在掌握知识的基础上,能够做到举一反三。

第五,在讲解的过程中注意调动课堂氛围,从而激发学生的学习兴趣和积极性。

②口头评价法。

口头评价法一般用于某一部分、某一阶段的武术教学结束后,教师对学生完成的动作情况以及课堂表现给予口头评价,从而使学生及时认识到自己的长处和不足。

在武术教学中,口头评价主要表现为积极的评价和消极的评价。积极的评价是指对学生完成动作情况和课堂表现做出的正面鼓励,有利于激发学生学习的积极性;消极的评价主要针对学生的不足之处,从而使学生及时加以改正。不论使用哪一种评价,教师在评价中一定要注意自己说话的语气。

③口头汇报法。

口头汇报的主体是学生,需要学生根据教学任务,向教师表达自己的学习心得以及学习中遇到的问题。口头汇报不仅有利于增强教师和学生之间的联系,而且有助于促进武术教学质量的提高。

④口令、指示法。

在武术教学中,由于武术动作强调规范性、准确性,教师会时不时地用到口令、指示法。这些指示、口令简短而有力,有助于学生熟练掌握武术的技术动作。

(2)直观教学法。

直观教学法是通过一定的直观教学方式作用于学生的感觉器官,从而引起学生相应的感知,进而实现武术教学目的的方法。直观教学法是武术教学常用的方法之一,主要分为以下六种。

①动作示范法。

动作示范法是指将武术基本动作的走向、线路和要领通过示范展示给学生的一种方法。教师可以亲自进行示范,也可以挑选代表进行示范,但不论采用哪一种示范方式,都必须注意以下四点:

第一,目的明确,对于不同动作的教学要求,在示范时要有重点,如对于动作形象的示范可以做得快一些,对于结构动作示范可以做得慢一些,而对于高难度的动作,可以通过变换不同的方向进行示范。

第二,注意动作的准确性,避免错误的示范使学生掌握不到武术动作的精髓。

第三,注意示范位置的选取,尽可能考虑到每一名学生,使学生都能看到。

第四,根据教学需要,可以边讲解边示范,也可以先示范再讲解,还可以先讲解再示范。

在武术教学中,为了使学生充分掌握武术动作和理论知识,教师也会用图标、照片和模型等直观方法辅助教学,通过使用教具,教学内容更加简单、易懂,从而激发学生的学习积极性。

②多媒体技术法。

随着科学技术的不断发展变化,传统教学中也逐渐引入投影、电影、电视和录像等多媒体设备,多媒体的使用大大提高了武术的教学效率,这为教师教学提供了诸多便利。教师可以根据一定的教学内容和教学目标,选用适宜的多媒体进行教学,可以在吸引学生注意力的同时更好地完成教学。

③助力与阻力教学法。

在武术教学中,教师还可以运用外界的助力增加学生在练习武术时的用力、改变用力方向,从而使学生更快地进入下一步的学习中。

④完整教学法。

完整教学法主要适用于对武术动作的讲解中,因为每一个武术动作从头到尾,都是有效衔接的,尤其是在武术动作不可进行分解时,这种教学方法使用的频率最多。另外,教师在首次进行动作示范时,也会采用完整法来对动作技术形象进行示范。

⑤分解教学法。

分解教学法是指将武术动作合理地分解成几个部分或几个段落,逐个进行教授,最后完整地教授动作技术的教学方法。但前提是,教师应该在正确把握完整动作概念的基础上进行动作分解,只有这样才能逐渐向完整教学法转化。

⑥预防与纠错教学法。

在武术教学中,学生会存在对某一个动作掌握不准确的问题,面对这个问题,教师要正确对待,不得将学生的错误放大加以批评,而是要对学生犯的错误进行有效的引导和纠正。在武术教学中,教师不仅要时刻关注学生的学习进度,还要及时指出学生的不足之处,并加以引导和改正,从而使学生正确掌握武术动作的要领。

(四)武术教学发展的具体策略

1.加强国家政策扶持

相比其他体育项目在学校中的发展和普及,我国的武术课程开设时间最短。因此,为了加快武术课程的发展,各级管理部门要尽可能地加大政策扶持力度。

2.调整武术教学目标

武术运动课程教学主要针对武术专业学生开展,但是过分强调学生竞技水平的提高,忽视了对学生基础运动能力的培养和身心的协调发展。

随着现代武术教学改革和武术教学理念的转变,学校的武术教学应该将增强学生体质、提高学生的健康水平作为首要的人才培养目标,从而使学生的身心得到全面发展。

3.合理选用教学方法

在武术教学中,熟练地掌握动作是需要进行不断的练习的,练习的过程又是枯燥乏味的,这就需要教师使用多种教学方法调动学生的学习积极性,使学生自觉、主动地参与到武术练习中,从而顺利地开展武术教学。

4.调动社会力量办好武术教育

单纯地依靠学校的力量是很难办好武术教育的,因此我们要发挥社会力量在武术教育中的作用,从而使武术教育得到稳定健康、和谐有序的发展。

武术凝聚了中华民族优秀的文化内涵,因此传承和发展武术是华夏儿女应承担的责任。要想促进武术教育的大发展,仅依靠政府和武术教学事业是不够的,还需要发挥社会中介组织的力量,鼓励更多的社会团体、民间组织以及个人兴办武术教育,从而为国家培养出更高水平、全面发展的高素质武术人才。

三、武术课程设置理论与构建策略

(一)武术课程内容设置

1.武术课程内容来源

(1)采纳上级课程文本建议。

这里所说的上级课程文本,具体是指国家教育行政部门规定的学校统一课程和教学内容,是专门为解决接受武术教育之后应该达到怎样的教育目的这一问题而开发的武术课程和教学内容。

在学校武术教学开展过程中,上级课程文本是一个重要的课程内容参考,具有一定的政策性和方向性。

(2)参考上级课程文本的建议。

在武术教学过程中,由于实际情况不同,每个学校参考上级课程文本的结果也不一样,除了要遵循上级课程文本的一些强制性规定外,学校的武术教学内容还可以根据当地的现实情况进行创新和发展。

(3)修改上级课程文本的规定。

上级课程文本是国家根据全国体育的整体发展情况而规定的,因此难免存在照顾不周的问题,对于不符合地方和学校具体情况的教学内容,地方学校应该进行科学、合理的修改。

但是,对上级课程文本的修改并不是随意的,而是需要在尊重上级意图、保持强制性的基础上进行合理的改动。

2.武术课程内容选择

武术课程内容不仅要符合国家武术的教学规定和学校的教学特点,更要符合学生的身心发展特点,下面从五个方面来进行分析。

(1)武术课程教学目标。

武术课程教学内容在实现武术课程目标的过程中,是作为手段而存在的。因此,教师必须围绕武术教学目标进行武术教学。

(2)学生生长发育规律。

每个学生都存在着认知、智力、生理和心理等方面的差异,它们之间相互影响、相互制约。因此,在武术教学中,教师要尊重学生的个性差异,因材施教,从而实现学生全面和谐的发展。在武术教学中,武术教学内容的选择和安排必须遵循学生的个性差异,只有符合学生的身心发展规律,才能使学生成为高素质的人。

(3)学生机能适应规律。

生命体自身的发展也具有一定的阶段性和规律性,因此我们在进行一项运动时要遵循客观规律。武术教学更应遵循客观发展规律,运动量一旦超出学生身体机能的负荷,就会对学生的身体造成无法挽回的伤害。因此,在武术教学中,学校教师要尊重学生的个别差异,在准确把握学生自身机能适应规律的基础上,选择正确的教学方法,从而促进武术教育的发展。

(4)学生身心发展需要。

武术的教学目的是促进学生的身心和谐发展。因此,在选择武术教学内容时,教师要始终站在学生的立场上考虑问题,也就是说,教师要尊重学生身体机能和身心发展规律,选择适宜的教学内容,从而激发学生对武术学习的兴趣。

(5)社会发展的需要。

在武术教学中,教师除了讲授丰富的理论知识外,还要注重对学生实践能力的培养。社会是学生自我价值实现的最终归宿,因此,在选择教学内容时,教师要将学生的未来发展方向考虑在内,武术教学内容要与社会实际相符合,只有这样,学生在走出校园后,才能很快地适应瞬息万变的社会。

(二)武术课程构建的具体策略

1. 丰富武术课程类型、完善选课制度

面对武术教学形式单一的问题,学校要根据自身的特点,具体问题具体分析,从而探索出一个适合自身发展的教学模式。

当前,武术教学课程设置大都是以选修课的方式进行的,这是不全面的,学校应该将选修和必修结合在一起,这样才能促进武术教学发展。另外,在课程设置方面,学校要充分考虑学生的学习兴趣,建立形式多样的武术课堂,从而能够让学生根据自己的喜好来选择自己选修的武术教学内容。这样的选课制度,不仅有利于培养学生终身学习武术的观念,还有利于提高教学质量,促进教学的顺利开展。

2. 完善武术专业教材、拓展课程内容

武术教学作为体育学科中的新兴学科,不仅具有体育学科的竞技性特点,还涉及多学科内容,包括传统哲学、中医学、伦理学等。因此,各学校要完善本校的武术专业教材,从而吸引更多的武术爱好者,为其今后的武术实践进行有效的指导。

同时,学校的武术课程内容单一,着重强调对套路的演练,但事实上,大学生对格斗运动有着浓厚的兴趣,因此,学校应完善武术专业教材,顺应时代发展的特点,拓展新的课程内容,从而满足广大学生的不同需求。

3. 加强武术资源建设、重视课程评价

首先,在武术教学中,教师和学生都是教学的主体,学校既要尊重学生的差异,又要加强师资队伍建设,提高教师的整体素质,从而更好地促进武术教学的开展。为了提高教师队伍的整体素质,学校要与其他学校进行不断的交流,从而为教师提供专业的培训和较好的科研及教学环境。

其次,学校还要加强武术基础设施和场地的建设,有了充足的物质基础做保障,学校

的武术教学才能顺利地开展。

最后,武术教学质量的提高需要进行专业的课程评价才能有清晰的认识,因此在具体教学中,教师不仅要重视学生学习过程这一质的评价,还要重视对学生学习结果这一量的评价,将定量和定性评价进行有机结合,从而实现课程评价的人本主义关怀。

4.进一步推进课内外武术活动一体化

武术教学单靠课堂上的那点时间是完全不能满足学生对武术知识的需求的,因此,学校还要注重对武术课外教学活动的展开,只有将课堂教学与课外教学进行有机结合,才能促进武术教学质量的提高。

当前,学校为了鼓励武术教师多参与到课外教学中,已经提出了多种优惠条件来引起他们的注意,其中有将课外武术指导工作纳入教师的考核制度、薪资机构的,这些措施大大促进了武术教学的顺利开展。

第二节　武术训练与竞赛体系建设

武术教育的发展前景还受武术训练和竞赛体系的制约,也就是说,武术训练和竞赛体系的长远发展将直接影响武的传承和发展。因此,加强武术训练和竞赛体系建设是当前学校亟待解决的重要问题。

一、武术训练与竞赛现状分析

当前,虽然中国的武术训练与竞赛体系建设取得了一定的成效,但一些弊端也随着时代的发展日益凸显出来,这些弊端严重影响了武术的继承和发展。下面对武术训练与竞赛的现状进行详细的分析。

(一)参与人数不断增加

随着国家对武术的重视以及学校中武术教育的发展和普及,参与武术练习的人数也逐渐呈递增趋势,人数不断增加的原因有以下三点:

第一,是由武术的自身特点决定的,其不仅具有强身健体的功能,还有审美功能,在日益注重运动健身的 21 世纪,武术成为大众健身的不二之选。但是这些人群对武术的忠诚度也只限于健身方面,而武术竞技活动方面却很少有人谈及。

第二,处于经济发展迅速、竞争压力越来越大的 21 世纪,追求身体健康成为当前的一种趋势,而作为既能够强身健体,又能够使人心情愉快的运动项目——武术,逐渐受到了人们的青睐。

第三,近年来,国家加强了对武术文化的继承和发展,越来越多的人开始了解和认识武术文化。

截至目前,据不完全统计,我国参加武术练习的人数达两亿之多,这个数字是任何一个体育项目都无法比拟的,由此可见,中国武术正在爆发出永久的生命力,成为世界璀璨文化中的一颗明珠。

(二)赛事开展得如火如荼

随着国家对武术的重视,各种以武术为主题的比赛和与武术竞赛有关的活动在全中国如火如荼地进行着。众所周知的武术竞赛有:国际螳螂拳交流比赛、国际形意拳交流比赛、武术功力大赛、郑州国际少林武术节、焦作国际太极拳年会等。这些武术节的举办以及武术竞赛的开展,不仅有利于武术走向世界,让全世界的人有所了解和认同,还有利于武术在世界竞技体育中立于不败之地,更有利于武术的继承和发展。

(三)武术人才培养体系的完善程度较低

尽管武术在中国受到了广大人民群众的青睐,但是中国武术竞技人才的培养模式还存在着不足之处,主要表现在两个方面:一方面,我国专业武术训练人才相对较少,另一方面,专业人才体系不够完善,要想武术得到稳定健康的发展,我们急需解决面临的问题。

纵观我国武术人才培养途径,大都依靠体育院校来输送高质量、高水平的武术竞技人才,这种单一的人才培养途径是不能满足武术发展需要的。同时,武术人才培养的管理体系缺乏系统性和科学性,存在着人才培养计划不清、经验不足等问题,这些都是武术训练人才培养体系不完善的集中表现。总而言之,我国当前武术训练人才培养体系不完善,具体体现在以下三个方面:

第一,武术训练的后备人才、教练员、教材等方面较为欠缺。

第二,武术训练人才培养模式偏离社会提出的新要求,教师使用的教学方法传统、落后,在教学中没有严格遵循个体差异性原则。

第三,专门的武术训练基地和设备较为短缺,没有充足的物质基础做保障。

(四)套路竞赛规则可操作性有待提高

尽管中国历经几十年的不断探索和研究,发展和完善了武术套路竞赛规则,也取得了辉煌的成就,但是在新时代背景下,为了满足世界体育竞技对专业人才多样化的需求,我国的武术套路竞赛规则还需进行进一步的改革和创新。虽然,当前的武术套路竞赛规则和评价体系更加多样化,但是人们对操作性方面的重视程度还远远不够。一般来说,专业的裁判员一定要经过严格的筛选、培训、考核等一系列的过程才能凭证上岗,这是因为在武术竞赛中,选手难度动作的认定、线路方向的认定,都需要裁判能够瞬间做出评判,不同的裁判对武术动作的评判标准不一。因此,武术的发展在某种程度上还要受到操作性规则的影响。

(五)国内外套路竞赛标准没有实现统一

当前,国内外套路竞赛标准没有实现完全统一,主要受两方面因素的影响,分别是竞

赛规则和竞赛内容,具体分析如下:

第一,从竞赛规则上说,国内外武术竞赛规则受本国武术自身特点的影响,存在着明显的差异,因此无法用统一的评判规则,这严重阻碍了武术竞赛的进一步发展。

第二,从竞赛内容上说,国际上武术竞赛共设有男女比赛项目20个,且都是规定的套路,而中国武术套路比赛共设男女比赛项目22项,且为自选项目,由此可见,竞赛内容的不同,导致评判的标准不同。

总而言之,国内外武术套路竞赛没有实现统一,一方面,不利于中国武术走向国际化发展;另一方面,不利于武术项目进入奥运会。因此,我们更应该加以重视,及时提出有效的解决办法,从而更好地实现武术竞赛的良性发展。

(六)竞赛宣传力度不够

目前,我国的体育项目比赛种类多样,在比赛之前,每一个体育项目都会进行大力的宣传,引起更多人的重视。但是武术竞赛相比其他的体育竞赛来说,宣传力度往往是有限的,这必然会没有其他运动项目那样更容易引起人们的关注。长此以往,武术运动就会逐渐从大众的视野中消失殆尽,这非常不利于中国武术竞赛发展。同时,宣传力度不够,武术竞赛消息传播就会不顺畅,导致武术人才对历年、历届的赛事举办情况不了解。同时,受宣传力度小的影响,武术竞赛相比其他的体育竞赛项目,更难受到社会各界的关注,少了赞助商的经济支持,武术竞赛的发展将会举步维艰。

二、武术训练体系的建设

(一)武术训练体系的基本理论

1. 武术训练的原理

武术训练中涉及的原理主要包括以下五个方面。

(1)生长发育规律。

人的身心发展是有一定的规律的,是客观存在的。具体来说,人的发展规律具有阶段性、顺序性、不平衡性和差异性,因此,在训练中,人们只有遵循人的发展规律,才能事半功倍。

总而言之,人的生长发育过程是个不断完善的过程,因此,在某一年龄阶段,身体的各个部分发展并不是同步的,一定会存在身体素质发展速度快慢的差异,这就需要教育者在不平衡发展阶段,抓住学生的关键期,从而促使学生更好地训练,更好地提高身体素质。

(2)新陈代谢原理。

一个生命有机体的存在必然要进行新陈代谢,可以说,如果不进行新陈代谢,人体的一切活动也就不可能顺利地进行,所谓的新陈代谢过程,就是人体与外界交换物质的过程。

在武术训练中,教师需要重点掌握新陈代谢原理,从而更好地指导学生进行科学有效的练习。在不断的练习中,人体内的物质和能量代谢过程会得到进一步的加强,从而消耗更多的能量,如果教师没有把握好新陈代谢原理,过度加大练习次数,就会使学生消耗不必要的能量。因此,在训练中,教师要保证学生有充沛的体力,只有这样,才能取得良好的训练效果。

(3)机体适应理论。

从本质上来说,通过反复的技术训练来有效刺激有机体各器官系统,从而对自身在形态结构、生理功能和生物化学等方面产生一系列积极的适应性变化起到积极的促进作用,这就是所谓的运动。

机体的适应能力是一种生理本能,通常对于正常人来说,其机体都具有一定的适应能力。通过在负荷上给予习武者一定的刺激,能够使其适应能力有所提升,这对于习武者自我运动素质的改善、技术水平和运动能力的提高也是有所助益的。这也在一定程度上将"刺激—反应—适应"的最终结果充分体现了出来。在进行武术运动训练时,教师一定要注意对习武者的生理和心理进行不断刺激,并使其机体和心理对这种刺激的适应能力逐渐增强,最终达到有效提高习武者技能和心理素质的目的。

(4)身心互制原理。

身体和心理的和谐统一是有机体得以生存的重要保障,两者是你中有我、我中有你的辩证统一的关系。当代对于健康的定义发生了改变,由原先的认为健康的身体就是指身体没有疾病转变为身体和心理两者都健康才是真正的健康。我国从古代开始就非常强调身心和谐统一,明代养生专书《寿世保元》中说:"善养生者养内,不善养生者养外。"①这为武术训练遵循身心互制原理提供了理论依据。

武术从古至今都一直强调人的身心和谐统一发展,因此在武术训练中,无论是对武术套路和技法的练习,还是对习武人的武德培养,都需要教育者引起重视。从某种意义上来说,生理和心理是相互作用的,两者在训练中缺一不可,因此,教育者只有将两者进行有机结合,才能使两者达到真正的和谐统一,才能充分发挥出习武者的真实水平。

(5)超量恢复原理。

超量恢复原理又称"超量代偿",是由苏联学者亚姆博斯卡娅提出的,具体是指训练者在运动时和运动后休息期间的能量物质消耗和恢复过程的超量恢复学说。

以超量恢复原理为主要依据,可以将人体的训练过程分为运动时各器官系统工作能力下降阶段、运动后工作能力复原阶段、工作能力超量恢复阶段三个阶段。习武者要想达到增强体质、提高技术水平的目的,就必须经历这三个阶段。通常来说,疲劳程度、运动量的大小和营养供给等因素会在一定程度上影响超量恢复。

2.武术训练的原则

在武术训练教学中,教育者只有遵循一定的原则,才能全面提高学生的训练水平,获

---

① (明)龚廷贤. 寿世保元[M]. 北京:北京中医药出版社,1993.

得理想的效果。武术训练原则主要包括以下几个方面。

（1）全面性原则。

全面性原则作为武术训练的首要原则，主要表现为，人体是由各种器官、组织和系统构成的，而且这些系统是相互联系、相互影响的。武术训练过程中要结合身体的各个部分共同作用，才能展示出武术的运动美感。同时，遵循全面性原则可以有效避免身体不平衡和不协调的问题。

从当前武术训练的具体实践中可以看出，全面性原则非常重要，其必须在科学、合理的指导下才能充分发挥作用。

（2）经常性原则。

经常性原则，从字面意思来解释，就是指习武者要不断地练习，防止遗忘，这一原则的理论依据是达尔文的"用进废退"。在武术训练中，习武者要根据自己的近期目标和远期目标进行有计划的练习，只有遵循了经常性原则，学生才会牢固地掌握武术技能技法，从而有效提高自己的水平。

（3）循序渐进原则。

循序渐进原则与人的身心发展规律是紧密相连的。在不同的年龄阶段，人的内部器官的发展是不均衡的，因此在训练中，教师要遵循学生的发展规律，由简单到复杂、由低级到高级地加强学生的训练次数和难度。只有在不断适应的前提下，学生才能取得理想的训练效果，才能在不断进步中获得丰富的经验，从而为下一步的训练做准备。

（4）积极自觉原则。

积极自觉原则是针对习武者提出的，其对于武术训练水平的提高至关重要。同时，遵循积极自觉原则是科学训练的重要前提，要做到这一原则，习武者需要从以下三个方面着手。

第一，习武者要想取得良好的训练效果，就必然要花费大量的时间和精力进行不断的练习，这就需要习武者自觉积极地坚持训练。

第二，武术的练习过程是枯燥乏味的，习武者要想达到武术的最高境界，就需要不断地在练习中克服困难，勇往直前。

第三，习武者除了要提高自身的训练水平外，还要提高对武术训练的科学认知，在充分、全面认识武术的功能、价值以及科学训练方法的基础上，自觉地进行武术训练。

（5）区别对待原则。

区别对待原则是针对教育者提出的，由于武术有着广泛的群众基础，每一个习武者的年龄、性别和健康等方面也存在着显著的差异。这就需要教育者尊重学生的差异，选择合适的教学内容、教学方法和教学手段，从而做到有的放矢、区别对待。

（6）科学负荷原则。

习武者在训练中所承受的负荷是一定的，负荷过大和过小都是不可取的，既会影响习武者的训练水平，还会影响他们的身体健康。因此，教育者在具体实践中一定要根据每个人的身体发展规律，制定科学的练习时间和练习次数，只有这样，习武者才能在一定的强度的运动负荷下,不断取得进步,同时促进有机体与外界物质进行良好的能量交换。

3. 武术训练的理念

理念是实践的指导,武术训练也应该做到理念先行。理念是武术训练体系中的重要组成部分,我们应该重视武术训练的理念。

(1)形神兼备、内外兼修的习武观。

武术因其自身具有的强身健体的实用价值和可观的审美价值而拥有了广泛的群众基础,尤其是它蕴含的哲学原理更是值得人们去探究和探索。武术作为中华民族传统文化的重要组成部分,其蕴含的精神文化备受人们重视,这就需要教育者在进行武术训练中除了强调外部动作的形神兼备外,还要加强对习武者道德素质的培养,从而使习武者真正成为全面发展的人。

(2)尚武崇德观。

古往今来,崇尚武德一直是武术所强调的重要内容,在古代,师父还会将其作为挑选徒弟的重要依据。一个武德不好的人是不会被传授武艺的,甚至可以这样说,武德修养要比武术技能水平重要得多。

武术"尚武"的文化内涵在不同的历史阶段有不同的解释,这是由当时的社会环境所决定的。但通常情况下,"尚武"的文化内涵多体现为人具有不畏生死、勇往直前和保家卫国的斗争精神。

武术的"崇德"是指对习武者道德品质的培养,从而使习武者能够做到诚信正直、谦和忍让、见义勇为、恪守文化规范。总而言之,"尚武崇德"不仅有利于学生充分了解武术的文化内涵,更有助于其顺应时代发展的潮流,成为符合国家全面发展要求的人才。

4. 武术训练的方法

要想取得良好的武术训练效果,教育者还要借助一定的训练方法。其中常见的武术训练方法有以下六种,教育者可以根据实际情况,选择合适的教学方法。

(1)重复训练法。

重复训练法是指教育者在不改变动作结构和运动量,在相对固定的条件下,对某一动作要求习武者进行多次练习,从而提高武术训练水平。这也是教育者在训练中最为常用的方法。

在武术练习中,习武者通过对同一动作或同组动作的多次重复,可以有效地掌握武术动作的纲领和演练套路,从而强化运动的条件反射。另外,习武者通过在一定条件下进行重复练习,还可以使机体不断地超越自身,产生新的适应机制,从而大大提高训练水平。

一般情况下,重复训练法以习武者参与训练时间的长短为主要依据,可以分为三种训练类型:分别是不足 30 秒的重复训练方法、0.5～2 分钟的重复训练方法以及 2～5 分钟的重复训练方法。

(2)循环训练法。

武术的套路演练是由一系列动作组成的,因此,在具体练习中,教育者将练习手段设置为若干个练习站,由习武者按照一定的线路和顺序,依次完成每一个练习站的动作,这种方法就叫作循环训练法。

依据不同动作承受的负荷量循环训练法分为三种,即循环重复训练法、循环间歇训练法以及循环持续训练法。

从多次试验的结果来看,武术训练中运用循环训练法不仅可以增强学生学习武术的兴趣和积极性,还可以大大提升武术训练的效率。另外,循环训练法的练习程序是由简单的动作组成的,不需要学生花费大量的时间和精力,因此教师可以根据这一特点,在具体实践中重点培养学生某一素质的发展,从而促进学生的全面发展。

(3)间歇训练法。

间歇训练法是指学生在经过一段时间练习后,严格按照间歇时间进行休息,再进行练习。其中,间歇训练法由五个基本要素构成,分别是每次练习的数量、每次练习的负荷强度、重复次数(组)、间歇时间和休息方式等。

使用间歇训练法的同时要充分考虑学生的训练水平和身体状况,身体状况的好坏影响着学生训练中练习间歇时间的长短。在武术训练中使用间歇训练法,不仅可以提高学生的训练水平,而且有助于学生的身体机能在有效的时间内得到迅速恢复。

(4)变换训练法。

传统训练过程是枯燥和单调的,因此教师在武术训练教学中要有目的、有计划地变换练习负荷、动作组合以及练习环境和练习方法,从而使学生保持武术练习的积极性。变换训练法主要有两种类型,分别是连续变换和间歇变换,而变换的形式主要有内容的变换、形式的变换以及负荷的变换。

在武术训练中使用这一方法,不仅有利于激发学生继续学习武术的兴趣和积极性,而且有助于学生各方面能力得到充分的提高。更重要的是,通过变换训练法,可以加强学生对武术动作的记忆,从而促进身心和谐发展。

通常情况下,变换训练法用于练习的高原阶段,这时候学生的练习水平已经处于稳定发展阶段,通过变换练习内容和练习方法,不仅可以增强学生的学习积极性,而且有助于学生整体训练水平的提高。这个训练方法在武术技术训练中使用的次数最多。

(5)比赛训练法。

比赛训练法是指通过组织对抗比赛、小组比赛调动学生训练和比赛的积极性的一种方法,对于习武者武术技能水平的提高具有重要作用。比赛训练法主要有三种形式,分别是模拟性比赛、检查性比赛和适应性比赛。比赛训练法一般用于武术技术训练课中,其不仅能够充分调动学生的斗争意识,还能够培养学生克服困难、勇往直前的毅力,使他们越挫越勇,在一次次失败中积累丰富的经验,从而获得优异的成绩。

(6)综合训练法。

综合训练法就是将上述五种训练方法结合起来使用的一种方法。需要注意的是,综合训练法并不是将上述的训练方法都加以利用,而是教师根据学生的水平和教学内容进行选择,可以使用两种或者几种训练方法,从而提高学生的整体训练水平。

在武术训练中使用综合训练法,不仅可以调节学生训练和休息之间的关系,还能有效实现教学目标,最重要的是既有利于提高学生的整体素质,还有助于学生充分掌握武术技能。

(二)武术训练体系建设策略

1. 树立正确的武术价值观

在武术训练中,尽管学生要按照教师的要求按部就班地进行训练,但是由于认知水平和智力的差异,学生要根据自己的实际情况,制订出符合自身训练水平的计划,然后一步一个脚印地去实现、去突破。对于别人提出的意见,学生可以鉴别吸收。由此可见,树立正确的武术价值观对于学生训练水平的提高是非常重要的。

随着人们对武术的重视程度越来越高,有关武术的影视作品也层出不穷,但这些影视作品难免会存在扭曲或者夸大事实的问题,这就需要学生用理性和辩证的眼光看待问题。学生应摒弃不正确的观念,吸收精髓,持之以恒,脚踏实地地进行训练,从而提高自身的武术训练水平。

树立正确的武术价值观不仅有利于提高学生的训练水平,而且有助于促进武术的继承和发展。

2. 进一步增强训练方法的多样化

合理使用训练方法对武术训练的发展至关重要。这就需要教师在训练过程中综合使用多种训练方法,通过组合两种甚至几种训练方法,促进学生训练水平的提高。其中,武术训练方法的多样化,并非单单依靠教师的日常积累和不断的探索与研究,还需要教师审时度势,使用高科技产品,如计算机训练法、电刺激法等训练方法,促进习武者整体素质的提高。这样,不仅优化创新了传统的训练方法,还有利于学生获得理想的练习效果。

3. 将先进技术引入武术训练

随着科学技术的不断发展,新的高科技产品也逐渐被用于武术训练中,这些高科技产品的引入,不仅提高了学生的训练效率,而且有助于学生提高自身训练水平。比如,教师可以通过使用生理、生化指标来对学生的运动量和运动强度加以控制,也可以通过使用先进测试仪器,对学生的身体状况和运动负荷进行有效评价,这些都有利于提高学生训练水平。在新时代背景下,训练科技化将是未来的一个重要发展趋势。

4. 进一步提高对以赛带练的重视程度

武术训练不能只靠大量的、重复性的练习来提高习武者的训练水平,除了单纯的训练外,教练也可以通过以赛代练的方法来提高习武者的武术技能,这不仅有利于习武者及时了解自己的现有水平,还有助于提高习武者的竞技水平。

随着现代武术赛事的不断增加,习武者通过参与不同的赛事,在潜移默化中不断提高自己的武术竞技水平,这也是未来武术训练重点发展的方向。

5.提升运动员的心理素质水平

在武术比赛中,习武者除了要有高超的武术技术,还要有良好的心理素质。心理素质不过关,很难在武术运动比赛中取得优异成绩。但是,这都不是难题,心理素质是可以通过训练来提升的。

当习武者出现心理问题时,教练要采取及时有效的心理调控措施,从而使习武者的心理状态得到恢复,从而促进武术技术训练水平的提升。这就需要教练在训练中,密切关注每一个习武者的方方面面,一旦发现习武者有不良心理状态,就要及时加以引导和纠正,从而使习武者及时摆脱不良情绪,更加积极主动地投入训练。需要注意的是,教练采取的心理指导方法一定要符合习武者自身的性格特点,有的习武者爱面子,这就需要教师在引导时注意场合,尊重个体差异,从而采取有效的措施激发习武者训练的积极性,提高他们的训练水平。

当习武者出现心理问题时,教练可以对习武者进行专门化的提高心理机能的训练。尤其是当习武者在场上比赛出现紧张的心理时,教练可以优先使用"场外练习法"解决他们的心理问题,从而使他们的心理适应能力和调控能力得到不断提高。教练可以通过变换不同的环境来有效解决习武者产生紧张心理的问题。通过有效的措施,习武者出现的心理问题都可以得到有效解决,只要习武者心理素质健康,武术技能水平高,取得优异的成绩就将不在话下。

三、武术竞赛体系的建设

(一)武术竞赛体系的基本理论

1.武术竞赛的概念

武术竞赛,顾名思义就是指围绕武术运动开展的运动竞赛。武术竞赛通常有两种类型,分别是武术套路竞赛和武术对抗竞赛。众所周知,武术具有娱乐性、实用性、竞技性和审美性等特点,但是这些特点都需要通过竞赛的方式体现出来。同时,武术竞赛是各个武术流派和拳种展现自己独特魅力的竞技场,举行武术竞赛将有利于中国武术的继承和发展。

2.武术竞赛的管理

武术竞赛管理首要解决的问题就是制订赛事计划,确保比赛稳定有序地进行,避免一些紧急状况。赛事计划,就是准确预测武术竞赛时的人力、物力、财力和环境的状况,从而心中有一个大的方向。

3.控制赛事过程

赛事计划确定好之后,就要做好赛事的控制工作,武术竞赛要想顺利进行,控制好赛事过程是非常重要的。控制赛事过程就是在比赛中要处理好遇到的各种问题。如果赛事控制得好,不仅能够提高比赛的效率,而且有利于赛事的顺利进行。控制赛事过程一般有四种方法,分别是计划控制、目标控制、预算控制以及定额控制。

4.赛事收尾与评价

(1)赛事收尾工作。

武术竞赛结束后,赛事的相关部门需要做好收尾工作,具体包括以下几方面的内容。

①进行财务决算,核对账目。

②比赛场地的卫生打扫及器具的拆卸。

③借调的人员返回原单位。

④归还器材、设备,或转让、出售和处理。

⑤移交、整理有关文档资料。

⑥比赛成绩编制和印发。

⑦向新闻单位发布运动竞赛的有关情况。

⑧竞赛工作总结,上报当地党政机关和上级体育部门。

(2)赛事评价工作。

赛事评价工作具体包括对赛事的组织与管理的评价、赛事结果的评价以及赛事参与者的评价等,通过统计武术赛事比赛状况和评价相关内容,为下一次武术赛事的举行积累经验。

(二)武术竞赛体系的建设策略

1.对竞技武术的内容和形式的改造加以重视

第一,武术竞赛的内容和形式需要改变。随着世界体育竞技化的不断发展,武术竞赛也需要在继承和发展自身特点的基础上,对武术竞赛的内容做出调整,从而既能保障传统民族武术特色得到有效传承,又能顺应世界竞技体育大发展潮流。第二,中国武术套路内容与形式也需要得到进一步的丰富,有需要的话,可以吸取西方竞技体育的优点,为我所用,从而使武术向国家化发展靠近。

2.提高对竞技武术规则的简化和操作化的重视程度

武术竞赛要想取得良好的发展,还要制定一系列的武术竞赛规则,这对于保证武术竞赛公平、公正具有重要作用。因此,作为裁判员,除了要具有专业的武术素养和裁判能力外,还需要有及时对复杂的武术动作做出判断的能力。但是,当前武术竞赛中的裁判员多为兼职人员,根本没有多余的时间对武术竞赛规则进行深入的研究,导致武术竞赛规则缺乏科学性和可操作性,严重阻碍了武术竞赛的发展。因此,不仅裁判员要提高专业武术技能,而且武术竞赛规则要具有更高的约束性和操作性,只有这样才能使武术竞赛朝着公平性、公正性以及国际性方向发展。

除了上述两条建议外,武术竞赛要想取得更长远的发展,还需要不断借鉴其他体育竞赛项目的丰富经验,从而不断完善自身,获得长足发展。

第三节　武术人才体系建设

一、武术人才体系建设的培养目标

(一)武术与民族传统体育人才观的多维性

一直以来,我国的传统体育教育人才培养目标都是从人文精神角度出发的,也就是说,我国长期以来的体育发展目标是在中国优秀思想文化基础上提出来的,这些优秀的思想文化影响着中国传统体育教育事业的方方面面。其中,我国的人文价值与人文素质主要包括四个方面的内容,分别是掌握人文精神、理解人文意蕴、通晓人文方法、遵循人文精神。下面将进行简要的分析。

1. 掌握人文精神

作为人文素质的核心内容——人文精神,是人类文明和文化的真谛。因此,如果一个人缺乏文化素质,将在社会上寸步难行,还会给社会带来潜在的危险,严重影响其他人的思想深度和思想广度,因此加强大学生人文素质培养是极其重要的,而作为文化素质的核心——人文精神,更需要大学生牢牢掌握。

2. 理解人文意蕴

我国的体育教学课程人才目标是站在人文精神的角度设立的,其前提是正确理解人文意蕴。只有正确地理解人文意蕴,才能准确把握体育教育未来的发展方向,才能将文化思想贯穿于体育教学的方方面面。

3. 通晓人文精神方法

除了上述两点外,还要通晓人文精神方法。教师只有掌握了人文精神方法,才能在教学过程中运用自如,获得理想的教育效果,也才能顺利地实现教学目标。

4. 遵循人文精神

教师仅仅掌握和理解人文精神是远远不够的,还要在教学的过程中时刻遵循人文精神。这一过程也是对人文精神的进一步深化和加工。

(二)传统体育培养目标体系的构建

1. 传统体育培养目标的历史沿革

(1)民国时期。

中华人民共和国成立之前,传统体育的教学内容主要以武术为主,在这一时期,体育人才培养目标为通才教育,这一人才培养目标主要受武术和师资队伍发展的影响。起初,经过学者的不断努力,许多学校开始在体育课程中加入旧有的武技教学。随着社会的不断发展进步,武术开始受到关注,也开始正式被纳入学校教育课程,这一时期武术教育进入了发展阶段,不仅学习武术的人数比之前有所增长,而且武术文化得到了继承和发展。紧接着,武术的教学阵地得到了改变,开始集中在学校,当时的体育学校还专门开设了武术课培养武术方面的人才,这为武术师资队伍的建设提供了坚实的物质基础。不仅如此,这一时期,国家还建立了专门的武术教育学校,对那些擅长体育而又全面发展的优秀教师进行培养,这从本质上说就是一种通才教育模式。在这种人才培养模式下,学生不仅在武术方面获得了辉煌的成就,而且在其他方面得到了全面的发展。

(2)武术专业时期。

中华人民共和国成立之后,武术得到了空前的发展,这一时期的武术教育也发生了翻天覆地的变化。为了适应这一时期各方面的变化和各方面发展的需求,当时的教育部门提出要培养体育专业人才。为了积极响应国家的号召,中央体育学院成立,随后各地专门学习体育的院校也逐渐开始兴起。在此影响下,"专门人才"也逐渐成为本科教育的人才培养目标,这一人才培养目标不仅弥补了传统体育以武术教育为内容的人才培养目标的缺点,而且满足了时代发展对专门人才的需求,对我国体育人才培养目标的发展具有战略性的指导意义。一些体育院校相继开设了有关武术的选修课,加大了武术在国民教育中的比重。

(3)民族传统教育专业时期。

1997年之后,随着"素质教育"的出现,我国的政治、经济、科技、文化等方面对素质人才的要求也越来越高,更加注重对人才的综合素质的培养。由此,这一时期中国的各大体育院校开始将人才培养目标定位为"素质教育"。这一时期的人才培养目标相比"专才"的培养目标来说更加具有科学性和全面性。"专才"的培养目标是为了促进当时的社会发展提出来的,尽管在当时起到了重要作用,但是一些问题也逐渐显露出来,如专业人才的文化水平不高、能力欠缺等。随着中国市场经济的发展,社会对人才多样化的需求也越来越大,武术专业人才不仅要精通武术方面的知识,还要懂得训练、管理、科研等方面的知识,以及具备胜任各方面工作的能力和素质。

2. 当前培养目标存在的缺陷

(1)目标定位不合理。

人才培养目标定位不合理不仅会影响人才质量的提高,还会影响社会的经济和政治的发展。其中,人才分为不同层次和种类,各行各业对人才的需要也是不同的,也就是说,什么样的职位就需要什么样的人才,不同的人才必须达到不同层次的标准。20世纪60年代,传统体育的招生渠道和招生数量都有了较大改观,尤其是研究生的人数呈逐年增长的趋势,这一时期的人才培养模式基本满足了社会对高质量、高水平发展的人才的需求。因此,这一时期体育研究生的培养目标定位为"高级人才",而本科体育生的培养目标定位为"后备人才",这两种人才培养目标存在着明显的差异。但事实上,在具体的实践中,学校研究生人才培养目标并没有与本科人才培养目标区别开来,还是统一地定位为"培养面向现代化、面向世界、面向未来,德、智、体、美全面发展的人才"。

(2)培养特色不鲜明。

人才培养目标千篇一律,毫无创新,这不仅不利于人才的多样化发展,而且不利于体现学校的办学特色和专业优势。确立学校人才培养目标的关键因素是要站在社会发展的角度,因为各级各类人才最终都是要回归社会,为社会做贡献的。因此,要想设立一个特色鲜明的人才培养目标模式,首先需要顺应社会发展的背景,其次要结合自身的特点。只有这样,才能制定出符合本校发展的人才目标,才能培养出高水平的人才,也才能使其更好地服务社会,为社会做贡献。但是当前学校人才培养目标还是从思想、质量和职业的角度定位的,仍没有跳出教育部的教育大圈,难免存在大同小异的问题,这足以说明学校并没有从自身正视自己的问题,设立一个适合学校特色的人才培养目标。制定出符合本校特色的人才培养目标,不仅有利于培养高素质人才,而且有助于提升本校的声誉,促进本校体育教育的发展。因此,制定出适合本校的、特色鲜明的人才培养目标是当前学校亟待解决的重要问题。

(3)培养目标体系不健全。

通过不断地探索和发展,许多学者认为人才培养目标的确定不仅需要考虑社会发展背景,依据教育部的指导思想并结合本校的自身特色,还需要结合市场特征。尽管最初我国的人才培养目标定位在人文精神角度,也取得了初步的发展,但是随着一系列弊端的出现,我国当前的体育人才目标必须从两个角度入手,即宏观的教育部目标指导和社会生活的多样化发展。在此要求下,中国体育人才培养目标的发展模式将是多元化、多角度的。

按照多角度的中国体育人才培养目标的构想,其应该从三个方面入手:首先,教育对象的学习层,主要包括学生特长的发展目标、学生学习的适应目标、学生教育基础的考察与研究目标;其次,教育中的要素,它包括五个方面的内容,分别是知识学习的目标、学生智能的应用目标、教学价值目标、学生情智能目标及行为目标等;最后,体育教育的内容层面,它包括教学内容的专业目标、选修课程的教育目标、基础课程的学习目标等。只有制定多角度、多元化的人才培养目标,我国的传统体育教育在未来社会发展中才能取得长足的发展。

二、武术后备人才的培养路径

(一)武术运动员后备人才培养方式

1.学校教育普及性培养

武术教育人才培养的途径大都是通过学校来实现的,学校通过有计划、有目的地对学生进行武术专业知识和武术技能的传授,提高学生的武术训练水平。学校加强对武术运动员后备人才培养具有两方面的积极作用。

（1）锻炼体质。

加强武术运动员后备人才武术技能方面的训练，不仅可以使他们获得基本的力量、柔韧性和技巧性训练，还有益于他们的身心发展，从里到外，身体机能都会得到进一步的提升。比如，通过抱摔对爆发力进行训练，他们的腰部与下肢力量会得到较为全面的提升。

（2）普及技术技能。

在知识传授过程中，教师可以将技术技能普及作为培养兴趣的基础，从而使学生在不断学习的过程中，主动地去探究更深层面的知识，这不仅有利于激发他们的好奇心和兴趣，而且为他们的未来生活奠定了基础。比如，对于那些善于运用技术、技能的学生，教师可以在无形中锻炼他们对技术技能的研究能力；而对于体能好和技能好的学生，教师可以在无形中促进他们竞技性武术能力的提高。在普及的对象中，大都以中小学生为主，因为他们的骨骼的可塑性强，技术技能能够得到有效的发展。而针对年龄大的高中生和大学生则需要以兴趣培养和健身方式为主。

2．天赋人才专业性培养

针对武术后备人才的培养需要坚持以专业性培养模式为主，从而培养出专业的竞技人才和教练人才，可以从以下两个方面入手。

（1）教育学校的专业性培养。

这种人才培养模式的受教育主体为对武术感兴趣的小组或者武术专业队，在专业教练的指导下，他们成为武术专业后备人才。专业教练是具有武术专业特长的体育教师或者外聘专业武术教练等，他们利用自己的闲暇时间和体育课时间，对受教育者进行专门的训练。相比国家专业队培养模式，这种人才培养模式只是起到人才储备和初级培养的作用。

（2）专业体校的专业性培养。

这种培养模式的受教育者多为具有武术天赋的少年儿童，他们在得到家长的同意后，可以进入专业体校或者专业队接受专业的培养。但这种培养模式多以培养竞技性武术人才为主，在不断地培训和发展中，他们通过各种性质与级别的武术比赛，为自己争取更多的比赛机会。尽管他们成为世界冠军和国家冠军的概率非常小，但是这种培养模式却能够为专业人才乃至各类冠军专业性的发展奠定良好的基础。

（二）武术运动员后备人才培养类型

1．专业竞技人才

这种培养模式是指让武术运动后备人才成为专业竞技人才，从而使他们走向引导自己或者他人学习和训练武术的道路，这种人才培养模式有两种培养路径。

（1）综合性体校培养。

综合性体校培养包括初级的体育技术学校培养和高等体育专业学校培养。在培养过程中，教师除了要传授丰富的武术理论知识外，还要不断提高学生的武术竞技水平，鼓励他们多参加各种比赛,从他人身上吸取丰富的经验,从而取其精华,去其糟粕,为我所用,最终实现实战技术技能和级别的升级。

(2)专业武术队培养。

专业武术队分为市级、省级和国家队三个阶段,每一个阶段的人才培养模式都有所不同,但是下级专业队有时既具有上级队培养人才的功能,也有独立的人才培养功能。这种人才培养模式能够为后备人才的培养、技术技能的创新提供有价值的理论依据,是当前最为常用的主要模式。

2. 专业教育人才

(1)专业型的武术教师。

专业型的武术教师的主要任务就是对习武者传授知识与技能,因此专业型的武术教师只需要满足两个条件,第一,必须有精深的武术理论知识;第二,必须有丰富的武术竞赛经验。只有这两方面同时满足,才能做好武术后备人才的培养工作。专业型的武术教师可以是体育专业的人才,也可以是具有一定突出表现的竞技专业人才。对武术专业教师考核也只需要从两方面着手,首先是学生的理论知识掌握程度,其次是学生的武术技术动作掌握程度,而对于他们能否发现和培养出专业的人才不做过高的要求。

(2)专业型的武术教练。

专业型的武术教练的主要任务就是培养专业的竞技人才,因此他们必须具有丰富的竞赛经验,取得过优秀的成绩。只有这样,他们才能顺利开展对竞技人才培养的工作。专业型的武术教练也是选拔和培养竞技人才的重要成员,相比专业型的武术教师而言,前者更加注重对专业体校和专业队人才的培养。

(三)武术运动员后备人才培养原则

根据体育科学与运动生理学的相关原理可知,并不是每一个习武者都能成为专业的武术人才,在具体实践中,教师除了要关注他们的外部条件外,还要注重对他们内部心理活动的培养,从而使其成为合格的、高水平的专业武术人才。这就需要教师在武术运动员后备人才的培养与选拔中,遵循以下三个原则。

1. 因材施教

每一个武术后备人才都存在着智力、认知、情感、动作的差异,这就需要教师尊重他们的差异,选择适合每一个学生的武术类型,从而使他们在正确的引导下获得理想的成绩,这样还有利于增强他们学习的积极性。

2. 发现特长

教师除了要善于发现武术后备人才的武术特长外,还要挖掘他们的其他长处,如速度、耐力和灵敏性等,这些特长对于武术训练也是非常关键的,只要教师加以科学的开发和运用,必能使其成为德才兼备的人才。

3.培养兴趣

武术运动是一种既单调、乏味，又充满考验的运动项目，如果习武者没有足够的勇气挑战自我，不能承受身体和精神的煎熬的话，是很难在武术项目上获得成就的。因此，要想使武术后备人才自觉主动地加入训练，教师要做的首要任务就是培养他们的兴趣，众所周知，兴趣是最好的老师，只有有了兴趣，才会不断地取得进步。

第六章 武术教育与校园文化 互融发展研究

第一节 校园文化概述

一、校园文化的基本内涵

(一)文化

在社会科学中，文化是最容易理解的，却又是最难解释的。之所以说文化容易理解，是因为每一种文化都有某些具体的外在表现形式，我们在日常生活中总是能够接触到其他文化，或直接、间接地与其他文化背景的人进行交往。之所以说文化难以解释，是由于文化的内隐结构非常宽泛、含糊，我们难以对其做出准确的界定。

古今中外，教育界的学者们对文化的定义不胜枚举。根据相关统计，目前世界上关于文化的定义有数百种。对这些定义进行综合概括后，文化可以分为两大类：一类是以大文化观为代表的广义的文化界说；另一类是以小文化观为代表的狭义的文化界说，相应地，人们从不同的角度出发，对校园文化的概念也存在着不同的理解。

用马克思主义哲学观点来看，文化有广义和狭义之分。狭义的文化是指人的精神生产能力和精神产品，其包括一切社会意识形态，如自然科学、社会科学、技术科学和社会意识形态等。广义的文化则是指人类在社会历史发展过程中所创造的一切物质财富和精神财富的总和。

(二)校园文化

一个学校要发展，一定要有校园文化。当前，对校园文化概念的阐述众说不一。田建安认为，校园文化是学校在自身的发展过程中有意无意形成的独特的文化形态，它是由师生共同创造，在学校全部环境中所体现出来的一种师生共有的价值趋向和目标追求。王北生、胡景州从"群体文化"的角度对校园文化进行定义，认为校园文化是以学生为主体，以课外活动为主要内容，以校园为主要空间，以精神为主要特征的一种群体文化。杨建荣、谢金荣认为，狭义的校园文化是以学生为主体、教师为主导，在学校这个空间逐渐形成的文化形态。丁虎生在《高度重视大学校园文化的育人功能》一文中指出："大学校园文化是教师、学生和管理者共同传承和创造的精神成果的总和，是大学区别于其他社会组织的重要象征，是一所大学赖以生存和发展的重要根基和不竭动力。"[①]

综上所述，校园文化的内涵是在校园内部长期的教育、学习和生活中，将各种力量统一于一个共同方向所形成的一种价值观念、精神支柱、学校传统、行为准则、道德规范和生活观念的总和，其内核是学校师生员工共同的价值观念。校园文化是学校教育的重要组成部分，是全面育人不可或缺的重要环节，是展现校长教育理念、学校特色的重要平台，是规范办学的重要体现，也是德育体系中亟待加强的重要方面。校园文化通过校风教风学风、多种形式的校园文化活动、人文和自然的校园环境等给学生潜移默化而深刻的影响。这种文化是超越于知识的传授、能力培养与方法渗透的一种更高层次的自觉追求，它是一种健康的、和谐的、积极的、人文的、向上的和可持续发展的学校氛围，这种文化体现了治学之严谨、人文之关怀、艺术之品位、审美之感动、创新之激情、儒雅之风范、诗性之世界、理想之追求、健康之精神等。总之，这种文化具有高尚的价值取向，是学校的灵魂所在。也可以这样认为，校园文化是时代精神在学校的反映，是社会主义学校办学方向和指导思想在长期发展过程中所形成的一种群体意识的体现。

二、校园文化的特征与功能

(一)校园文化的主要特征

现代教育理论认为，学校是汇聚、传递、改制、创新文化的高级文化体，教育与文化的相互作用影响着人的发展，有利于青少年身心健康发展的校园文化，是学校教育的一项基础建设。校园文化具有如下特征。

1. 丰富性

适合青少年学生的特点，形式多样、生动活泼，具有吸引力、向心力，发挥思想教育、知识传授、愉悦身心、艺术审美、陶冶个性、行为训练等多种作用，促进学生素质的全面发展。

2. 渗透性

校园文化，像和煦的春风一样，飘散在校园的各个角落，渗透在教师、学生、员工的观念、言行、举止之中，渗透在他们的教学、科研、读书、做事的态度和情感中。

3. 互动性

校园文化是学校教师与学生共同创造的。这里教师起到的是领导作用。领导者的办学理念、办学意识和行为对学生员工的影响不可低估，对校园文化建设的作用是巨大的。

---

① 丁虎生. 高度重视大学校园文化的育人功能[N]. 光明日报,2005-03-23(05).

4. 整体性

校园文化是学校所具有的特定精神环境和文化气氛,它包括校园建筑设计、校园景观、绿化美化这些物化形态的内容,也包括学校的传统、校风、学风、人际关系、集体舆论、心理氛围以及学校的各种规章制度和学校成员在共同活动交往中形成的非明文规范的行为准则。校园文化是学校本身形成和发展的物质文化和精神文化的总和。由于学校是教育人、培养人的社区,校园文化一般取其精神文化之含义,即学校共同成员在学校发展过程中,逐步形成的包括学校最高目标、价值观、校风、传统习惯、行为规范和规章制度的精神总和。

5. 传承性

校园文化体现着校园精神和风貌,既要反映社会主义的时代精神,又要继承本民族、本地区、本学校的优良文化传统,并将其发展和创新,使之具有独特、持久的历史效应。校风、教风、学风、学术传统、思维方式的形成,是几代人或数代人自觉不自觉地缔造并代代相传而形成的。

(二)校园文化的功能

校园文化是学校教育中不可缺少的重要组成部分,对学校的发展来说,它是一种具有强大作用的内在动力。校园文化与其他所有文化一样具有导向功能、激励功能、约束功能、调适(协调规范)功能和凝聚功能等。

1. 导向功能

校园文化的导向功能是指,校园文化通过自身各种文化要素集中一致的作用,对校园整体和校园人的价值与行为取向产生引导作用,使之符合学校所确定的目标。

校园文化之所以具有导向功能,是因为校园文化一旦形成,就会建立起自身系统的价值体系和规范标准。人的观念、思想和行为受周围文化环境的影响。当学校成员的价值取向和行为取向与校园文化主导价值观念产生对立时,个人在校园文化的强烈影响下就会倾向于接受学校文化的引导,在潜移默化中接受周围的共同价值观,使自己的价值取向与学校价值取向和谐一致起来。《毛诗序》中有"风以动之,教以化之"之说,表明了诗对于人的潜移默化的教育熏陶作用。良好的校园文化就像诗一样发挥着"风以化人"的作用。

校园文化受学校发展理念和校园人个体的主体性行为的影响,同时受社会经济、政治、文化要求的引导。前者是校园文化发展的内因,后者是外因。自觉的校园文化——以内因的变化为自身发展变化的主要根据,相反,以外引内的变化为主要根据的校园文化则是自在的文化。校园文化中这种自觉因素与自在因素的互动,构成了校园文化发展的动力。比如,随着市场经济的不断发展,社会向人们提出了许多新要求,如主体意识、竞争观念、法制观念、效益观念等,这是反映时代要求的新观念,它会对校园人产生积极的推动作用。但与此同时,市场经济中许多负面的价值观念及不良道德现象大量涌入校园,对校园人的价值和道德观念产生消极影响。在这样的条件下,校园文化如果没有自觉明确的价值取向和发展追求,而置于一种自在的状态中,极可能受到负面影响。

校园文化的导向功能,主要是通过各种具体的文化要素实现的。在现实的学校环境中,从物质环境到文化活动,从集体规范到人际关系,从人们的举止仪表到教室的装饰布置,都给生活于此环境中的校园人一个具体可感的参考系,并传递出一定的价值观信息,从而使校园人积极地从周围环境中接受那些大家所公认的或学校倡导的价值观与行为准则。

2. 激励功能

校园文化的激励功能是指,校园文化具有使学生从内心产生一种高昂情绪和发奋进取精神的效应。而这种积极向上的思想观念及行为准则可以形成强烈的使命感、持久的驱动力,成为学生自我激励的一座航标。一般而言,激励作用主要产生于三个方面,即物质性激励、精神性激励和竞争性激励,校园文化对学生的激励作用更多地表现为精神性激励。

校园文化的核心是围绕学校的发展目标塑造共同的价值观。共同的办学理念和价值观创造的校园文化氛围,使每个校园人都能感受到自身行为对学校的影响,产生一种自我增强的激励机制。需要唤起动机,动机引起行为,行为指向目标。激励问题也就是满足需要的问题。人们高层次的需要只能通过自我激励来满足。而这种自我激励机制,使每个成员的进步都能得到奖赏,做出的贡献都能得到奖励,由此激发广大学生为把自己培养成社会需要的人才而刻苦学习、不断进取,激励教职员工为实现自身价值和学校发展而勇于牺牲、乐于奉献。校园文化使学生置身于良好的心理氛围和人际环境之中,获得各种精神需要的满足,同时为学生提供了文化享受和文化创造的空间,提供了文化活动的背景以及必要的活动设施、模式与规范,学生的兴趣、理想与信念在此得以实现和升华。校园文化氛围中的种种诱因激发学校成员产生并维持积极的行为机制。校园文化以其激励优势来满足校园人多层次、多样化的需要,并对那些不合理的需要,通过校园精神的调节,使其趋向合理,推动个体积极向上,从而形成学校的活力,形成奋发向上的整体力量,使学生进行自我激励,形成一种你追我赶的激励氛围,进而产生持久的驱动力。

校园文化建设的激励功能渗透在学校工作的各个方面。例如,在学校文化建设中,师生需要美丽、整洁、舒适的校园,需要健康、丰富的精神文化生活,需要优良的校风、教风和学风,需要发挥个人才能特长的条件,等等。而这些需要只有在一定目标的要求下,在文化建设的过程中才能达到最理想的效果。学校要通过开展各种文化活动强化师生建设校园文化的动机,并导入校园文化建设的具体目标,激励学生在共同努力下把需要变成现实。这种激励功能是为培养合格人才服务的,它不仅可以调动学生的积极性和强化他们实现目标的意识,而且可以培养学生的集体主义观念和高尚的人格品质,促进他们相互学习、相互帮助和共同进步。

3. 约束功能

校园文化的约束功能是指,校园文化对每个校园人的思想、心理和行为具有约束和规范作用。校园文化的约束功能一般不是通过直接的硬性手段实现的,而是通过营造一定的思想氛围、道德氛围和行为氛围,影响学生的价值观、道德观和行为心理间接地、软性地实现的。在通常情况下,群体意识、社会舆论、共同的风俗和风尚等精神文化内容,会对个体行为产生强大的大众化的群体心理压力和动力,引起学生的共鸣,进而产生对行为的自我控制,使行为与学校的整体要求一致。校园文化的约束功能主要源自制度文化、行为文化层面。如果说学校的各种规章制度是以"看得见的手"从外在调控着学生的行为,那么,校园文化观念就是一只"看不见的手",它在学生的心理深层形成一种心理定式,构造出一种响应机制,从内在调控着学生的行为。从制度的外在调控到校园文化的内在调控,是制度的价值意义内化的结果,它为每个校园人评定自己的品质、行为和人格等方面提供了内在的尺度,并且校园人用这种尺度规范自己的行为,使自己符合群体的规范。它极大地增强了学校规章制度的约束作用。

4. 凝聚功能

校园文化的凝聚功能是指,当校园文化中以学校精神为核心的价值观被校园人共同认可之后,校园人产生强烈的认同感和归属感,使个人的信念、感情、行为与学校的目标有机统一起来,形成稳定的文化氛围,凝聚成一种合力并形成整体趋向,从而产生一种巨大的向心力和凝聚力。

凝聚力是一种精神动力。民族的凝聚力是综合国力的重要部分。学生的凝聚力是学校战胜一切困难,促进发展的重要力量。校园文化建设的凝聚功能是在师生的共同努力下形成的,它是被全校师生认同而又具有独特风格的学校精神。校园文化的凝聚功能主要体现为巩固现有师生的团结,对于新加入的师生起转化、融合的功能。校园文化中所蕴含的价值观被学校成员共同认可后,这种价值观便成为师生的黏合剂,从而产生巨大的向心力和凝聚力,从各个方面将广大师生团结在一起,使全体师生乐于参加学校的建设,发挥各自的潜能,为办学目标的实现做出贡献。对于学校新成员而言,良好的校园文化具有辐射、转化、融合的功能,新的师生经过耳濡目染,会潜移默化地受到熏陶,逐步融入学校整体,成为校园文化的继承者和传递者。

在学校人际关系融洽、和谐和进取的基础上,当师生员工的个人发展要求、兴趣爱好与学校精神融为一体时,校园文化将会产生巨大的凝聚力。这种凝聚力又会促使师生认同学校的传统和作风,找到自己在学校发展中的责任和使命,产生维护学校精神的强烈的归属感和责任心,愿意和学校同呼吸共命运。学校要通过有计划、有步骤地开展师生喜闻乐见的校园文化活动,激发师生的兴趣,让他们产生积极参与和合作的热情,充分发挥和展示他们的才智和积极性,让师生的个人发展要求、兴趣爱好与学校精神融为一体,形成统一的价值观和行为准则。底蕴深厚、健康向上、丰富多彩的校园文化将学生的兴趣爱好、青春活力集中于人格的完善、学业的完成和素质的提高上,从而减少不良文化的影响和不良行为的发生,起到促进学校稳定和发展的作用。这样学校工作就会产生巨大的向心力和凝聚力,校园文化也就会升华成为一种促进师生奋发向上的学校精神。

第二节　武术教育融入校园文化建设的价值分析

党的十九大报告指出,经过长期努力,中国特色社会主义进入了新时代,这是我国发展新的历史方位。在新的时代背景之下,教育应该紧跟时代的步伐,不断地前进并完善自身。武术教育作为教育的一个重要组成部分,它在传播传统文化、弘扬民族精神以及培育爱国主义等方面都发挥着非常重要的作用。2019年9月2日,国务院办公厅印发的《体育强国建设纲要》强调重点推动体育强国建设,充分发挥体育在建设社会主义现代化中的重要作用。另外,武术教育作为中国特色社会主义事业的重要组成部分,在建设社会主义强国中必然也会起到重要的作用。在新时代背景下的武术教育能够积极地融入校园文化建设,这对于武术教育在新时代的发展具有非常重要的意义。

一、武术教育的时代价值与时代要求

(一)武术教育的时代价值

武术教育作为教育的重要组成部分,其时代价值主要体现在以下几个方面。

第一,武术教育深受传统文化教育的影响,能够提高习武者的个人修为。

第二,武术教育是一个不断学习、不断丰富自身修养的过程,这对于习武者的心智乃至悟性有很大的帮助。

第三,武术教育具有弘扬民族精神、传递民族文化的作用。

另外,武术在文化传播与国际交流当中能够扩大中国的影响力,提高中国文化的软实力,并进一步增强民族自豪感和民族自信心。

(二)武术教育的时代要求

1. 武术教育要在巨变中坚守民族精神

民族精神作为民族文化的核心,为中华民族的崛起提供了强大的精神动力。武术教育中体现出的尚武崇德、自强不息和爱国主义都蕴含着民族精神。在新时代的教育背景下,武术教育承担着弘扬民族精神、传播民族文化和培育爱国精神的历史使命。面对不同民族、不同国家文明之间的碰撞和交流,武术教育应当在巨变中坚守民族精神,顺应时代的发展。

2. 武术教育要在传承中创新中华文化

中华武术文化是结合了儒家思想、道家学说以及佛家理念而形成的一种具有独特体系的文化形式。武术教育在强调技能学习的同时,也强调对道德和文化进行教育。在新时代的背景下,这有助于坚守民族文化,增强民族自信心和自豪感。另外,武术教育对中华文化进行传承的同时,还应推动民族文化实现创造性、创新性的发展。

二、武术教育融入校园文化建设的价值

(一)丰富校园文化建设的内涵

校园文化整体建设理论被提出以后,在实践中实现校园文化建设的纵深发展被提出。由此可以看出,校园文化的内涵其实被进一步地丰富了,这为学校实施学生思想政治教育赋予了政治使命。习近平总书记也着重强调将中国梦引入学校校园文化的建设,对学生实施理想信念的教育,通过在学校培育社会主义核心价值观和弘扬中华民族的优秀传统文化,增强学生的民族自信心和自豪感。由此可以得出,学校校园文化建设的内涵,必须紧紧围绕时代的主题和社会主义先进文化的发展要求,必须紧贴学校的建设和人才培养的目标。

中华武术随着中国传统文化经历了数千年的沉淀,自身蕴藏着文化理念、思维方式、处事气度等,这对于学生进行中国传统文化知识教育、思想道德教育以及爱国主义教育都能产生非常好的作用。武术教育以传承中国传统文化为办学理念,以传统武术中的技战术以及攻防理念为主要的教学内容,着重强调学习过程中对于身体的感悟能力,以营造大武术环境作为教学的条件保障,弥补武术教学当中对于文化教育的缺失。学校是进行武术教育最重要的场所,武术在教育领域所呈现出的是对民族文化的传承,所教授的内容体现着武术文化的内涵,秉承着"心中有道德,脑中有智慧,体中有力量"的育人思想,使学生在真正意义上认识武术,了解武术,并最终接纳武术,传播武术最核心的文化理念。因此,将武术教育融入校园文化建设,是进一步提升校园文化建设的时代内涵和时代需求。

(二)创新社会主义核心价值观培育的载体

党的十九大明确指出,文化自信是一个国家、一个民族发展中更基本、更深沉、更持久的力量……培育和践行社会主义核心价值观……推动中华优秀传统文化创造性转化、创新性发展……发展社会主义先进文化……更好构筑中国精神、中国价值、中国力量,为人民提供精神指引。培育和践行社会主义核心价值观是新时代背景下,国家和人民在意识形态上的主要任务。因此,校园化建设也应该积极地将培育和践行社会主义核心价值观列为主要任务。

武术是一种独特的民族文化符号,具备德、智、体、美及个性教育的全面发展功能。武术文化又可分为物质文化和精神文化。精神文化所呈现出的是一种重教化、崇文尚武,外练功力、内修柔静的文化意蕴,强调人与自然的和谐之美,追求天人合一的精神境界,这是武术教育的灵魂。武术教育因"美"入化人的心灵,丰富人们的情感生活,以美启真,以美储善。武术教育通过有形的拳种映射对"国家"的抱负。"习武者应常守武德……若能脚踏实地、光明正大、先己后人、心胸坦白,方可德艺兼修,可谓是身正艺正、艺无德

不利"。因此,将武术教育中"天下兴亡、匹夫有责"的担当意识,精忠报国、振兴中华的爱国情怀,礼义廉耻、崇德向善和见贤思齐的社会风尚,等等,融入校园文化建设具有很强的教育意义,武术教育是学校进行社会主义核心价值观培育的重要载体。

(三)开辟武术教育的新路径

文化只有被保护、传承与弘扬,才能不被遗失。同样,武术教育只有被广大人民群众了解、认识,才能得到传承与弘扬。有专家指出:"人类的优秀文化,必须被学生所认可、关注、传承。假若武术教育没有被学生接受,不融入学校校园,那它就无法跟上时代发展的步伐。"

武术教育是一种具有规范意识、审美趣味以及主体形式的活动。在教育领域中,武术教育的表现形式主要以教学方案、培养目标以及教学计划为主,是一种有目的、有计划、有组织的系统教育活动。校园武术的改革必定会牵动中华优秀文化的发展,在新时代的大教育背景下,武术的传承与发展必须与校园教育牵手,使武术能够走进校园与学生的生活融为一体,这是传播与弘扬武术的最佳选择,也是通过武术教育塑造学生育人理念势在必行的一种形式。将武术的育人功能融入新时代学校教育的体系,以立德树人为根本任务,与其他学科一道发挥自身的积极作用,使武术教育真正成为一种先进的文化教育手段。其宗旨就在于忠于国家和法律法规,培养学生见义勇为的意识、伸张正义的精神,崇文尚武的为人处世智慧以及尊敬师长、仁爱同学、互帮互助、勇于担当的精神品质,让学生在学习和实践当中善于发现问题、解决问题,敢于破除陈规、另辟蹊径。武术教育中的德育对于学生的人生观和价值观具有很强的导向作用,学生在练习武术的过程中,通过身体锻炼感悟道德对于生活的重要作用,这对教育事业的创新发展起着积极的推动作用。

(四)培育学生全面发展和成长成才的新动能

一个国家想要立足于世界民族强林之中,核心竞争力就是人才。校园文化建设需进一步促进学生的全面发展和成长成才,督促青年学生实现更高质量的发展,以满足社会对于人才的迫切需求,校园文化建设是学校建设中的重要任务。学生作为社会主义事业的建设者和接班人,是实现中华民族伟大复兴的中坚力量。学生要以开放包容的胸怀融入实现中华民族伟大复兴的中国梦的建设,自觉承担起社会与时代赋予的历史使命,在中国特色社会主义开放包容精神的熏陶下,实现全面发展。

在新时代的大教育背景下,武术教育必须树立育人为本的教育理念,这也是校园体育文化建设的第一目标。对学生进行武术教育,可以提高学生坚韧不拔、顽强拼搏的精神活力。武术教育在强健体魄、强健心智的同时,还能提高学生对于民族文化的自信心,激发出学生的爱国热情和民族自豪感。艺术的修养与人性的修为是互联互通的,学生在学习武术的同时,也体现着习武人的精神境界。学生通过武术练习,来唤醒民族奋进精神,培养勇于担当的精神品格,增强社会责任感。以武育人是塑造个人精神品格和促进现代化教育持续发展的必然选择；以武成人是新时代教育背景下，对于武术教育功能提出的更高要求，是社会与时代赋予武术教育的历史使命。因此，武术教育通过培育学生谦虚礼让、勇攀高峰的高尚人格，传播道德文化意识，用有形的身体技能来实现无形的立德树人的教育追求，使得学生真正实现全面发展。

总之，武术教育融入校园文化建设，不仅是武术教育的时代要求，更是新时代历史条件下学校的使命和任务。新时代的历史条件下，校园文化建设需要注入新的活力和新的时代内涵，武术教育要在巨变中坚守民族精神以及在传承中创新中华文化。因此，学校应该重视武术教育融入校园文化建设的重要作用，积极弘扬武术教育的时代价值，使学生在历史文化传承中坚定信念，在多元文化的比较中明确核心价值观定位，在国家文化层面增强核心价值观自信，推动校园文化建设的健康发展，为新时代实现社会主义现代化建设和实现中国梦培养德智体美劳全面发展的合格建设者和可靠接班人。校园文化建设紧密融合武术教育的时代价值，有助于丰富校园文化建设的内涵、创新社会主义核心价值观培育的载体、开辟武术教育的新路径以及培育学生全面发展和成长成才的新动能。

第三节　武术教育融入校园文化建设的策略研究

一、武术教育融入与校园文化建设的重要性

（一）武术教育是身体教育的强化剂

社会的需求和青少年的需求使学校体育专注于对学生身体的教育，良好的身体教育能够有效地缓解学生紧张的学习生活，不仅能够使学生锻炼身体机能，提高身体素质，更能为学生进行优质高效的学习奠定基础。单从身体练习的角度理解，武术是一种静力性的运动，虽然外表看来动作简单，但会消耗大量的能量，从而加速血液循环，增强心脏及血液循环系统的机能。相比于其他体育项目，武术更强调对身体基本能力和机能的调节，尤其是具有其他运动项目所不具备的强化小肌肉群和内脏器官功能、减轻疲劳和调整姿态等作用。除此之外，大部分学生对于武术练习需要超强的柔韧性抱着叹为观止的态度，事实上，对于武术教育的实践过程来说，柔韧并不是条件，而是所产生的效果。

（二）武术教育是心理健康的解毒针

在练习武术的过程中，学生的神经可以得到暂时性的放松，专注于伸展肢体，此时体内所产生的"脑内啡肽"会让学生产生愉快的情绪，这说明武术教育均缓解学生心理压力的效用。从心理学的角度来看，心理健康和心理问题涉及更为复杂的知识系统，学生在校期间是他们掌握独立生存于社会的技能的主要过渡期，其心智尚未成熟，面对突如其来的问题往往不能及时与理性地解决，这些问题可能涉及情感、学习、社会交往和校园生

活等诸多方面,随着时间的累积,大量的信息在学生心里逐渐堆叠,极易产生负面的心理影响,集中表现为认识障碍、情感障碍、意志行为障碍、感知觉障碍等,武术教育通过练习,对学生进行具有具体性、目的性、实际性、实践性和逻辑性的科学引导,能够有效缓解和预防心理相关问题。

(三)武术教育是品格发展的指向标

武术有着伟大的古文化,它通过静思、调身和调息从整体上完善"身、心、灵"的协调发展,是促进人全面发展的养生教育。武术以耐性为基础,通过实践的体会和时间的积累来展现效果。在武术教育的过程中,武术能够借助其本身科学的方式和理论促进学生思想品格的定型,可以有效引导学生拥有积极乐观的生活态度。武术静气修身的运动,更注重缓慢和控制,因此,在学习和实践的过程中,练习者会有大量的身体和语言上的信息交流。武术能够让学生深刻地体会到以下两点:第一,学会专注。武术对身体语言灵活运用具有积极的指导性,肢体各个部位的活动,可以清除学生的浮躁心态,专注地去品读身体在不同体位时受到的压、拉、推、挤、紧、松等感觉,从而收到身体练习的最佳效果。第二,学会坚持。武术是在缓慢的过程中产生效果的运动,持续与坚持是它极为重要的内在精神,经过练习,学生会有一些收获,如缓解肌肉的紧张与疲劳、调节心理情绪、提高身体平衡能力与柔韧素质、减轻体重等,这些都会使学生有意愿持续参与武术练习,主动体会坚持为他们带来的收获。

(四)武术教育是生活方式的引导盘

现代生活中存在着各种各样不科学的生活方式,人们通过武术教育,消除不科学的生活方式,了解和掌握武术特征,揣摩武术教育的人文思想,从而建立健康的生活方式就显得尤为重要。武术能够锻炼人的身体,引导人的生活,是缓解疲惫、放松心境的时尚运动。当代学生因心理焦虑、心情急躁而失眠的现象时常发生,急需迫切地寻找舒缓、平和、安宁、放松的一种境界,武术则是不二之选。武术不受场地的限制,只需要一块干净的垫子或毡子即可,是绿色、健康、环保的养生运动,能够使人心境平和地面对生活。此外,武术教育十分注重日常膳食的均衡性,以保障学生的学习效率和幸福指数,从而推行与倡导健康的生活方式。武术是一种呼吸柔和、动作柔缓的运动,使学生在生活节奏、生活规范、生活习惯上张弛有度,丰富了学生校园课余文化生活,使他们形成了健康的生活习惯。

(五)武术教育是文化传承的交换机

教育是文化的重要载体,是文化传承的重要手段。武术教育与文化有着密切的关系,犹如莲花,互吐芬芳。近年来,武术教育与校园文化的互融十分突出,新思想、新意识、新文化交织在一起推动着学校教育的发展。从古代社会到现代社会,从私立学校到公立学校,人们均受到武术文化的影响。修行、修炼、修身是武术教育的核心内涵,武术文化的传承均是围绕武术核心内涵来进行的,口传心授、行为示范、文本传播的特质,为武术的传承奠定了重要的基础。武术的坐法、调息均需练习者的观察、领悟、模仿,在武术文化的传播中,音像制品、多媒体、网络、表演等形式屡见不鲜,为武术文化的传承注入了新鲜血液。融合与传承构成了武术教育与校园文化的主线,武术教育已深入校园,形成特有的文化并逐渐延伸,其深厚的文化底蕴和科学的养生疗法是源远流长的基石。排除私欲、净化内心、唤醒沉睡的本性,促进了武术教育的发扬与传播,搭建起了其与校园文化互通的桥梁。

二、武术教育融入校园文化建设的具体策略

(一)激发学生学习兴趣

武术教育要想走入校园,必须先了解学生的喜好,获得受众群体的认可,才可以顺利开展。可以通过问卷调查,了解学生群体对于武术文化中的哪一方面感兴趣;也可以将传统武术结合现代流行文化,用更加吸引学生的表述来进行宣传;也可以开展武术知识竞赛,让学生在竞赛中学习武术知识;公开教学武术表演,给学生带来感官,让学生产生兴趣;等等。这些的目的都在于为武术教育融入校园文化创造条件。

(二)加大对武术师资与教学设备的投入力度

武术教学的过程是双向的。在教学过程中,学生是主体,但也离不开教师的引导,教学质量高低的关键在于教师能力的高低。但由于学校实力不同,师资的配备参差不齐,教师能力也有高低。要加大对培养武术教师的投入力度,引进人才为武术教师队伍注入新鲜血液,并注重教师能力的培养,教师要知识扎实,全面了解教材内容,可以熟练运用教材教法,可以通过外出培训学习,更新武术教学内容、创新教学方法等。同时加大对教学设备的投入力度,为教学提供良好的基础设施,给教师充分的发挥空间。

(三)利用网络等新媒体途径

校园广播、校园网等都是拓宽武术教育的途径。新媒体不仅载体新,内容形式也新颖,用生动、有趣、动态的内容抓住人的目光。将丰富多彩的武术文化与网络媒体相结合,打造高水准的校园文化,这既能够紧跟时代的步伐,也能够扩大武术教育的影响力度。新媒体打破了过去传统的课堂教学,打破了时空限制,学生可以随时随地学习,便利性得到大幅提高。

(四)学校政策的保障

现阶段还是武术教育融入校园文化建设的初期,武术教育要想得到蓬勃发展,离不开学校相关政策的支持。空有想法得不到落实等于空中楼阁,只有得到学校的支持,使想法与建议落到实处,才会使武术教育的工作效率大大提高,其开展过程也会更加顺利。

第七章 武术教育与课程思政互融发展研究

第一节 课程思政概述

一、课程思政的内涵

课程思政，即将思想政治教育元素，包括思想政治教育的理论知识、价值理念以及精神追求等，将其融入各门课程，可以潜移默化地对学生的思想意识、行为举止产生影响。下面将从课程思政的本质、理念、结构、方法和思维等几个维度来认识和把握其丰富的内涵。

(一)课程思政的本质是立德树人

课程思政在本质上是一种教育，其目的是实现立德树人。"育人"先"育德"，注重传道授业解惑与育人育才的有机统一，一直是我国教育的优良传统。"思想政治教育是做人的工作，解决的是'培养什么样的人''如何培养人'的问题，是我们党和国家的优良传统和各项工作的生命线"①。我们党历来高度重视学校德育工作和思想政治工作，探索形成了一系列教育方针、原则，为"培养什么样的人、如何培养人以及为谁培养人"提供了基本遵循。课程思政要将思想政治教育融入其他课程，不管是具体的思想政治教育还是宏观的教育，都是为了实现立德树人。课程思政始终坚持以德立身、以德立学、以德施教，注重加强对学生的世界观、人生观和价值观的教育，传承和创新中华优秀传统文化，积极引导当代学生树立正确的国家观、民族观、历史观、文化观，从而为社会培养更多的德智体美劳全面发展的人才，为中国特色社会主义事业培养合格的建设者和可靠的接班人。

(二)课程思政的理念是协同育人

从课程思政的提出来看，其目的就是实现各类课程与思想政治理论课的同向同行，实现协同育人。不论是"三全育人"还是"十全育人"，体现的都是协同育人的理念。能不能为中国特色社会主义事业源源不断地培养合格的建设者和可靠的接班人，能不能为实

---

① 王学俭. 现代思想政治教育前沿问题研究[M]. 北京：人民出版社，2008.

现中华民族伟大复兴的中国梦凝聚人才、培育人才、输送人才,是衡量一所学校教育水平高低最为重要的指标。世界一流大学都是在服务自己国家的发展中成长起来的。中国特色社会主义教育本身就是知识体系教育和思想政治教育的结合,不能让思想政治工作和人才培养变成彼此孤立的"两张皮"。课程思政正是将两者辩证统一起来,把教书育人规律、学生成长规律和思想政治工作规律紧密结合起来,把立德树人内化到学校建设和管理的各领域、各方面和各环节,用一流的思想政治教育体系建设引领一流的人才培养体系,使思想政治教育至柔至刚、滋润万物的精神力量融通教师的每一个课堂、贯穿学生的每一步成长,真正在"三全育人"的大思政工作格局中,引人以大道、启人以大智,使学生成长为栋梁之材。

(三)课程思政的结构是立体多元

课程思政本身就意味着教育结构的变化,即实现知识传授、价值塑造和能力培养的多元统一。在现实的课程教学中,这三者往往出于各种原因被割裂,课程思政从某种意义上来说正是对这三者的重新统一。课程思政要求教师在教育中积极探索实质性介入学生个人日常生活的方式,将教学与学生当前的人生遭际和心灵困惑相结合,有意识地回应学生在学习、生活、社会交往和实践中所遇到的真实问题和困惑,真正触及他们默会知识的深处,即他们认知和实践的隐性根源,从而对之产生积极的影响。同时,在理性化的社会中,感性和理性、感性体验和知性认识必须结合起来,这样才有可能真正使某种价值观念得到深入、稳定、持久的理解和认同。因此,课程思政也要求向学生传授普遍的、客观的知识,进一步提高他们的理性认知能力和水平,以促进其默会知识的提升和转化。而言传知识与默会知识,或者说知识传授与心灵成长、价值塑造和能力提升之间的互动,恰恰是课程思政所要达到的目的。

(四)课程思政的方法是显隐结合

人才培养体系涉及教学体系、教材体系、学科体系、管理体系等,贯穿其中的是思想政治工作体系。课程思政正是要立足于构绘这样一个育人蓝图,通过深化课程目标、内容、结构、模式等方面的改革,把政治认同、国家意识、文化自信、人格养成等思想政治教育导向与各类课程固有的知识、技能传授有机融合,实现显性教育与隐性教育的有机结合,促进学生的自由全面发展,充分发挥教书育人作用,聚焦课程建设和教学活动,使思想政治教育融入教育教学的各个要素,填补专业课程教学在育人环节上的空白,打通学校思想政治教育的"最后一公里",从而使全面协同育人落实到细微之处。

隐性思维是指课程思政中的专业类课程的教育教学采取润物细无声的方式,潜移默化、自然而然地穿插党的主张、国家意志和意识形态要求,从而达到思想政治教育的要求和目的。为何课程思政中的专业类课程要采取隐性思维方式实现育人目的?对专业课与思政课的意义进行比较,专业类课程相对于思政课更需要采取润物细无声的方法来实现思想政治教育目的。专业类课程主要担负着专业人才的培养任务,要让学生通过对专业知识、技能的学习和掌握,成为训练有素的专业人才。鉴于专业类课程与思政课的课程性质不同,专业类课程比较适合采取隐性的思想政治教育方式,在专业知识的讲授过程中有意识地通过教学设计让学生接受知识传承和价值引领双重任务的训练。相对而言,思想政治理论课由于具有明确的政治性和意识形态性,采取坚持显性教育和隐性教育相统一的方式,从某种意义上来说,更强调思想政治教育和铸魂育人目的的政治性、直接性、明确性。因此,思想政治理论课要努力避免通识化的倾向,即避免在思想政治理论课改革中片面扩大通识性内容,而对思想政治理论课的中心内容讲解不到位,甚至淡化教学内容的意识形态性,把思想政治理论课上成通识课。哲学社会科学与自然科学相比较,自然科学更需要隐性思维教育方式。哲学社会科学课程包含着治国理政、治国兴邦等诸多智慧,因此,哲学社会科学内在地包含着社会的需要、政治的需求和愿望,比较容易实现显性教育的意图。而自然科学本身是对自然界发生发展规律的认识和把握,自然科学本身没有鲜明的价值取向,因此,在自然科学的教育过程中采用隐性思想政治教育更符合学生的接受心理,更能产生施教主体所期待的效果。

(五)课程思政的思维是科学创新

在社会大变革、文化大繁荣的时代,学生既要形成科学的思维,也要形成创新的思维。在全国高校思想政治工作会议上,习近平总书记提出了提高学生思想政治素质的明确要求,即"四个正确认识",其要义就在于让学生学会用正确的立场、观点和方法分析问题,把学习、观察、实践同思考紧密结合起来,善于把握历史和时代的发展方向,把握社会的主流和支流、现象和本质,养成历史思维、辩证思维、系统思维和创新思维。对于课程思政而言,第一,其展现的就是一种科学思维,它强调要用辩证唯物主义和历史唯物主义的思维方式去看待事物,不能陷入唯心主义和机械唯物主义的泥沼,将理论导向神秘主义。尤其是在当前国际社会意识形态领域风云变幻,各种社会思潮观念激烈交锋的背景下,我们的教育要想顶住压力、抵住侵蚀就需要进一步加强在各门课程中的思想政治教育,用马克思主义的立场、观点和方法去教书育人,为学生构筑起牢固的思想防线,抵制各种错误思潮、错误言论对学生的危害。第二,课程思政所展现的是一种创新思维,它强调在思想政治理论课以外的课程中融入思想政治教育,这是以前的思想政治教育未曾关注的。而且课程思政在其建设的具体过程中更需要创新思维,以新思维催生新思路、以新思路谋求新发展、以新发展推动新方法、以新方法解决新问题,实现课程思政的创新发展。

二、课程思政的特点

课程思政有着诸多特点,把握这些特点能够帮助我们更好地理解什么是课程思政,从而在实践中更有效地推进课程思政的建设。

(一)寓德于课是首要特点

习近平总书记在全国高校思想政治工作会议上明确指出:"要坚持把立德树人作为

中心环节,把思想政治工作贯穿教育教学全过程,实现全程育人、全方位育人,努力开创我国高等教育事业发展新局面。"[①]立德作为思想政治教育的重要内容,也应是课程思政建设的重要内容,应借助课程这一重要载体,寓德于课,既寓德于具体的课程内容,更寓德于教师的课程教学过程。德,不仅是立身之本,而且是立国之基。既重视以德修身又重视从政以德,这是中华民族历来的价值追求。一个优秀的老师,应该是"经师"和"人师"的统一,既要精于"授业""解惑",更要以"传道"为责任和使命。教师既要做学问之师,又要做品行之师,这其中就蕴含着立德这一重要要求。新时代,教师肩负着培养社会主义事业建设者和接班人的重要任务,而我们培养的社会主义事业建设者和接班人应该是"德智体美劳全面发展"的,而且德在首位。立德不只是思想政治理论课及其教师的任务,更是所有课程及教师的任务。立德是课程的应有之义,课程思政所要实现的正是寓德于课,从而为国家、社会和人民培养德才兼备之人。

(二)人文立课是主要特点

课程思政要在课程教学中挖掘"人文素养"元素,其中重要的是人义精神,即对人类生存意义和价值的关怀。事实上,每一门课程都可以成为课程思政建设的载体,只是难易程度有所区别。每一门课程的教学从根本上来说都是一种教育,都是在进行教书、育人,本身就蕴含了人文精神,只是不同课程的性质导致其不同程度地隐化了这种精神。健全的教育不仅包括知识的学习,更包括具有价值观意义的家国情怀教育,尤其是思想政治教育中社会主体所倡导的主流价值的教育。课程思政要突出课程原有的人文精神并在此基础上进一步加深。它强调教师在教学过程中应注意挖掘人文素养,使教学知识内涵更加丰富,知识教育更富情趣,能力培养更趋务实。我们要深刻领会习近平总书记反复强调的立德树人是教育的根本任务这一思想中所蕴含的人文精神,更加自觉、更加有效地把知识教育和理想信念教育、道德品格教育有机结合起来,充分发掘各类课程的思想政治教育元素,进而深化对课程思政的认识和理解,把对人本身的关怀融入每一门课程的教学,让所有课程真正承载起育人的功能,切切实实守好一段渠、种好责任田。

(三)价值引领是核心特点

课程思政是将思想政治教育元素融入各类课程的教学过程,其中思想政治教育元素主要指思想政治教育内容,不一定是具体的思想政治教育理论知识内容,也可以是思想政治教育所体现的一种价值理念和精神追求。一方面,从课程思政的具体融入内容看,课程思政具有较强的可操作性和比较容易实现的融合模式,即将社会主义核心价值观融入课程教学过程,在内容上集中凸显了课程思政的价值引领特点;另一方面,从课程思政内容融入的抽象层面看,课程思政的主要内容不是向学生灌输思想政治教育的基本理论

---

① 习近平在全国高校思想政治工作会议上强调:思想政治工作贯穿教育教学全过程 开创我国高等教育事业发展新局面[N]. 人民日报,2016-12-09(1).

知识，而是要通过这种教育形式来培养学生树立正确的世界观、人生观和价值观，实现对学生的价值引领。正如习近平总书记所言，青少年学生正处于人生的"拔节孕穗期"，最需要精心引导和栽培，而且青少年的价值取向在某种程度上决定了未来整个社会的价值取向，因此抓好这一时期的价值观教育十分重要。总体而言，不管是从具体的还是抽象的内容融入来看，价值引领始终是课程思政的核心特点。

第二节　课程思政理念下
武术教育中育人元素价值解析

"思政"的核心内涵是"一体化"领导、专业化运行、协同化育人的思想政治工作理念和体制机制。鉴于以往学校开设的各门专业课程重点培养的是学生的知识维度或者说是培养学生的骨架，而"课程思政"不再是将"思政"与专业课程分离开来单独灌输政治思想理论，而是与专业课程融合起来以血肉与骨架融合的形式在实践中潜移默化地传授给学生。武术课程教学并非单一的技术或者文化的教学，思政元素的渗透增添了武术课堂的风采，提升了学生学习武术的兴趣。同时，传统武术的每一阶段蕴含着丰富的思政元素，保证了武术课堂每一阶段教学的恰当落实，弘扬了优秀传统文化。

一、以"武"铸魂，强健体魄

纵观古今，"武"是人们不断追求的，不论是在军事方面还是在强身健体方面，时代的变迁赋予武术不同的价值属性，军事属性逐渐演变为隐性属性。"尚武"是一种精神，是中华民族的传统文化，可以将其视为武术文化的根本，它不追逐于较量、厮杀斗狠，而是一种勇敢和不合力量做斗争、敢于对抗压迫的一种精神。精神健康和身体健康共有的完整性是习武之人的根本。据有关记载，先秦时期人们便开始对健康长寿、无病无灾有了向往和追求，这激发了当时人们对"武"的追求和期望，掀起当时社会"尚武"的风气，极大促进了当时人们通过习武对抗疾病的积极生命价值观的形成，以至于在社会的不断变迁中出现赛马、射箭、投石、蹴鞠等一系列的体育项目。武术发展到今天这个时代，走进了社会大众，走进了校园，更加趋于完善，但始终不变的便是人们对健身价值的追求。现如今对学生个体而言，所谓强健体魄是身体和灵魂上的巩固，从身心协调发展的角度来讲，学生在进行武术锻炼时，其上肢到下肢都要经过磨炼捶打，而在精神方面可达到平心静气的功能。可见"武"对精神和肉体的铸造是不可或缺的。

二、言德于心，德行于身，启蒙学生助人为乐

"言德"即言传道德，言告德行。以武术理论和历史背景为基础，在中华民族发展的过程中，武术技击的实用性使其具有强大的生命力，然而更重要的是武术中的道德体现。习武之人要注重言德于心，德行于身，"心"是人的精神、意识活动的根本导引，而"身"有

两层意思,其一是人体手眼身步的形体活动,其二是"德行于身",就是行为规范应体现出习武之人的道德品质。[①] 这就要求习武者不仅在技术动作、身体外形方面进行反复练习,心灵精神也应得到洗涤,这就需要在武术教学中对学生的思想进行潜移默化的影响,以达到"育人"的效果,究其根本是要与落实"立德树人"的教育根本任务相统一,将立德树人的理念落实到教育实践中,为培养社会主义接班人奠定基础。所谓言德于心,德行于身,就是将武术中"德"的思想言传给学生,进而达到言授于心的目的,启蒙学生做一个乐于助人的有德行的人。体现在日常生活中的简单事情,如在公共场所捡走垃圾,看见有人摔倒及时将其扶起,在家庭中爱护家人、尊重长辈都是学生基本的德行体现。

三、坚毅刚强,深植护家卫国之树

武术在历史发展过程中,经历了时间的沉淀和不断的变革,使得本身凝聚了大量的家国情怀和民族精神,其中最为凸显也最为闪耀的就是爱国主义情怀。回顾历史,许多习武者拥有敢于抛头颅洒热血的报国之情,在国家和民族危难之际,他们用自己高超的武技和毕生对传统文化的修养展现出中华武术中蕴含的坚毅刚强品质和家国情怀,保卫着我们的"小家"和"大家",如抗金名将岳飞一生习武,精忠报国;南宋民族英雄文天祥宁死不屈,留下了"留取丹心照汗青"的名篇。他们激励着中国人民传承不畏强敌、自强不息、为国奉献的爱国主义情怀。

在新时代背景下,学生在学习武术起源和历史发展过程中,将这种爱表现在平常的举手投足之间,深刻体悟到中华武术的优秀传统文化精神,激发内心深处对"家"的归属感,使爱家、爱国情怀深入内心,形成坚毅刚强的品质和家国使命感。

四、遵纪守法,提升行为规范意识

遵纪守法是习武之人相当重要的行为属性,武术比赛的规则是对一个人行为规范要求的重要体现。由于武术的技术动作具有攻击、搏杀的特点,教师在明确传授武术技术动作的同时,也要将遵纪守法教育进行更深一步的教导和规范,让学生形成行为规范意识和自我约束惯性。此外,通过学校武术教学,学生可以清晰认识到武术中的道德属性,深刻感悟仁、义、礼、信、勇等道德价值,尊重老师和同学、友好待人、诚实可靠、见义勇为、遵守规则。

总之,中华武术具有悠久的历史,承载着中华民族优秀的传统文化,通过将武术文化与课程思政相融合,能够在课堂教学、生活中充分挖掘武术文化中的思政价值,在强健学生体魄的同时,培养学生遵纪守法、高尚的道德行为,启蒙学生树立强烈的家国归属感和民族自豪感。

---

① 蔡仲林,周之华. 武术[M]. 北京:高等教育出版社,2000.

第三节　学校武术教育与课程思政融合育人路径研究

一、学校武术教育与课程思政融合育人思路

(一)育体与育人并举

随着学校教育的不断改革与发展,如今学校开展武术课程已不能只停留在"以武育体"这一层面,同时应重视"以武育人"这一功能。在学校武术教育中融入课程思政,以更好地发挥武术课程的育体、育人功能,从而实现育体功能与育人功能并举这一目标,促进学生的身心健康发展,实现学校武术教育的开展价值。

一方面,育体是指学生通过学习武术的技术动作来提高和改善身体机能及生理功能,使身体达到更好的状态,以达到增强或改善人体体质的目的,这也是武术的基础功能。在武术教学活动中融入课程思政,提升武术教师自身的综合素质及教学能力。教师在授课时可以为学生介绍中华武术的产生背景及历史故事,让学生了解其文化内涵,增强学生对武术的认同感,以激发学生学习武术的兴趣,提升武术课堂教学的整体效果,从而使学生通过学习武术提高身体素质及肌体心血管系统的功能,改善身体的外在形态和内在的生理功能,促进学生身体健康发展,以达到以武育体的目的。

另一方面,武术的育人功能主要是指武德教育,武德作为武术的灵魂和核心,学校武术教学自然也应该把武德教育放在首位,并且贯穿武术教学的始终。将课程思政融入学校武术教学,能够推动武德教育的开展,让学生通过武术文化的熏陶,形成吃苦耐劳、坚持不懈、团结友爱、诚实守信等优秀的意志品质;同时规范学生的日常行为,为其步入社会奠定基础。

学校武术教育同课程思政融合,能够实现武术课程的育体功能与育人功能并举,满足为社会培养高质量人才的需求,因此课程思政的融入也是学校武术教育发展的必由之路。

(二)落实"立德树人"根本任务

党的十九大报告中指出,要全面贯彻党的教育方针政策,落实"立德树人"这一教育的根本任务。在这一政策的引领下,学校武术教育中课程思政的融入成为落实"立德树人"根本任务的重要举措。

首先,在学校教育中落实"立德树人"根本任务,不能只依靠思政教师,应该依靠全体教育工作者的共同努力。而武术教育作为学校教育的重要内容之一,其中蕴含着丰富的德育内容,如武德、武礼等,武术教师应充分认识到这一点,利用武术课程提高学生身体素质的同时,促进学生的思想进步,以实现培养全面发展的人的教育目标,这对落实"立

德树人"根本任务具有重要的现实意义。

其次,在学校教育中应贯彻落实习近平总书记关于课程思政建设的重要指示。在武术教学中增强德育教育的针对性,在推进学校武术教育中融入课程思政的体系化建设。学校武术课程要围绕价值观塑造,培养学生掌握武术技能,开展学校武术教育的革新工作,努力做到武术课程与思政课程协同发展,共同推进"立德树人"根本任务的落实。

最后,要积极推进在学校武术教育中融入课程思政的工作。可在武术课程中建设"武术融入课程思政精品课程",在武术教师队伍中评选"课程思政优秀教师",同时优化武术教学内容及教学方法,明确武术教师的教育理念,在学校武术教育中全面推进课程思政工作,以达到坚定学生理想信念的目的,从而提升学校武术教育中落实"立德树人"根本任务的育人成效。

(三)贯彻"五位一体"教育理念

通过武术精神引领知识获得,发挥武术教育在人良好品质的培养、爱国精神的培育和强健体魄的再造上的作用,依托"立德树人"的教育目标、协同育人的教学目标、立体多元的课程结构、显隐结合的教学方法、科学创新的教学思维,有利于形成良好的社会风气,推进全民健身运动的发展,弘扬社会主义核心价值观。

第一,"立德树人"是我国教育的根本任务,其具有普适性的特点。因此在我国学校武术教育中,教师应以"立德树人"为教育目标,在武术课程中融入课程思政,通过武术技术传授与武德文化传承相结合的方法,在向学生普及武术知识的同时落实德育教育的开展,以实现真正意义上的教与学。

第二,应以协同育人为教学目标,加强学校武术教育和课程思政的协同育人功能。这就要求教师在武术教学中实现课程思政的贯通,系统设计教学方案,建立协同育人机制,以达到培养全面发展的人的学校育人目标。

第三,构建立体多元的课程结构。教师在武术教学过程中,应根据教学内容的不同及时调整教学手段,同时应加强武术教育和课程思政的融合发展探索,注重学生的全面发展,立足素质教育的时代背景,构建立体多元的武术课程结构,让各学校根据自身的特点形成独具一格的学校武术教学模式。

第四,采用显隐结合的教学方法。将学校武术教育与课程思政相结合,一方面,运用显性教育的教学方法使学生掌握武术技能、提升体能;另一方面,运用隐性教育的教学方法,挖掘武术中的德育教育资源,潜移默化地对学生进行德育教育,达到"润物细无声"的教学效果。这种显隐结合的教学方法能够避免传统教学模式中直接向学生灌输德育内容的弊端,让学生在提升外在技能的同时完成内在的精神构建。

第五,以科学创新的教学思维开展学校武术教学。教师在授课前应充分理解教学内容,在课中融入课程思政,促进学校德育教育的完善。同时,可以利用多媒体教学等形式,引入新的教学元素,运用科学创新的教学思维开展武术教学活动,以提高武术课堂教学效果。

二、学校武术教育与课程思政融合育人的具体路径

(一)课程思政教育元素的挖掘

学校武术教育的课程思政建设是指将思政教育贯穿武术教学过程的始终,这也是学校武术教育贯彻落实"立德树人"教育理念的重要途径。在这一教育背景下,我们应充分挖掘武术中所蕴含的课程思政教育元素,并将其融入学校武术的教学过程,以丰富学校武术教学体系,推进"立德树人"根本任务的落实,达成新时代学校的育人目标。

首先,中华武术中蕴含着浓厚的爱国精神。在国家存亡之际,习武之人不顾安危,挺身而出,共同抵御外敌,这是爱国精神的体现,也是中华武术的核心价值。因此,在学校武术课堂中,教师可以利用新媒体播放爱国题材的武术电影,让学生主动学习武术文化,了解英雄事迹,激发爱国情怀,以通过学校武术教育厚植学生的爱国主义精神,构建以爱国主义为核心的社会风气。

其次,通过武术建立学生的文化自信。中华武术作为我国优秀传统文化的重要组成部分,是提升学生文化自信的重要载体。学校武术教师通过深入挖掘中华武术的文化内涵,正本清源,展示我国传统文化的多样性,丰富学生的文化选择,同时推进课程思政融入学校武术教育工作的进程,开展学生的文化自信教育,以达到通过武术建立学生应有的文化自信的目的。

最后,充分挖掘武术中所蕴含的尚武崇德精神。中华武术作为历史悠久、多民族、多地域的文化交流而逐步形成的中华优秀传统文化之一,其具有"武以德立"的特点。因此,在学校武术教学中,武术教师可以利用武术丰富的拳种和多元的练习方式,让学生在练习过程中感受武术中的尚武崇德精神,同时磨炼学生坚韧不屈的意志品质。

(二)课程思政育人方案的设计

为更好地将课程思政融入学校武术教育,教师需要重视武术教学中对课程思政育人方案的设计,既要明确学校武术教学应有的基本内容,也要确定学校武术教学应具备的育人育体功能,并将其与整个教学设计融会贯通,以提升学校武术课堂的教学效果。

首先,武术教师应将引导学生树立坚定的理想信念作为学校武术课程教学设计的首要内容。现阶段,学校武术教学设计要充分利用中华传统武术的思政优势,融合中国特色社会主义思想于学校武术教学内容中,通过对武术各拳种的溯源教学,让学生体会当时的历史情境及英雄事迹,使其在提升武术素养的同时,坚定地投身中国特色社会主义事业,为国家培养一批信念坚定的社会主义接班人。

其次,学校武术课程教学设计要注重对学生思想品德的建设。武术教师在教授学生武术技能知识的同时,也要注意加强培育学生的品德修养。武术教学内容种类繁多,利用武术先天蕴含的课程思政优势,深入挖掘其与社会主义核心价值观的契合点,明确武术教学中"武德育人"的标准,促进课程思政与学校武术教育的有效融合,从而培养学生

自强不息、坚韧不屈、团结协作、永不言弃、公平竞争等优秀品德。

最后,学校武术教学设计要着重培养学生的奋斗精神。学校武术教育本就属于学校体育课程体系的一部分,拥有体育课程所固有的教学价值,不仅可以磨炼学生的意志,还可以培养学生不畏艰险、不怕吃苦、顽强拼搏的奋斗精神。因此,学校武术教学设计要与课程思政相结合,因材施教,根据学生水平设计与之相适的课程思政育人方案。

(三)课程思政教学育人过程的实施

学校武术课程思政教学过程的实施是指按照事先制定好的课程思政教学设计,将计划好的课程思政教学内容逐步实践在武术教学活动的过程中,这是实现学校武术教育和课程思政有效融合的教学目标的基本途径。在课程思政融入学校武术教学后,教师应转变传统教学理念,革新教学方式,从而提升学校武术课堂的课程思政教育成效。

首先,教师可以借助常规教学的武术文化知识渗透课程思政教育。学校武术教学的实施本身就是一种双向反馈的活动,即教师的教与学生的学,教师与学生是教学活动的中心,两者彼此的交流便是一种良好的课程教育方式。教师可以在武术常规教学中渗透思政教育元素,在传授武术技能的同时为学生树立正确的价值观,坚定其理想信念,增强学生抵抗挫折的能力,促进其良好道德品质的形成。

其次,教师可以在武术教学实施过程中以专题的形式进行课程思政教育。例如,以"武术传统礼仪与道德品质培养"为讨论主题,使学生在了解中华武术礼仪文化内涵的基础上,培养学生尊师重道、有礼有仪等优秀道德品质与家国情怀;以"太极拳与健康中国的关系"为讨论主题,使学生在理解健康中国提出的背景及其内涵的基础上,积极响应国家政策号召,树立终身体育理念。

最后,教师可以利用榜样的力量提升武术教学中课程思政教育的效果。在学校武术课程思政教学实施过程中,教师可以引入榜样人物,如岳飞、戚继光等英雄人物,使其发挥示范作用,激励学生积极进取。榜样示范教育能够提升课程思政教育效果,学校武术课堂可以采用教师讲述、学生演绎重现等形式,让学生了解榜样事迹,激发学生学习武术的兴趣,同时促进学生意志品质和道德行为的良性发展。

将武术教育与课程思政有效融合,是实现"立德树人"教学目标的客观需要。挖掘武术教学中的课程思政元素,整合武术中所蕴含的民族精神,使学生了解武术的精髓,加深其对武术的埋解,这对培养学生的爱国精神和优秀的道德品质、促使学生树立正确的人生观和价值观、强身健体等具有积极的促进作用,在教学的同时实现价值的引领,实现武术教学"立德树人"的育人功能。

第八章　武术教育与"体教融合"互融发展研究

第一节　体教融合概述

2020年9月,国家体育总局与教育部联合印发了《关于深化体教融合 促进青少年健康发展的实施意见》(以下简称《意见》),《意见》提出"深化具有中国特色体教融合发展,推动青少年文化学习与体育锻炼协调发展,促进青少年健康成长、锤炼意志、健全人格"①。这是我国学校体育事业发展中具有里程碑意义的一件大事。

一、"体教融合"的内涵

(一)促进青少年健康发展:"体教融合"的新目标

我国学校体育工作还比较薄弱,各级各类体校出现招生困难、办校经费缺乏、文化教学质量较低、毕业生就业不畅等困境,部分体育专业学生毕业后面临严重的生存危机,迫使各级各类体校必须在招生、培养、升学、就业等方面谋求新的出路。正是在此背景下,《意见》经过努力后正式出台,并全方位提出了"推动全体青少年健康发展"的新目标,重构了学生、运动员文化学习和训练的制度体系,提出了青少年文化学习和体育训练协调发展等现实问题,意在真正推动青少年健康成长,磨炼青少年意志和养成青少年的健全人格。新时代"体教融合"新目标的确立,为我国学校体育改革提供了新方向,这既符合我国体育、教育发展的历史规律,又为今后我国体育事业发展提供了强有力的后备人才保证和体制机制支撑,带动了学校体育发展质量和品质的双重提升。

(二)以体育人:"体教融合"的新认知

以体育人,意味着身体技能、技艺的提升与其他知识水准和层次的提升是不可割裂的,"体教融合"的最终任务是实现普遍意义上的全人教育,培养复合型高水准人才和全面发展的社会主义建设者和接班人。要实现这一目标,势必改变人们对运动员"四肢发

---

① 体育总局,教育部.关于印发体教融合促进青少年健康发展意见的通知[Z].2020.

达,头脑简单"的刻板印象。这就要求体育教育本身既是身体技能、技艺和体能认知教育,也是结合与之有关的知识教育,让体育学习达到整体化的知识提升。此外,体育教育中还必须加强知识整合,在体育教育的身体技艺学习和练习过程中展现审美意识、合作意识和管理意识,让抽象的知识在身体技术呈现过程中具体化地刻在人的生命深处,让作为身体教育的体育充分展现出其生命教育的本质内涵。

(三)工作职责重新划定:"体教融合"的新职能

新时代"体教融合"对政府职能转变提出了新的要求,这意味着竞技体育人才的培养必须融合到国民教育体系中,使有限的教育、体育资源借助政府职能的协同转变实现最优化配置。

1. 青少年赛事管理体系实现转变

一直以来,体育和教育部门在青少年体育工作上交叉管理,造成青少年体育赛事的年龄分段、组别设置和赛制安排等零散无序。《意见》要求,将青少年体育赛事依据职能进行重新整合,明确义务教育、高中和大学阶段的学生体育赛事由教育、体育部门共同组织,同时将全国青年运动会和全国学生运动会合并,改称为全国学生(青年)运动会。

2. 课余训练的组织形式实现转变

《意见》要求,整合体育传统项目学校和体育特色学校,教育部门和体育部门联合评定体育传统特色学校。这种组织形式变化的目的是学生能在学校学会至少一项专项运动技能,这就要求学校开展体育项目技能培训,提供专业的体育训练和指导,借助提升体育传统特色学校运动水准,实现课余训练和体育后备人才培养的双重职能。

3. 学生的运动水准等级认证职能的转变

运动员等级制度是国家体育部门的一项审批制度,等级称号的申请、审核和审批都是由体育部门独立完成的。《意见》提出,教育、体育部门为在校学生的运动水准等级认证制定统一标准并共同评定。这意味着教育和体育部门要联合制定新的标准,规范运动员技术等级的分级审批。

(四)多部门齐抓共管:"体教融合"的新机制

我国体育管理体制是建立在我国百废待兴的计划经济时代,在管理方式上呈现出政府直接办体育的特征,所形成的组织结构是集横向职能制与纵向层级制于一体的"条块"关系。在"条块"结构的管理体制下,体育按照其不同的功能,分配给不同的部门管理,如体育部门负责竞技体育、青少年体育,教育部负责学校体育,总工会负责职工体育,造成地方各级政府在"块块"范围内进一步分割,这种分部门、分种类、分功能的治理机制,提升了管理体育问题的专业性和针对性,但也带来了碎片化的制度结构,忽视了部门之间的协同与合作。

在以转变政府职能为核心的机构改革背景下,体育部门积极推动放管服改革,进一步简政放权,但部门之间的横向协同,跨界整合的力度不足,致使政策弹性广泛存在于同一层级政府的横向部门间,致使部门间仍然存在条块分割、碎片化管理的弊端。20世纪80年代,我国就提出整合体育和教育资源的"体教结合"发展思路,在处理运动员文化教育、退役运动员安置等问题上发挥了关键作用。但是,工作机制不健全,多部门保证能力供给不足,没有形成多部门齐抓共管的合力,总体效果不理想。《意见》的出台,建立了由国务院办公厅、教育部、体育总局牵头,以青少年的实际需求为牵引,强调"一体化设计、一体化推进"原则,注重顶层设计,强化中央权威,注重责任落实,突破了过去纵向分割、横向封闭的状态,展现了新时代我国学校体育整体性治理思维的转变。

(五)多元主体共治:"体教融合"的新模式

新时代"体教融合"为政府多元主体共同治理创造了制度条件,初步形成了"政府主导,市场参与,社会协同"的发展雏形,在发展模式上也产生了新的变化。

1. 社会体育俱乐部成为学校体育活动开展的主要载体

社会体育俱乐部应该以《意见》为切入点,严格落实学校体育的各类标准,明确责任分工,为学生开展各式各样的服务,满足学生对体育活动的多样化需求。

2. 学校可以引导和支持社会力量参与学校体育

社会体育组织可以在校内以市场化的形式参与体育职业技能考核、运动技能培训、体育科学研究和体育文化活动。

3. 畅通体育优秀人才的服务模式

优秀退役运动员、教练员或专业人才都可以进校园担任体育教师或教练员,突破体育师资短缺的发展瓶颈,有利于形成学校的项目特色,也有利于体育后备人才的可持续培养。

二、"体教融合"的实践要求

(一)体育部门与教育部门建立一体化的运行机制

长期以来,虽然体育与教育部门都承担着一定的体育职责,但在利益分配、角色权力以及责任分工等方面始终缺乏合力,表现在:体育部门着重关注竞技体育成绩,致使竞技体育人才文化学习"蜻蜓点水",如有的高校将高水准运动员学生的竞技名次和获奖与学业成绩画等号,运动员的文化教育缺失是短板;教育部门主要关注的是学生基础理论与知识学习,承担的体育职责最多的就是开展学校体育工作,学校在高水准运动队建设、运动员的专项化训练、学校体育联赛等方面的发展力度不够,对高水准运动员的专项服务补给不足,而且竞技体育人才培育体系未能在学校完全建立。"体教融合"就是改变这种各自分离的状态,体育部门和教育部门明确各自的权利和责任,建立起一体化运行机制,发挥各自优势共同承担起对学生的体育教育责任,如体育部门可以将优秀退役运动员引入学校教育,强化学校体育师资力量;教育部门中的体育科研单位也可以与体育部门中服务竞赛科研的团队进行合作来攻关重点科研难题,也可以为运动员提供个性化和专门化的课程学习内容,处理运动员的文化学习问题。也唯有体育部门与教育部门在责任主体、利益分配、资源共享等方面建立一体化运行机制,方可激发体育和教育各方面的活力以推动发挥"体教融合"的育人功能。

(二)将发展和建设高水准运动队充分融入教育系统

《意见》中明确要加强体育传统特色学校和高校高水准运动队建设以及深化体校改革,这要求各类学校为高水准运动队建设创造条件。许多学校建立了"一校一品"的品牌项目,但有的品牌项目受学生参与度低、竞赛体系不全等因素影响,因此难以培育体育人才和推动学生健康发展,这就需要学校在建设体育品牌时考虑到运动项目的学生基础和参与度。对于普通高校而言,可以依靠多招纳高水准运动员和依靠学校本身的体育训练来培养运动员,但在实践中,体育与教育的融合显得较为表面化,如学校中的高水准运动队在专项化训练和科研团队服务方面得不到保证,运动员的文化学习也未得到针对性的课程服务,这就需要学校扩大教育优势,在运动员基础知识学习、体育科研服务训练等方面进行有效供给。对于体校而言,多以业余体校、专业运动学校、专业体育学院等单位为主,其教学、科研、训练三位一体融合的"南体模式"在人才培养、成果产出、金牌夺取方面取得过许多成绩。但对于教学与科研能力较弱的业余体校而言,教育没有对竞技体育人才的发展起到全面的支撑,有的学校自主降低了对运动员文化成绩的要求,使得"体教融合"理念未能落实到实践中。因此,针对各类学校发展竞技体育人才所暴露出来的问题,则更需要在教育中渗透体育元素。

(三)以建设高素养的体育师资队伍为育人保证

体育师资是学校体育课程有效实行和落实"体教融合"目标的核心力量。虽然我国学校专职体育教师在人数相对以前有了显著的改善,但学校体育师一如既往地欠缺。伴随国家和社会对体育的重视,许多学校也开始注重体育课,保证每天一节体育课,这就导致体育课时量逐渐增多,也就对体育教师数量提出了要求。建设高素养的体育师资队伍既要求数量又要求质量,因此,体育部门与教育部门应将目光转移到人才资源共享机制上,将各运动项目和联赛中的优秀退役运动员及社会上体育俱乐部的训练人员等招纳过来,并对他们展开规范化的培训,将他们引入学校扩充体育师资队伍;另外,需要重视对学校体育教师的学科育人的能力的提升,将体育教师从传授体育知识和技能的教书匠转变为推动学生健康发展的教育者,在体育课堂教学、课外体育活动、校内联赛中深度把握体育育人的逻辑,强调体育教师的健康教育能力、跨学科整合实践能力以及校内带队训练和比赛的能力,借助体育与健康知识、技能和方法的教学来推动学生健康发展,唯有在保证了学校体育师资的基础上,才可以充分实现体育育人。

(四)以立德树人为导向深化体育课程与教学改革

体育课程是实行体育功能的载体,有助于学生强化体质、强化心理素养以及有助于培养学生勇敢坚毅的生活品格。但是教育实践中过度强调学生技术动作的驾驭和单调枯燥的身体动作练习,使得体育对学生的情意精神及体育道德品质的塑造功能未得到充分展现,而且"体育考什么就练什么"的为考试而训练、为测试而开课的现象也大量存在,影响着以体育人任务的实现。体育是教育的载体,学校体育要充分发挥体育育人的功能,必须深化体育课程与教学改革。

一方面,拓宽体育课程育人内容,将育人目标充分地渗透在课程内容中,如将具有地域特色的传统体育充分融入体育课程内容体系,将地理、生物课程中和体育有关度较高的内容进行整合以设计出具有跨学科性质的体育课程内容,同时以学生健康为出发点来完善体育课程内容,将健康教育、运动项目教学所具有的育人功能在体育课程内容中充分展现出来。

另一方面,深化体育教学改革,"享受乐趣、强化体质、健全人格、锤炼意志"的提出就是要对体育教学各方面进行转变,借助创新体育教学模式、采用多元教学方法、运用多元化的教学评价手段,实现育体与育人的结合,让学生在体育课程学习过程中体验乐趣,在体育比赛中体会到自己在团队中的责任、担当以及感受到拼搏后的成功喜悦,实现体育对学生人格和价值观的塑造。

(五)社会多元力量推动和引导青少年体育发展

《意见》明确指出加大对青少年体育赛事、活动的宣传力度,营造全社会关注、重视青少年体育的良好氛围。反观现实,社会上对体育的认知与看法还存在偏差,未能全面认识到体育之于人个体的功能,如体育就是蹦蹦跳跳活动身体、学习不好的才去练体育等,尽管有关政策文件鼓励家庭和社区引导青少年参与、鼓励青少年参与社会上举办的体育活动和竞赛,也会组织冬夏令营体育培训,但是社会力量参与青少年体育的活力还未得到充分调动。因此,教育主管部门要与青少年体育赛事主管部门开展深度合作以实现体育赛事的育人功能,青少年体育赛事关注竞技成绩的同时,更应该借助青少年体育赛事平台的搭建来普及体育活动,以吸纳更多的青少年参与到体育中,强化体育赛事在奥林匹克教育、文化传播等方面的教育功能。同时,体育传播需要客观积极地宣传体育内容,摒弃运动员暴力、吸毒等不良体育事件,给青少年观看体育赛事创造良好的氛围。此外,以社区和家庭为基本单位组织区域性的体育活动,以家庭为单位加入体育活动,等等,可以培养青少年积极的体育生活方式。唯有社会多方力量的联合才能为青少年体育发展提供良好的环境。

第二节 "体教融合"背景下
学校武术"课内外一体化"教学模式探究

在体教融合背景下深化武术"课内外一体化"教学模式,将武术教育的课内与课外贯通,使得学校武术教育效果与课外学生武术运动实现完美对接,有利于学生积极参与武术运动,养成武术运动习惯。"课内外一体化"教学模式不仅是武术课的补充,而且能够使得武术教学的时间、空间、教学资源等方面得到有效拓展。综观我国学校武术"课内外一体化"教学模式方面的研究,取得了一定的成果,但无法对学校实施武术课内外一体化的理论与实践进行系统的研究。因此,在武术教育改革与发展中,将以多样化、个性化、创新性人才为目标,进一步深化体教融合。

一、"课内外一体化"教学模式概述

(一)"课内外一体化"教学模式概念

"课内外一体化"教学模式是指兼具课堂教学与课外活动双重功能的新型教学模式。该教学模式通过对武术教学中"教"与"学"行为的有机外延,实现了对教学资源的全面整合与重组,促进了课外活动的常态化开展,进而在有效修正传统教学模式弊端的基础上,实现了自身的创新发展。

(二)体育"课内外一体化"教学模式的特点

体育课程"课内外一体化"的教学模式是坚持"健康第一"和"终身体育"的指导思想,以体育选项课和选修课为核心,结合课余体育活动、竞赛、训练等课外体育活动形式,通过合理的体育教育和科学的体育锻炼过程,达到增强体质、增进健康、提高体育素养和养成良好的体育锻炼习惯的一种体育教学过程。它与传统的体育教学模式相比有以下特点。

(1)自愿的参与主体。

在课外体育活动的活动过程中,"课内外一体化"教学模式始终强调学生是主体,教师只是起主导作用,这样学生就能主动学习,重视对运动的认知和情感体验,转变学习观念,充分调动主观能动性,有助于锻炼习惯的养成,培养终身体育的意识。参加课外体育活动的学生基本上都是根据自己的兴趣和爱好选择适合自己的运动项目自愿参与的,学生参与的自愿性大大提高了学生的学习积极性,变被动学习为主动学习,提高了学习效率。同时,课外体育活动的成员都有着共同的爱好和利益,他们在一起开展活动、交流技艺、增进友谊,形成了团结友好的亲密关系和良好的人文氛围。

(2)丰富的活动内容。

由于生活背景和经历不同,每个学生个体都存在着差异,参与的动机是多样化的。

据调查,学生参加课外体育活动的动机主要有强身健体、丰富生活、释放压力和消遣娱乐,并且对体育活动功能的认识远远不止强身健体,而是上升到心理健康层面,如释放心理压力。学生参与动机的多样化决定了学生参与项目的多样化。学校根据学生的兴趣可以安排丰富多彩的活动,学生可以根据自己的参与动机选择与之相匹配的运动项目。体育课程"课内外一体化"教学模式的出现,使学生能够参与更多的活动,甚至可以弥补体育课的不足。

(3)灵活的组织形式。

"课内外一体化"的教学模式是以课堂教学为核心的,但是其主要的活动还是通过课外来实现的,因此,体育社团或者体育俱乐部就成了实现"课内外一体化"的载体。体育社团是由有着相同体育兴趣爱好的学生自发组成的群体性业余团体,是以共同的观念、追求目标为基础,以体育运动为活动内容,以多种形式开展活动,学生自愿参加的组织,不像体育教学那样具有一定的限制性。体育社团参与的自主性和社团活动形式的灵活性为学生创设了一个宽松的锻炼氛围,使体育社团成为当前和未来学校体育课外活动的重要组织形式。

二、学校武术"课内外一体化"教学模式构建的必然趋势

(一)学校武术教学的创新发展,需要对现有武术教学资源进行全面开发与整合

在任何教学活动的开展中,相关的教学资源是不可或缺的条件。教学资源一旦出现匮乏的现象,则势必会对教学活动的发展产生严重的影响。受陈旧性教学体系的禁锢,武术教学对于资源的开发与运用局限在"课堂"这一狭小的领域内,学校武术教学因资源运用的不合理而呈现出发展缓慢或发展停滞的状况,已无法切实满足新形势下的社会发展需求。而"课内外一体化"模式的构建,拓展了学校武术教学资源的开发领域,闲置于课外活动领域内的武术教学资源,修正了传统课堂教学所造成的资源闲置或流失的弊端。这种资源开发领域的全面拓展,有助于实现对学校武术教学现有资源的有机整合,进而为推进学校武术教学的创新发展打下了坚实的资源基础。

(二)校园武术运动的普及,需要武术教学发展领域的全面拓展

提高学生的武术素养,推动武术运动在学校的普及与发展,是学校开设武术课程的目标之一,而实现这一目标的关键在于为武术运动的发展拓展领域。长期以来,课堂教学始终占据着学校武术教学的主导地位,致使学校武术教学的发展被局限在"课堂"这一狭小的领域当中,形成了一种"蜗居"式的发展状态。武术素养的形成是一个循序渐进的发展过程,不仅需要教师在课堂教学中进行必要的技术传授与动作讲解,更需要学生的自主练习与自我完善。然而,这种拘泥于课堂教学的发展领域,无法为学生提供必要的自主修为的环境,因而,极大地限制了学校学生武术运动技能的发展。而构建"课内外一体化"教学模式,实现了课堂教学与课外活动的有机融合,修正了因传统课堂教学模式的

限制而呈现出的发展局促的弊端,将武术教学活动的发展领域拓展到学校校园,从而有助于确保校园武术运动的顺利开展。

(三)武术文化在校园的弘扬与发展,需要实效性教学模式支撑与保障

学校开设武术教学的另一重要目的在于实现对中华武术文化的有效传承。武术文化是我国优秀传统文化体系的重要组成部分,蕴含着"武"与"德"的深邃哲理,是中华民族自强不息、宽以待人、从不恃强凌弱的优秀品德的集中体现。现阶段,伴随着综合国力的增长,我国正致力于实现中华民族伟大历史复兴的宏伟目标的实现,关爱和平、讲求和谐是引导中国社会发展的核心思想。在此全新的社会发展背景下,加强对中华武术文化的传承,弘扬其"自强自立、不畏强暴"的民族气节,更加展现出重要的现实意义。因而,构建学校武术教学的"课内外一体化"教学模式,实现了对课外武术活动的全面激活,为武术文化在校园的传承与发展打下了坚实的基础。

三、学校武术"课内外一体化"教学模式的基本结构

(一)开放性的教学目标

传统的学校武术教学目标主要以培养学生单一的武术技能为核心,而在对于学生武术文化修养的提升方面则存有严重的缺失,这种狭隘的教学目标已成为影响学校武术教学发展的主要因素。"课内外一体化"教学模式的构建,在确保教学资源充分整合与合理运用的基础上,实现了对武术教学培养目标的重置,将传统的单一技能培养目标转换成对学生武术综合素养的提升,使得教学目标在形式上更为开放,目标指向具有综合性。因而,开放性的教学目标是学校武术"课内外一体化"教学模式构成的核心要素。

(二)多元化的发展取向

在学校武术"课内外一体化"教学模式中,发展取向也是重要的组成部分,对于学校武术教学的创新发展具有重要的引导作用。在传统的学校武术教学中,发展取向的确定具有明显的缺失,以单纯的课堂教学为载体的校园武术运动的发展,使武术运动在学校只能以教学科目的身份存在,因而无法摆脱狭隘的教学目标的影响。而"课内外一体化"教学模式的构建,将课堂教学与课外活动有机地融合在一起,不仅实现了对教学环境的优化以及教学领域的拓展,而且为学生搭构起了开展武术自主学习的良好平台,从而为学生深层次地了解与掌握武术运动的深邃内涵提供了保障。这种由单一课堂教学转化成为课内与课外同步发展的全新取向,具有重要的多元化特征,是推动学校武术教学社会化发展的重要基础。

(三)适应性的教学内容

在"课内外一体化"教学模式中,教学内容体系占据着极其重要的地位,只有保持了

教学内容设置的合理性、适应性与实效性,才能够确保"课内外一体化"教学模式的有效运用。长期以来,以基本功、初级长拳和初级剑等为核心的学校武术教学内容体系一直得以沿用,面对枯燥乏味的学习内容,学生的厌学心理会自然而生,这已成为影响学校武术教学实用价值全面提高的主要原因。"课内外一体化"教学模式兼容了课堂教学与课外活动两大部分的内容,传统的既单调又枯燥的教学内容已无法适应与满足新型教学模式的发展需求,因此,构建适应学生兴趣指向、满足学生自我发展需求的武术教学内容体系,就成为全面推广与运用"课内外一体化"教学模式的关键环节。

(四)灵活性的教学形式

"课内外一体化"教学模式集课堂教学与课外活动于一体,因而,其需要灵活多变的教学形式。如果仅仅采用课堂教学这一单一形式,不仅无法实现对课外武术活动的组织与开展,还会导致学生学习兴趣下降。因此,基于"课内外一体化"教学模式的发展需求,教学形式应灵活多变,如在武术基本动作与相关理论的传授上,应以课堂教学为主要形式,而在学生自我修炼与自主发展方面,应以课外武术教学活动为主,可以通过组建学生武术社团、俱乐部来开展有组织、有计划的课外武术学习活动。

四、"体教融合"背景下学校武术"课内外一体化"教学模式发展对策

基于"体教融合"的学校武术"课内外一体化"的教学模式是学校武术教学改革的首选,这种模式的出现为学校的武术教育工作注入了新的活力,也推动了校园武术文化的发展。

(一)制定武术"课内外一体化"模式的教学目标

我国很多学校都以选修课的形式组织武术教学,这使得武术课的教学时间非常有限。为了充分发挥武术的教学价值,学校应制定更加全面的教学目标。

(二)丰富武术"课内外一体化"模式的教学内容

通过武术课堂教学的外延达成与课外活动的有机结合,形成了一种涵盖课内与课外两大教学领域的新型教学模式。因此,该教学模式的构建、运用与发展对教学内容提出了更高的要求。传统单一性的课堂教学内容已无法实现对"课内外一体化"教学活动开展的支撑与保障,而全面开发课外领域的相关内容,以实现对"课内外一体化"教学模式所需内容的不断充实,构建起全新的内容体系,就成为促进学校武术"课内外一体化"教学模式得以构建、发展与完善的基础条件。

(三)优化武术"课内外一体化"模式的教学方法

学校武术课的"课内外一体化"教学应采用多样、新颖的教学方法。多样要求武术教师不能长期使用一种或两种教学方法,避免学生审美疲劳。同时,考虑到不同学生的个

性化需求,武术教师应采取多种教学方法。新颖要求武术教师有与时俱进的观念,对教学方法进行改革和创新。

(四)完善武术"课内外一体化"模式的教学评价体系

为促进武术"课内外一体化"教学模式的建设与实施,学校应建立武术课内综合教学评价体系。首先,在评价方法上,武术教师应将终结性评价与形成性评价相结合,运用形成性评价思维来看待学生的课堂学习成果和课外活动表现。同时,武术教师应肯定学生在教学评价中的地位,鼓励学生相互评价和自我评价,使之成为教师评价的有效补充,保证武术课教学评价的客观性和全面性。其次,在评价内容上,武术教师要根据学生的技术水平来评价学生学习与活动的积极性和主动性。最后,武术教师要有自己的"德育"观念,注重对学生在武术学习和活动中表现出的道德素质和体育锻炼习惯进行评价。

第三节　"体教融合"背景下
学校武术教育改革与发展的思考

新时代,我国不断取得辉煌成就,建成文化强国、教育强国、体育强国、人才强国、健康中国作为我国的远景目标不断被提上日程。武术作为中国传统文化的精粹,彰显着中华文化智慧,蕴含着中华民族自强不息、威武不屈的强健精神,它是建成中华强国不可忽视的一环。随着我国教育改革的不断深入,学校武术教育作为培养武术后备人才,传承和弘扬武术文化的重要输送基地,它在建成人才强国以至中华强国中有着不可替代的作用。2020 年,《关于印发深化体教融合 促进青少年健康发展的实施意见》中提出:"加强学校体育工作、加强体育传统特色学校和高校高水平运动队建设、深化体校改革、强化政策保障"等 8 个方面、37 项政策措施来全方位推动体教融合。[①] 该意见的颁布为学校体育发展确立了主体地位,为传统特色体育教育(如武术)的发展指明了方向和目标,更是对学校武术教育的价值、功用方面予以一种侧面的肯定。目前,我国学校武术教育虽处于教育改革之中,但仍游离于政策重心之外。武术自身的独特性、外来竞技文化的冲击以及武术延承至今呈现"百花齐放、百家争鸣"的各树一帜特性,使得武术在学校教育中面临着诸多亟待解决的问题。故本节以"体教融合"的政策为依托,研究学校武术教育的改革与发展。

一、"体教融合"背景下学校武术教育改革的重要意义

学校武术教育作为输送社会武术人才的平台,是民族体育文化、武术专业硕士、博士研究型人才培育的起点和基础,在民族传统文化传承中起着承上启下的作用,更是学校

---

① 国家体育总局、教育部. 关于深化体教融合促进青少年健康发展的意见[J]. 体育教学,2020,40(10):8-9.

体育工作以及改革的重要一步。所以,本文将以"体"指代武术项目,"教"指代武术内在传统文化和特性给予人的教育功能,以"体教融合"为导向,分析当前学校武术教育改革的重要意义。

(一)促进武术教育可持续发展

中国武术形式多样,内涵丰富。武术教育要实现可持续发展,必须坚持走竞技和传统共生共存的道路,找准定位和当代价值,发挥实践功能的作用,不断深化改革与创新,打破传统的固有思维,让武术成为人们真正热爱和喜爱的事物;适应现代教育改革理念的转变,加强教师队伍专业化水平建设;将武术理论和武术技能的有效契合,强化理论教育,激发学生对武术的学习兴趣,促进学生对技术的掌握。武术的发展经历了漫长的历史变迁,武术浓缩了中华民族优秀的文化与思想,吸收历代武术创新发展的精华和武术大家的丰富经验,有着广泛的社会基础。武术教育发展必须进行与时俱进的变革,停滞不前、故步自封只能在竞争中被淘汰。

(二)发挥武术健身的独特功效,提高国民健康水平

中华武术博大精深、源远流长,在数千年的发展演变中,健身仍然是其重要的功能之一。深化体教融合,促进青少年的身心健康发展,第一,树立健康第一的核心理念,积极发挥武术的健身价值,引导学生在传承中华武术文化的学习过程中感悟中华优秀传统文化,促进身心健康发展。随着智能科技的不断发展,越来越多的人沉迷网络,不良习惯和不规律的作息导致身体素质逐年下降。实践证明,习练武术可以增强神经系统、运动系统及心肺系统等功能。第二,武术的健身功能对维持机体内外恒定、促进机体内外协调有积极的作用。

(三)坚持立德树人,充分发挥优秀武术文化的育人作用

"中国武术是'德'性文化,在'身德互训'的场域中体现习武者的主体价值。"[1]武术文化重视"德、严、谦、勤"的优良传统,经过历史的沉淀和丰富经验的总结,仍然规训习武者在社会中的为人处世和生活方式。将武术融入校园文化建设,有利于规范师生行为,将文明礼貌、乐于助人、尊重师长、惩恶习善、善于忍让的武德修养融入学生日常操行,促进学生形成坚韧不拔的人格、务实求真的工作作风、自强不息的精神品质。

二、"体教融合"背景下学校武术教育改革路径

(一)整合武术运动方式,提炼武术文化内涵

当前青少年作为学校武术教学的主要培养和传承对象,由于他们的心理发展和认知

---

① 金玉柱,王岗,李丽. 中国武术"点到为止"理念的身体伦理学论绎[J]. 武汉体育学院学报,2018,52(2):70-75.

水平都不成熟,在"追潮流""跟风"的圈子环境中,他们在对民族传统体育文化的态度上缺少认同。究其原因,主要是他们目前缺少对武术真正的了解和学习的兴趣,以及对习武"入门"后的现实体验不佳。因此,我们要整合武术运动方式,将武术动作的防身性与健身性合二为一,再挖掘提炼这些动作所传递的传统文化内涵,即借助武术技术的学习,通过相应武术动作中的谚语、故事来进一步展现和传递传统体育文化中蕴含的哲学思想,以及相应的精神内涵,从而真正实现传统文化教育功能,达到"体教融合"的目的。

(二)合理开发武术课程新内容,开足开齐武术课

从今天学校体育教育存在的问题中,我们不无遗憾地发现,学校武术教育正在被形式化——有大纲规定,有教学内容,有教学计划,但无人教,无人学。强化的武术指导纲要和弱化的武术教学实践形成强烈的反差,这是一个非常可怕的现象。因此,以少年拳、24式太极拳、初级三路长拳、散手等为主的"老套路"单元性课程已经不能满足当代学校武术教育价值的实现,故学校武术教育现急需进行改革。而在"体教融合"的政策推动下,我们可以看出国家已给予重视和积极支持,《意见》中的第一条就提出要加强学校体育工作,完善课程合理设置,开足开齐体育课。所以学校武术的改革需要从增加武术的课时和创新武术校本课程内容开始。建议可将武术内容以有趣、多样、简单、易学、实用的形式特点呈现,使武术动作与学生心理特点趋于契合,从而达到"学生喜欢武术,也喜欢武术课,更喜欢将武术运用于实践"的目的,真正实现学校武术的"体育与教育"价值。

(三)探究创新武术教学方法,大胆试用新型武术教学模式

众所周知,教学方法体现的是教师"怎么教""教得怎么样"以及"教学内容安排"的问题,如果想要创建适合学生学习的武术教学方法,那么传统的武术传授方式以及普遍性的体育教学模式就急需进行创新改革。例如,传统的武术"带数口令"式的授课方式,以分解动作练习为主来控制教学过程中的速度与节奏,这种方式对于小学生或者初学者适宜,但在初高中以及大学就不一定有效。因为每个年龄阶段的学生认知水平不同且心理差异较大,"带数口令"对于有基础或探索求知欲较强的"大孩子"来说,过于死板,容易使学生丧失学习兴趣。故建议将现代化的多媒体技术运用于武术教学当中。因为当前网络信息技术发达,学生在空闲时间大多是玩手机、电脑度过的,"碎片化"信息成为当前学生知识获取的重要途径之一,所以将内容短小精悍、丰富、精彩有趣,资源容量小,但涉及范围广、教学目标明确的微课教学运用于武术教学中,有利于增加学生对学习武术的进一步理解,从而使武术教学走出教法单一、枯燥的困境。

(四)培育优秀学校武术教师团队,提高师资力量储备

加强学校武术教师队伍建设,切实落实"体教融合"政策,大力招聘引进高水平武术退役运动员(获得国家二级运动员以上证书且高中阶段在省级以上比赛中获得第一名者)、教师、教练员到学校进行武术教学,并将其优秀的武术训练内容、方法、模式等运用

于学校常规武术教学中,从而大力提高学生武术技术水平。同时,学校应大力支持并培养优秀武术教师团队,将高水平武术退役运动员与学校优秀武术教师合并成立一个"武术教育研究"团队,组织其相互讨论,取长补短,共同促进学校武术教育的发展。

(五)加大资金投入,改善学校武术教育环境

场地、器材是学生及教师顺利进行武术活动的基础,然而,现今大部分中小学连基本的武术场地都没有。虽说"拳打卧牛之地",但随着社会的不断发展和进步,基础设施的缺失必然会导致学生学习的不便,影响学生的学习积极性。所以建议各市政府以及学校应加大对武术的重视以及财政的投入力度,统筹规划武术场地器材的修建及维护,及时更新场地、器材,并投入一定的经费赞助武术服饰等,争取让武术教学向专业化方向发展,为教师和学生营造更良好的武术学习氛围,从而提高武术教学质量。

(六)健全学校武术竞赛机制、体制

"体教融合"主张对学校体育工作进行全面的布局和顶层设计,以"健康第一"的指导思想对学校体育活动进行针对性的改革。所以,武术作为一项具有传统特色的体育项目,不管是在教学、竞赛或是其他方面都应进行全面发展,而不是一叶障目,只注重教学或是竞赛。故建议学校应加快健全武术竞赛机制体制,加强对武术裁判员以及运动员的培训,以及加强与社会武术组织、机构合作并承办赛事,完善武术竞赛体系,争取在武术竞赛中融入育人思想,从而在发展中不断推进学校武术教育改革。

总之,在"体教融合"背景下进行学校武术教育改革,其目的就是对武术教育的再塑造,使武术教育价值最大化,武术发展、传承更长远。我国现阶段的学校武术教育一直存在问题,其发展并没有达到预期目标,所以就需要以融合为目标,从改革学校武术教学方法的枯燥和单一性、校外各类武术机构教育方式的不规范、学校高水平武术队的文化水平欠缺性和私立武术学校教练员专业理论不足入手,在消除四方主体之间壁垒与相互渗透融合之间不断探索和落实,从而增加武术在学校体育中的比重,促进学校武术的创新和发展。所以在"体教融合"背景下进行武术教育改革的路径就是加强武术文化教育,开足开齐武术课,运用现代化信息技术来创新武术教学模式和方法,培育优秀的学校武术教师团队,提高师资力量储备。政府及学校加大资金投入力度,改善学校武术教育环境。学校加强与社会武术团体、组织机构的合作,健全学校武术竞赛机制、体制。

第九章　武术教育与全人教育
互融发展研究

第一节　全人教育概述

一、全人教育的基本观点

目前学术界对全人教育的边界还不是很清晰,对全人教育观还没有一个统一定论。基于教育目标、教育方法、教育内容三个方面和古今中外教育理论家对全人教育理论的研究,全人教育思想的基本观点可以概括为以下几点。

(一)关注个人能力与潜力的全面发展

全人教育思想的核心就是"全人"的培养。顾名思义,全人就是指具有整合人格、得到全面发展的人,全人教育就是指能够促进人在多方位全面发展的教育。美国学者隆·米勒曾指出,从全人的本质来看,精神性更侧重于物质性,教育应侧重于人的内在教育,如情感、同情心、好奇心、创造力、想象力等,尤其要侧重于人的自我实现。全人教育重在强调教育过程不仅是知识的授予与技能的习得,更要关注人的内在精神感受和人格的全面培养,从而达到人的精神性与物质性的高度统一。

(二)寻求个体间的理解与生命的意义

在全人教育实施过程中,教师要加深学生在受教育过程中对合作精神的体验,培养人与人之间相互理解、相互关心、相互宽容的素养。传统的教育非常注重竞争,总是通过考试和比赛的形式来衡量学生,往往忽视了对学生非智力因素的培养,使得他们多唯"利益、威望"至上,对身边的一切事物漠不关心。全人教育鼓励学生的自我实现,同时强调真诚的人际交往和跨文化的人类理解。全人教育将人类生活中的人际交往进一步深化为人类跨文化的理解与信任,从而加强了学生的全球意识。

(三)强调学生人文精神的培养与融合

自人类社会进入工业革命时代以来,传统教育中的重人文教育日渐削弱,科技主义成为现代大学的主导文化。大学教育过于注重实用知识,忽视文学、人文课程的学习,导致大学生人文关怀的缺失。全人教育者并不否认知识爆炸年代里科学知识的重要作用,但主张在教育中更多地渗透人文精神教育。如果教学课程中没有人文精神的渗透,没有人的基本品格的培养,那么这种教育也注定不能达到全人教育的根本目的。

(四)鼓励跨学科的互动与知识的整合

知识教育一直是传统教育的核心,在课程体系中知识教育处于核心的地位。但是学校教育如果完全以学科和就业为导向,对学生只进行单一、片面的学科知识传授,就会忽视各种知识与各门学科之间的"关系"建构,忽略我们的世界是一个瞬息万变的有机系统。全人教育强调只有透过学科之间的互动、交叉和渗透,超越学科之间的各种限制,才能拓展新知识的学习,扩宽研究问题的视野,真正将世界还原为一个整体,才能把人培养成一个"整全的人"。通识教育的跨学科整合学习成为实施全人教育的重要途径。

(五)寻求人的精神性和物质性的平衡

全人教育理论者提出以塑造未来为导向,以"育人"为本分,以开发人的理智、情感、身心、美感、创造力和精神潜能为目的的教育理念。人是具有复杂精神的个体,这种精神要素对于人的生活、社会的稳定等物质环境有着强大的影响力。在社会发展日新月异的时代,教育的根本目的被逐渐扭曲。全人教育理论者主张在人的培养过程中,既要关注物质世界,又要注重学习过程的愉悦、人际交往的和谐及自我良好品格的养成。

(六)培养具有整合思维的地球公民

全人教育的最大特色就在于"全",这不仅意味着要关注人的全面发展,更蕴涵着一种广阔而博大的世界观。全人教育者所关注的不仅是某个人、某个学校、某个国家的发展,而是从更宽广的角度将整个地球甚至整个宇宙联系在一起。全人教育所主张的学习观是一种整合的学习。整合学习的核心理念是联系,认识、了解世界万物之间的广泛联系是整合学习的目的。全人教育培养的学生应是具备全球视野的地球公民,他们关心环境、关心和平、关心全人类。

二、全人教育思想的特征

全人教育产生于工业化时代,是一种批判工业化时代过于注重知识教育与理性教育的教育思潮,其主张对人的无限潜能的激发和非理性因素的培养。虽然学术界至今对全人教育还没有一个统一的定义,但是通过分析相关研究成果,我们可以得出全人教育具有以下几点特征。

(一)全面观

全人教育思想的全面观主要体现在其教育目的上。全人教育强调教育的目的是培育人的全面整体发展。其教育目的不同于强调专业技术、专业技能习得的专业教育。具体而言,全人教育的全面观体现在强调人的智力、道德、情感、直觉、审美、社会、身体、创造力和精神潜能的全面发展。全人教育是为人的和谐、合群、合作、公平、正义、诚信、了解以及爱等方面而教授。

(二)主体观

全人教育认为教育是人之为人的教育,人是教育的根本。全人教育将受教育者视为独立的"个体",认为受教育者具有主体性、多元性与差异性,故提倡因材施教、个别指导、个性化教育,反对机械化、制式化、填鸭式的教育形式。每一个受教育者都应被视为个体、社会与地球的主人。每一个受教育者都可以凭借自身的天赋、能力和智慧表达个体的特质性。

(三)整全观

全人教育思想是以整全观为切入点的教育思想,强调知识之间的联结与转化,强调事物之间的联系。"整全思维"是全人教育学者的共同思维。整全观的基本主张是每一个事物都存在于一个大的网络系统中,彼此相互联结、相互影响,任何一个子系统的变动都会使整个系统产生连锁反应。因此,全人教育思想是从"整体"上去追寻个人的全面发展的,而不是零碎的、片面的。

第二节　基于全人教育的武术教学改革的理论设计与实施

近年来,全人教育观念越来越深入人心,家长不再千篇一律地只关注孩子的成绩单,更重视孩子的思想道德素质和能力培养、个性化发展、身心健康教育等。在 2021 年教育部工作要点中,推进新时代教育评价改革被重点提及;今年政府工作报告指出,"十四五"时期教育主要目标任务是发展更加公平、更高质量的教育,构建德智体美劳全面培养的教育体系。我国教育正在破除"唯分数"论,朝着"全方位发展"的全人教育转变。

一、"全人教育"理念下武术教学改革的理论设计

武术教学是培养学生"德、智、体、美、劳"(简称"五育")全面发展的重要手段之一。"五育"并重、协同推进的武术教学改革理论设计,能够实现使学生逐渐趋于"全人"的培养目标,满足新时期我国社会对体育毕业生的现实需求。

(一)培养责任担当——武术"德育"之首

"教师"被称为"人类灵魂的工程师",意指其具有"立德树人、重塑精神"的重要作用

与使命。武术教师亦应将此"要义"摆在首位,通过武德教育,使武术蕴涵的民族气节和爱国主义精神成为学生"知荣辱""敢作为"的巨大动力,激励他们自强不息、奋发有为。古时,不乏"重德、立德"之武师者。譬如津门大侠霍元甲、洪拳大师黄飞鸿、一代宗师叶问等,他们虽然武艺高超,但是素以"重视武德"名满天下,并时刻注意将个人的武德修为寓于武术授业之中,培养出的"弟子"在潜移默化、耳濡目染中多具有家国情怀和责任担当。

现今,体育教师以"运动技术技能"为价值取向的专业性定位,难以完成"立德树人"的任务。在武术教学中,教师在传授技术动作的同时,也应将武德教化孕育其中。通过武德教育增强学生良好品德意识、规范学生日常生活行为、培养学生为人处世之道,为学生的人生观、价值观、世界观打下坚实的基础。

"穷则独善其身,达则兼济天下",立德树人、彰显武德情怀乃武术育人之首要任务。这就要求武术教师"文武兼备""德艺双馨",能够巧妙而艺术地将无形无相之"武德"柔化贯穿于有形有相的教学实践全过程(避免生硬灌输与直接说教)。武术教师通过课堂的一言一行、一举一动,表现出责任担当和育人情怀;时刻要求学生从小事做起、从点滴做起,树立"尊师重道、乐于助人"的典范;约束学生的言谈举止,培养学生的高尚情操——使其懂礼,教其向善。

(二)提倡科学精神——武术"智育"之要

武术理论体系是对某拳种练习方法、练习阶段的总结提炼,是由某拳种的拳理按照一定的内部联系而形成的。但是,武术套路拳种众多,有的长期在民间自由发展(多有起源不详或附会之说),难免会产生一些伪科学的理论。因此,在武术课堂教学中,教师要鼓励学生勇于提问、敢于质疑,只相信科学,不迷信"权威"。另外,一般而言,"开放式"的教学方法相较"闭锁式"的教学方法更能激发学生的学习兴趣。所以,在进行武术教学时,尤其是在进行武术套路教学时,教师要善于和学生现场互动,增加开放式教学环节,并通过拆招、喂招、过招、讲解动作攻防含义的方式,提升学生的注意力、观察力、形象记忆力、动觉想象力、知觉思维、本体感觉能力、随机应变能力、实际操作能力等,从理论层面到实践层面,做到令学生对武术主要拳势"知其法,明其理,知其然与所以然"。同时,现代科技手段已经引发了教育理论和实践的深刻变革,武术教育教学概莫能外。无论是武术套路的艺术性和健身性,还是武术散打的随机性和应变性,课堂上都可借助高科技手段,通过身体感知、创设情境等虚拟性环节,为武术动作的实战能力和健身效果提供验证方法,增加学生动作学习的积极性和问题的反思性;亦可通过多媒体教学、PPT 展示等视觉化手段,将武术发展的最新理论、成果、知识、技能等引入课堂教学内容,使学生及时了解武术发展的新动态,掌握武术的前沿理论和健身方法。

(三)倡导健康生活——武术"体育"之根

人的身体包括生理身体、心理身体、社会身体三个方面。具有生命体验的全人教育既是体育教育存在的依据,又是学生生命提升的动力与起点。武术是一项刚柔并济、内外兼修的身体运动,对学生生理身体、心理身体、社会身体的健康有着独特的作用。"手眼身法步,精神气力功""外练筋骨皮,内练一口气",武术之太极拳运动讲究动作、呼吸和意念三者相互配合,太极拳养生文化倡导的"不争、无为、心斋、坐忘、悟空、体道、舍己从人、点到为止"等,旨在于在柔和缓慢之中展现技击之术、在心静体松之中体会武术之道。这种积极的、健康向上的生活理念和处世哲学,体现了武术的"生理身体、心理身体、社会身体"等"身体育人"之根本。

针对当前学校武术教学中存在的竞技化(偏多)问题,张峰、赵光圣、张小敬等人提出:"建立新的武术教材体系,增设武术技击养生内容,选用科学有效的教育策略,完善学校武术的教育功能。"①的确,西方竞技体育运动项目追求"更快、更高、更强",以打破平衡为目的;而中国武术与民族传统体育追求"天人合一、人际和谐、身心一统",以建立平衡为旨归。中国武术的这种追求是对自然的敬畏、对生命的尊重、对健康的渴望。高校武术课的内容设置应该顺势而为,传承国粹、回归主流社会价值取向,积极开展太极拳和地方特色拳种的教学,让学生体悟到我国民族传统体育所倡导的体育锻炼方式和健康生活方式。未病先防,"不治已病治未病",学生练习心静体松、呼吸自然、柔和缓慢的太极拳,不但可以提高自身的免疫力,消除不良情绪,还可以在此过程中悟出许多生活的真谛和人生的哲理。

(四)增加人文底蕴——武术"美育"之魂

中国武术是身体与精神、力量与智慧、技术与艺术的完美结合。武术的"美"是武术家们在"真"的实践中创造性地运用攻防格斗的客观规律,在套路演练和格斗中以真实的、直观的形象表现出人的智慧、精神与力量。武术融合了中华优秀传统文化之精华,在"快慢相间、动静相宜、上下相随、起伏转折"及"以气催力、以意导动、以柔克刚、以弱胜强"等传统辩证哲学之中体现出武术之"美"。

诚然,武术的人文底蕴是孕育武术美的灵魂,只有具备综合的文化素养、具备欣赏武术美的眼睛和心境,才能真正参透武术美的真谛。当下,"'全人教育'思想就是要教育去功利化,批判过于偏重实用知识而忽视教育的人文价值,鼓励学生要有人文关怀以及对周围事物的关心与思考。"②武术作为我国优秀传统文化的有机组成部分,不仅可以传承与发展民族传统体育的技艺,还可以陶冶人的高尚情操,培养人的审美情趣。在科学技术快速发展和社会竞争日益激烈的当下,武术在维护社会和谐、缓解人的心理压力以及培养人的审美趣味等方面均具有重要作用。可以说,武术虽是一门实用之学,但它在我国自古崇尚"技术艺术化"的年代里早已具备了人文底蕴和美育功能。所以,武术教师要努力提炼和展示出武术自身的优秀内质和文化底蕴,开发出武术的美育功能——以美启真、以美储善。

---

① 张峰,赵光圣,张小敬,等.深化学校武术教学改革的实践路径研究[J].山东体育科技,2014(4):96-98.
② 童宏保,高涵,谈丰铭.从"全人教育"到"人的全面发展"辨析[J].中小学德育,2018(12):8-13.

(五)提高实践能力——武术"劳育"之本

"劳动教育",狭义指劳动教育,广义指社会适应与社会实践能力。"劳动教育"是培养学生全面发展的一个重要维度和指标。好的"劳动教育"可以抵制"好逸恶劳、贪图享乐"的价值取向的不良影响;同时,"劳动教育"实践可以促进其他"四育"发展——以劳树德、以劳增智、以劳强体、以劳显美。重视武术教学中的"劳动教育"作用,不仅能够提升学生的社会适应与社会实践能力,还能够使学生在实践中创新,满足社会需求,实现个人价值。

武术教学近年来提倡"突出方法、强调应用,培养学生的综合素质"①,也就是要想方设法锻炼和加强学生的动手能力和动口能力,如套路表演、理论讲解、社区培训、社会实践等。可以说,武术的各色拳种为学生技术演练提供了物质载体,武术的丰富哲理为学生动作讲解提供了文化空间,武术的社区服务为学生能力培养提供了实践平台,武术的产业发展为学生走向社会提供了生存资本。因此,武术教学改革要给予学生充分展示自己的机会,从技能、理论、培训和实践等多层面、多路径提高学生的社会适应与社会实践能力,为武术的"劳动教育"作用夯实基础。

二、"全人教育"理念下武术教学改革的实践路径

武术教学对学生"德育、智育、体育、美育、劳动教育"的培养作用不容小觑。因此,在实际教学过程中,教师要强化武术的综合育人功能,切不可厚此薄彼、失之偏颇。促使全人教育的理念和价值主旨落到实处。

(一)德育培养路径

"未曾习武先习德""武以德立""德以武显"。不管采取何种形式的习武,习武者最先接触的都是武术礼仪,它潜移默化地影响着习武者的品德。学习武礼、重视武礼,可以加强自身的文化修养。当前学校武术教育忽略了武术的礼仪教化功能,虽然也曾提出激发青少年的民族自豪感,培养尚武崇德精神,但缺乏与之相呼应的教学内容和教学方法。为此,武术教师应利用"信息技术"支持下的"寓教于乐"方法(而不是用生硬说教的方法)巧妙地将品德教育融入武术课的教学实践,将武德教育贯穿于教学全过程,通过武术的"课程思政"作用,培养学生的良好品质与责任担当。譬如,在课的开始部分,武术教师通过游戏的方式,预设道德情境,观察学生的言行举止,给予及时评价和指导;在课的基本部分,通过身体的具象感知,让学生体会"舍己从人"的技术方法,通过身体的肢体语言,展示出学生"先人后己"的礼让担当,通过模拟课堂教学比赛,让学生学会敬畏规则、尊重裁判、尊重对手,在攻守中常怀仁德之心,在进退中才能彰显礼仪之为;在课程的结束部

---

① 蔡仲林,施鲜丽. 学校武术教学改革的指导思想——淡化套路、突出方法、强调应用[J]. 上海体育学院学报,2007,31(1):62-64.

分,通过小组练习、放松活动,体现情感交流、互助友爱的教学实践,增加人文关怀。总之,只有在课程的全过程真正把武德教育落到实处,才能发挥出武德在学校育人中的作用。

另外,根据"思想道德教育环境通过暗示、模仿、感染、认同等方式对受教育者施加思想、政治和道德的影响,可以提高其思想政治觉悟、道德品质"①的理论主张。武术教学应该注重宣传武术人文精神,帮助学生树立学习的楷模或心中的偶像,为学生不断输送精神养料,激发他们的学习热情和积极性。因此,武术教师要积极创造条件,与学生一起在课上观看武侠英雄(霍元甲、黄飞鸿、叶问)的励志影片,通过实时讲解与分析,让学生真切领会到他们"德艺双馨、疾恶如仇、该出手时就出手"的魄力和担当,这样会在无形中对学生的武德素养、家国情怀起到"随风潜入夜,润物细无声"的教育效果。

(二)智育培养路径

郭志敏指出:"通过主动提出问题、分析问题、解决问题和评估探究的过程,能够培养学生的独立性和研究能力,从而达到学会学习的目标。"②因此,武术课上应该增加师生互动环节,引导学生主动思考。教师讲解示范新授动作后,要求学生独立拆分与组合,并运用技击原理解释动作攻防含义,培养他们分析问题和解决问题的能力。不管是套路的创编还是散打的实战,都要让学生对肢体动作进行主观想象与即兴发挥。因此,在尊重科学精神、遵守创编原则、符合人体动力学原理的前提下,教师应创设虚拟的情境,鼓励学生创编新的套路或动作组合,对新创编的套路或动作组合进行演练和评估,通过反思性学习与实践,对实战不力的招式进行修订,提升学生的理论知识和技能水平,在散打课上也要适时安排两两实力相当的实战训练。斗智斗勇的散打对抗不仅是学生技术与体力的比拼,更是学生心理和智力的较量。

"打铁还需自身硬",武术教师要定期参加师资培训,使技术水平和理论知识与时俱进。针对需要及时呈现的武术最新理论、技术和成果,武术教师要积极改善教学条件,充分利用多媒体教学设备等现代科技手段。同时,在评定学生成绩时,教师要全面、准确地评估,不能仅靠单一的结果性考核,可通过每周一问、单元小测、随机抽查和期中考试等多样式、复合型的测评手段来增加对学生的过程性考核,督促学生时刻学习、主动学习,提升学生的智育综合能力。

(三)体育培养路径

目前,由于学校武术课程教学内容单一陈旧、教学方法缺失武术特点等,武术的"身体育人"之功效很难实现。唯有对武术授课内容进行实质性改革,增加健身养生项目和终身体育项目,才能使武术从"针对身体的教育"转变为"通过身体的教育",以体现武术

---

① 靳玉乐.潜在课程论[M].南昌:江西教育出版社,1996.
② 郭志敏.香港新高中通识教育科的全人教育理念与实践[J].世界教育信息,2015,28(9):66-71.

之"体育"的深层次功能。鉴于此,建议武术授课内容选取技击与养生兼具的太极拳,利用不同种类或者地方传统武术特色拳种形成"一地一品""一校一品"的格局和品牌效应,并根据素质教育的要求,在教学中重视学生的个性发展和多种能力的培养,突出"以人为本"的教育理念,针对不同的学生采取不同的策略,激发学生学习兴趣,磨炼学生意志品质,锻炼学生健康体魄,鼓励学生自我超越,使之达到强身健体、未病先防的综合"育人"效果。

另外,武术是一种不受场地、器材限制的运动项目,因此,在保障武术课堂教学质量的基础上,教师可以利用课上课下、线上线下等二元时空的教学方式与方法,积极进行武术(体育通识教育课程)教学第二课堂的拓展与建设。学生通过课下切磋以武会友;通过线上论武,体悟人生。这样能够真正使武术第二课堂成为学校武术教育教学的延伸与发展,从而有效延长学校武术课程教学的链条。所以说,武术虽小技,然其道大焉,通过习练武术,学生可以掌握一种终身体育的锻炼方式和健康向上的生活方式。

(四)美育培养路径

武术不仅追求外在"形美",还崇尚内在"神美""德美"和"道美"。当下,人文精神和人文逻辑的缺失严重影响了学校武术教学质量和课程改革成效。基于此,学校开设武术文化大讲课,每学期聘请武术文化、武术美学领域的专家学者为学生开展1~2个"武德思想""武术审美观"方面的专题讲座,培养学生的人文精神与美育基础;针对武术专修学生,在"期初"和"期中"两个时间段,采取集中的方式方法进行理论授课,内容主要是武术的"儒释道"精神、易经易理、阴阳学说以及武术与传统文化的关系,提升学生的人文逻辑与美学素养。

同时,课上课下为学生创造一切"美育"机会,搭建武术"美育"平台。例如,学生积极参与市、县、区举办的武术比赛,"以术求道""自我陶冶",从比赛中感受武术之美;在校运会、社区、大型商业演出中进行武术表演,"纾解心情""净化心灵",从表演中体会武术之美;观看国际武术比赛、优秀武术影视作品,"物我两忘""神与物游",从欣赏中品味武术之美;习练不同的拳种套路,尤其是地方特色拳种套路,"道法自然""万法归一",从练习中体悟武术之美。

(五)劳动教育培养路径

武术之劳动教育(实践能力)的逻辑起点和价值归宿是使学生学会生存与生活的一种生命教育。通过武术技能展示、武术教学训练、武术创业大赛、社区武术服务、模拟中小学武术教师招聘等"成长项目驱动导航工程",可以提升学生的生存与生活能力。鉴于此,教师要让学生在学习、交流、展示、较技、比拼中,释放个性,展现自我,并强调这是习武者谋生的手段,是武术人立足社会的基础。人际交往能力是学生社会适应能力的综合体现。在教学训练中,师生之间或是生生之间通过沟通、协调、理解和配合,达到学会动作的目的;在技能展示中,生生之间通过拆招、喂招、换位思考和体验对手角色,学会竞争与合作;在社区服务中,主客体之间通过交流配合、彼此尊重,获得独立的思维能力和行动能力;在模拟招聘中,教师增加片段教学、微课设计,以及针对中小学的武术教学、训练与指导等环节,增强学生实习实践的能力。同时,教师利用一年一度的学院武术大赛或校运会武术比赛的机会,锻炼学生的实战能力、演练能力、编排能力和裁判能力,解决学生实际操作环节中的困惑与问题,提升他们的临场应变能力和协调处理能力。

"劳动教育"是以培养创新精神和实践能力为重点的教育。有条件的学校可以适当开展"参与武术公益活动""社区武术志愿服务""社会武术指导员""武术裁判员"等多技能培训(采用学分制考核),以夯实学生武术创业的基础,尝试进行武术产品开发、建设大学生武术创业实践基地等。总之,拓展武术在学校教育中的用"武"之地,便是当代学校武术"劳育"价值之所在。

总之,全人教育符合新时期社会转型的发展需求,是我国教育事业发展"十三五"规划的必然选择,亦是与国际先进教育理念接轨的重要举措。对于武术教学而言,在理论设计与实践路径上贯彻全人教育方针,能够使学生真正融入社会,实现个人价值。

第三节 "全人教育"背景下学校武术教学发展的路径选择

一、加强武术的宣传和推广,加大资金投入

首先,学校要做到让大部分学生真正认识到武术的内涵和核心,从而使更多学生愿意主动参与到武术运动中去。其次,武术的宣传和推广方式可以多种多样,可以采取比赛、趣味比赛、讲座等多种途径来宣传武术,但是需要注意的是,宣传和推广活动本身要做到能够吸引人,如果活动本身不具备吸引人的效果,那就达不到宣传和推广的效果,甚至适得其反,造成对武术形象不好的影响。例如,学校可以以趣味比赛的主题来开展活动,设置一些奖品和奖励,鼓励学生参与比赛,在比赛过程中,学生可以感受到不一样的武术魅力,可以在短期内体会到武术的趣味性,从而喜欢上武术,活动中需要展示一些武术知识和武术内容的展示牌,这样可以使感兴趣的学生获取更多的武术知识,还可以设立武术协会,将感兴趣的同学纳入协会。

二、优化武术教学内容,注重完整性

学校对于武术教学内容的优化需要注意以下几个方面:

第一,学校要从学生的身体健康出发,设计合理的教学内容,以达到强身健体的作用,并且具有一定的观赏性和实用性,摒弃传统过分追求观赏性的教学内容,突出武术的实用性和文化内涵。

第二,武术课程内容需要突出内涵和核心,武术的核心简而言之就是武德,教学内容

的设计需要重点突出武德的养成,使学生可以真正感受到武术的内涵和魅力。

第三,学校要敢于创新,可以根据本身的特色,设计具有本校特色的武术教学内容和模式,同时需要改革和优化武术课程的配套教材。

第四,学校可以尝试将武术运动与其他学科相关知识相融合,设计更加具有吸引力的教学内容,如将武术与街舞、拉丁舞等流行舞蹈相结合,这样不仅丰富了武术课程的内容,也使得武术课程的内容具有更强的吸引力。教师在武术课上只让学生对动作进行模仿,是不可能让学生达到文化自觉的,只有将不同学科的知识点进行融合,才可能达到"格物致知"的效果。

三、创新教学方法,注重多变性,凸显学生的社会属性

目前,武术教学中常用的示范讲解法、重复训练法,明显无法体现学生的社会性。知识只有在它们产生及应用的情境中才能产生意义,学习知识的最好方法就是在情境中进行。顾明远指出:教学中的情境创设是"运用具体生动的场景,以激起学生主动的学习兴趣、提高学习效率的一种教学方法"[①]。教师运用情境教育法,让学生灵活运用所学知识解决实际问题。教师也可以运用比赛法,激发学生的团队意识,使每个学生都参与其中,组员之间通过相互配合完成任务。在比赛中,受规则和武德的制约,学生不仅需要掌握武术技术,还需要拥有运动智能,也需要具有良好的对抗意志、自信心和良好的道德品质。这些教学方法都呼吁学生不要"孤身奋战",而要"团结一心"。正所谓"三个臭皮匠,顶个诸葛亮"。教学方法的多变,一方面调动了学生的积极性,另一方面展现了学生团结合作的能力。

教育的最终目的是育人,也就是个人价值的实现。它需要个人不仅具有"德才兼备"的人格魅力,也具有"服务社会"的奉献精神。教学方法的选择需要秉持以培养学生社会能力为目的,其次是学生的技能。两者是相辅相成的,技能的掌握是本原,而学以致用是掌握技能的最高成果。

四、完善武术教学评价,注重多元性,肯定学生的自我价值

目前,教学评价是建立在学生单纯模仿武术技战术基础上的,只是对学生的技术进行了点评,对学生的人格修养、创新能力等其他方面都没有涉及。这与全人教育所培养的德才兼备的人才是完全不符的,这种片面的教学评价无法有效点评学生进步情况。由于每个学生的运动技能水平和优势运动项目的差异性,对个人表现的评价标准也应实现差异性和个别化。每个学生都有自己独特的闪光点,我们不应该以一个绝对化的评价标准来衡量学生,评价标准应该多元化。结果式评价很容易忽略学生平常上课的表现情况,不能及时肯定学生的进步,从而影响学生的积极性。因此,教师在进行武术教学评价时,应该针对学生的各个方面来进行评价,尽量摆脱原本单一化评价模式的局限,选择多

---

① 顾明远. 教育大辞典[M]. 上海:上海教育出版社,1998.

元的评价形式,让学生的价值得以体现。除了教师对学生进行评价之外,还可以学生自评、互评。学生自评是学生进行自省的过程,反思自己是否进步、上课是否认真等;学生互评是沟通交流能力、语言表达能力、冲突解决能力的综合表现。通过多角度的评价,促使每一名学生获取成功的体验,以达到在运动中收获成就感的目标。

五、加大师资队伍建设的力度

首先,学校要加强教师对于武术课程的理解和认识,教师要在实际的教学工作中充分展示武术的核心和内涵,这样才能让学生真正感受到武术的魅力。

其次,学校要积极引入武术专业的并且教学经验丰富的教师来参与武术教学工作,高学历高职称的权威学科教师可以营造出教师队伍的学术和科研氛围,因此,有利于提升整体教师队伍的素养。

第三,学校要积极加强对武术教师队伍的专业知识培训,定期举行武术知识的培训,并且对教师进行适当的考核和考查,可以适当给予奖励,以充分调动教师的热情和积极性。

第四,学校要引入一些新鲜的教学力量,尤其是一些扩招的高等院校,不能一味地扩招而不扩充教师队伍学校可以吸引一些专业性强的、年轻的教师参与到武术教学中来,也可以采用外聘的形式来扩充教师队伍,将社会上优秀的武术人才吸引到武术教学工作中来。

总之,"全人教育"强调"人"的整体性、全面性,有效地认清武术教学"为了谁"的问题,明确地厘清武术教学的本质追求是为培养"德才并重""知行合一"的习武人,准确地直击武术教学的"痼疾"。在武术教学中,只有注重学生情感、思想、个性、社会性等方面全面参与到武术教学中,武术教学才能达到"行而不辍,未来可期"的效果。

第十章 武术教育与网络文化
互融发展研究

第一节 网络武术文化内涵与内容

一、网络武术文化的内涵

要对网络武术文化内涵进行研究,自然离不开对网络武术文化基本概念的认识与界定,虽然概念的界定是随着时代的变化而变化的,但这是我们研究的起点,我们不得不给它下一个定义,正所谓"本立而道生"。简单地说,网络武术文化即网络上承载的武术文化。目前,网络文化的载体主要有网站、视频、论坛、博客等,那么网络武术文化也必然要依附在网站、视频、论坛、博客等网络载体上。自然,我们对网络武术文化的研究,也就是对网站武术文化、视频武术文化、论坛武术文化、博客武术文化等进行的研究。

二、网络武术文化的内容

(一)网站武术文化

1. 网站概述

网站是应用最为广泛的互联网服务,它是互联网上固定的面向全世界发布消息的地方。它由域名(网站地址)和网站空间构成。衡量一个网站的性能通常从网站空间大小、网站位置、网速、网站软件配置、网站提供服务等几方面考虑。总的来说,网站就是由众多网页组成的超链接系统,包括作为进入该网站起始页的主页以及其他负载了各种类型内容的页面。

2. 武术网站与网站武术文化

武术网站简单地说就是以武术为内容的网络站点。网站武术文化的主要内容就是武术网站,武术网站就是网站武术文化的基础和载体。二者相似但又有所区别,不能混为一谈。

3. 网站武术文化的内容

(1)行政部门武术网站。

行政部门武术网站主要包括中华武术网、中国功夫网、中国武术网、中国武术协会网、上海武术网、北京武术网、国际武术联合会、大连武术网、河南省武术运动管理中心等。从这些武术网站的连接速度、更新速度来看,官方网站总体发展较好,以发布武术信息、重大赛事通告等内容为主,是武术工作者获得有关政策和科研导向的首选网站。这些武术网站大都包含了武术源流、门派拳法、健身功法、技击方法、武术赛事报道、武术对外交流等方面的信息以及相关武术影视的内容。不同的武术网站的主要内容虽存有差异,但依然有他们的共同点:

第一,行政部门武术网站中都开设有新闻版块,如博武网的新闻中心、搜武网的最新资讯、上海武术网的最新资讯、中国武术协会的武林快递、中国功夫网的功夫新闻、中国武术协会的新闻中心等。此类板块主要是及时报道武术界发生的重大事件和各类新闻,以及武术相关资讯。

第二,行政部门武术网站都对主要武术流派的相关问题有所涉及。例如,中国功夫网开设了少林功夫、百家功夫、武当功夫等版块;中国武术协会专门开设了武术流派版块,其中包括少林、太极、武当、八卦四个子版块;搜武网中的天下功夫版块中包括少林、太极、八卦、武当、意拳、散打等子栏目。

(2)个体私营武术网站。

当前个体私营的武术网站也是互联网中的主要组成部分,经营者以武术馆(校)、武术器械厂商为主。这些网站涵盖的内容广泛,形式多样,武术以外的信息较多,广告多而乱。其中有一些大的武校办学较早,资金相对雄厚,其武术网站办得也较有特色。例如,陈家沟武术院其网站质量较高,网站首页就有生动的太极拳视频介绍,网站内容也较全面地介绍了陈式太极拳。但大部分武术馆(校)网站只是将网络媒体作为本校招生的一个工具,更无知识性可言。

当前武术馆(校)网站的主要内容包括七个方面。①学校简介:主要是对学校的师资力量、地理位置、办学规模做总体的介绍。②学校视频:一般为学校学生的武术表演、武术比赛的录像,供浏览者观看。③校长风采:学校校长的练功照片。④专业设置:介绍学校都开设了哪些课程,学生可根据自己的情况报名学习。⑤学校荣誉:学校获得的荣誉和奖励、学生获得的荣誉和奖励。⑥在线报名:此版块在一般的武术馆校的网站上都有开设,方便浏览者在线咨询和报名。⑦毕业去向:主要介绍学员毕业后的安置情况。

另外,上海嘉定武术学校、武当山精武学校、武当师行功夫馆、北京武苑巨龙武术馆、鸡公山少林武术学校、北京群英武术俱乐部等,这些武术网站都有中英文的切换方式,而且英文版面的内容相当充实。其中,北京武苑巨龙武术馆网站不但有英文的切换方式,还有日语和韩语的切换方式,内容也较充实。

武术器械网站的主要内容有公司介绍、产品展示、联系方式等,某些网站有中英文切换方式,如北京大业亨通武术健身器材有限公司、义乌武星武术用品、亨达武术用品厂。个别网站有多国语言切换方式,如银龙武术体育健身用品厂、上海格群体育用品有限公司,不仅有中文版、英文版还有日文版和韩文版。

这些网站主要包括对各拳种、地方武术名家、各种养生功法、武术器械以及武术趣闻的介绍性内容,还包括新闻、各类音视频资源、公共检索及交互性留言簿等内容。网站涵盖的内容广泛,形式多样,广告和武术以外的信息较多,如博武网、上海武术网等。

（3）各高校的武术网站。

当前国内各高校建有武术网站的主要有北京体育大学武术学院、上海体育学院武术学院、西安体育学院武术学院、广州体育学院武术系、河南大学、成都体育学院武术系、武汉体育学院武术学院、沈阳体育学院武术系、河北体育学院民族传统体育系、天津体育学院民族传统体育系。通过对高校武术网站的调查发现,这些网站设有对学科专业、武术知识、新闻、武术课件等内容的介绍,有些还有中英文版的网站切换方式,有利于武术对内、对外的传播与发展。

通过对武汉体育学院武术学院、广州体育学院武术系、北京体育大学武术学院、天津体育学院民族传统体育系、上海体育学院武术学院、成都体育学院武术系、西安体育学院武术学院等高校武术网站的调查发现,这些网站都设有校园新闻、院系简介、教学与科研、学生工作等栏目。校园新闻:一般为本院系的通知、通告等的日常事务。院系简介:介绍本院系的历史发展概况,对本院的建设、师资、成果有一个大概的说明。教学与科研:这个版块是高校武术网站区别于其他武术网站的重要标志之一,其本身也是高校武术网站的特色。但有些网站名不副实,仅仅简单说明了本院的研究方向、承担的课题,这和高校自身的丰富师资力量、国家的资金支持、雄厚的科研力量是极不相称的。学生工作:主要介绍本院系学生的课外活动和思想建设方面的内容。

除以上内容外,高校武术网站还有武术课件、招生信息等内容。

4. 当前网站武术文化内容所存在的问题及其原因

（1）官方武术网站内容单一。

官方武术网站的内容大多局限于对全国或地方重大赛事及相关科研活动的通告,缺少对武术其他方面,如武术名人、武术历史、武术套路演练法等的介绍。

大多数官方武术网站在建站之初没有明确的指导思想与宗旨,从而导致内容呆板、缺乏特色,集中表现为信息种类的大同小异,想贪大图全却又力不从心,最终草草了事,使人读之索然无味,浪费时间。官方武术网站的信息多集中于常见的几类拳种,如形意拳、八卦掌、太极拳等。个别官方网站甚至仅仅是一个简单的网页而已。1979 年国家体委发出《关于挖掘整理武术遗产的通知》后,1986 年初步整理出来的拳种就达 129 个。但此类网站的内容却寥寥无几,种类较少,而且此类网站之间相互模仿,同质化严重。这种现象更加剧了官方武术网站内容的单一性。

（2）个体武术网站内容繁杂、言过其实。

个体武术网站主要包括武术院校网和武术器材网两大类。从网页的整体设计到网站内容总体给人一种不可信的感觉。

虽然个体武术网站的内容丰富,但内容的真实性与可靠性缺乏考证,且内容杂乱,广告版面较多,大大降低了此类网站的可信度。笔者通过大量浏览得知,此类网站涉及武术的大量信息。但这些信息仅是为他们的利益而服务的,所以具有夸张甚至是虚假的成分,言过其实,欺骗了广大武术爱好者。这种现象极不利于武术信息的传播,也不能使浏览者从中真正受益。

(3)高校武术网站内容浮浅,缺乏学术性。

通过分析,大多数高校武术网站的内容局限于对各自武术专业和师资力量、武术基本知识、学校基本情况等信息的介绍,缺乏对武术这门学科的系统完整的概括,缺乏武术论文、研究报告等研究成果,以至于没有更好地体现高校信息资源的丰富性,这极不利于武术文化的发展。笔者通过搜索发现,高等院校的武术网站的数量并不多,且内容与高校网站应该具备的特色和水准相距甚远,离浏览者希望的目标尚有一段距离。例如,广州体育学院武术系的网站,只设有系部介绍、学术研究、招生就业等几个大的栏目,有些体育院校只有武术系一个简单的介绍,甚至有的连介绍都没有,以至于没有更好地体现高校信息资源的丰富性。高校专家学者荟萃,拥有雄厚的科研力量和物质条件,所以高校应大力加强网站建设,使高校武术网站在网络社会蓬勃发展,为发展网络武术文化添砖加瓦。

(4)各类武术网站外文版本有待加强。

当前绝大多数的武术网站基本上没有英文版本,官方武术网站也在其中。有的即使有英文版,其内容也仅仅是对中文版的简单翻译,内容严重缩水且更新严重滞后,名不副实。笔者在搜索中发现,只有5个网站的英文版与中文版的内容相吻合,另有1个全英文网站——国际武术联合会,其页面设计简洁,相关内容颇为丰富,值得其他类网站借鉴。在网络时代,网民的数量与日俱增,全球的武术爱好者大部分是通过登录武术网站来了解、学习中华武术的,所以提高武术网站外文版本的质量就显得尤为重要。虽然武术网站外文版总体处在提升的阶段,但外文版本的建设还需加强。

(5)武术网站的内容更新缓慢,缺乏维护。

信息更新速度太慢是诸多武术网站的通病。在笔者将近6个月的调查期间,有些武术网站的信息内容根本就没有更新过,更有甚者在互联网上已经消失或被删除。作为一个以武术冠名的专业网站,有关武术方面信息的更新速度还不如某些新闻网站。一个网站只有保持经常性的更新,才能不断吸引浏览者再次浏览,从而渐渐在"茫茫网海"中产生影响,使更多网络上的武术网民成为武术网站的忠实"客户"。如果网站一成不变,或未及时更新,轻者无法获得更多的武术网民的信赖,重者会逐渐在武术网站中消失。因此,武术网站的维护是"马拉松式"的工程也是推广武术网站的又一个很重要的手段。但是,大多数武术网站并没有意识到这一点,或被忙碌的工作所累,无暇顾及,或因为没有必要的技术人员和资金的支持而放弃。一句话,不管是哪一类的武术网站,如果没有新鲜血液的注入,长此以往就会成为"死链"。

5.解决网站武术文化问题的对策

(1)提高官方武术网站的影响力。

如果一个网站为武术网民提供的信息是有限的且价值不高,或者提供的内容远远满足不了广大武术网民的需要,可以想象这样的武术网站离淘汰出局也就不远了。不管是行政部门武术网站、个体私营武术网站、各高校武术网站,还是其他武术网站都必须以海量的、实用的、有价值的信息取胜。武术网站之间要加强合作,充分保证武术网站信息的质量。具体来说,官方武术网站应加强对武术现有信息的整理与归类,加强对当今我国武术发展状况的介绍,及时通报各项武术活动,如比赛或科研报告会等,提供武术影视片,开通多语网站切换模式,加强武术信息的对内、对外传播和交流,满足国内外网民的需要。

(2)精简个体武术网站内容。

网站在精简内容上应做到不采用大量的文字,否则会使浏览者感到压抑,所以适当合理地使用图片是网站不可缺少的一部分。画面能够表达许多文字无法表现的内容,同时能吸引用户的注意力,但一定要适度合理,不能太多,多了就会喧宾夺主,分散浏览者的注意力,并且影响连接速度。个体武术网站的创建主体大多是民办武术院校,这些网站的目的是牟利。在网站的内容上,为了吸引更多的武术学员,或者为了更多的盈利,个体武馆(校)在上面做些虚假的信息,这些信息是真是假我们很难识别,即使个体武术网站上的信息都是真的,人们依然会心存怀疑,毕竟这个网站仅代表个体,而且网站本身具有虚拟性。所以对于武术网站中的个体武术网站来说,提高自己的信誉是非常重要的。另外,个体武术网站的影响力往往非常有限,笔者作为一个武术人对于自己搜索的武术网站很多都是闻所未闻。所以个体的武术网站一定要加大宣传的力度,从外因上来说,可以在影响力较大的官方武术网站申请友情链接;从内因上来说,要提高网站质量,树立良好的信誉,这样网站才会越办越好。

(3)充实高校武术网站。

武术网络化已不是什么天方夜谭,随着我国网民的日益增加,武术爱好者的上网人数也与日俱增。笔者认为,高校武术网站应充分利用互联网的传播功能,让武术在社会各阶层中蓬勃发展起来,让高校精英思想影响大众、引导大众,作为武术发展中坚力量的高校,其作用是不可或缺的。在过去没有网络的时代,高校的科研工作对武术的影响是有目共睹的,随着网络时代的到来,高校这块前沿阵地也应与时俱进,加速武术向全社会推广的进程。因此,笔者认为,高校的武术网站有责任也有义务把武术网站做精、做好。所以,高校应大力加强武术网站的建设,把众多教授、学者多年的教学经验、最新的研究成果,以及对武术发展的一些好的建议、优秀的教案、课件等在网上发表。高校武术网站的内容并不一定要多么广泛,但一定要深入,深入武术里面去。充实网站内容,增强科研氛围,对于高校武术网站建设来说,已经刻不容缓。

(4)加强外文版本建设。

现阶段,我国武术网站的外文版本的建设还处于初级阶段,外文版面的制作明显落后于中文武术网站的建设。笔者调查的所有武术网站中有外文版本的网站屈指可数,内容草草。武术网站的外文版是对外宣传我国武术的重要窗口与媒介,对于网站发布信息的政治性、内容的真实性、新闻的实时性、语言的质量等,不管何种类型的武术网站都必须严格加以保证。网络无国界,武术信息上网就意味着面向全世界的网民,外文版的武术网站与中文版的武术网站所服务的对象不同,因此,外文版的武术网站在内容编辑方面宜采取编译的方式而不宜直接翻译,切勿将中文与外文版武术网站混为一站,互为直译,否则网民浏览时往往不知所云。网站做好后务必请专业的人士来审阅,也就是说,网站要符合海外浏览者的语法要求和语言习惯。

作为拥有东方文明象征的中华武术的传承者,我们一定要利用当前的网络技术与武术资源加强对外文武术网站的开发与建设,加快武术向全世界的推广进程。

(5)及时更新网站内容。

武术网站要吸引读者,需要安排专人负责按时更新网站内容,及时发布与本网站相关的信息或新闻,这样,武术网站才能够反映专业最新状况及最新动态,以新颖的信息内容吸引读者不断浏览。内容也不是随意更新的,网站应根据自身的需要制订更新方案。此外,由于新闻具有突发性,网站应能随时更新。通过制订详细的方案间接督促网站管理员更新内容,只有这样才能够持续提高网站的制作水平和活力。另外,相关人员要定期对武术网站进行整理,去除无用的链接、图片、Flash 等内容,一是可以使网站的内容更加简洁明快;二是可以使读者快速找到需要的资源,以免影响大众的正常访问。

(二)论坛武术文化

1. 论坛概述

首先说明一下,此处的"论坛"一般是指网络论坛。在网络以外的现实世界中,"论坛"是指一种高规格、有长期主办组织、多次召开的研讨会议。著名的论坛有博鳌亚洲论坛,精英外贸论坛……要想了解论坛武术文化,首先,我们应该知道什么是网络论坛。论坛又名 BBS,全称为 Bulletin Board System(电子公告板)或者 Bulletin Board Service(公告板服务),是 Internet 上的一种电子信息服务系统。它提供一块公共电子白板,每个用户都可以在上面发布信息或提出看法。它是供大家相互交流、知识共享的一种即时性的网络电子信息服务系统。

2. 武术论坛与论坛武术文化

武术论坛,即在网络上人们以武术为讨论主题的一种即时的电子信息服务系统。它是人们获取武术信息、发布武术信息、参与武术讨论、娱乐身心、资源共享的网上家园,网友们可以在此自由地结交朋友,交流思想和发表信息等。

论坛武术文化是指网络上一切与武术论坛相关的信息。武术论坛是论坛武术义化的主要载体。广义上的武术论坛其实就是一个武术网站,但在狭义上它从内容到形式都有其自身的特殊性。

3. 论坛武术文化的内容

(1)专题类的武术论坛。

专题类的武术论坛,顾名思义就是以某一拳种或某一门派为专题的武术论坛。拳种或门派一般从论坛的名字就可以判断出来,如八卦掌论坛、太极论坛、形意拳论坛等。

通过调查可知,此类武术论坛涉及的内容有武术人物、武术拳种、武术讯息等,相对于综合类武术论坛的内容,此类论坛的内容就显得比较"窄",但却"精""深"。笔者通过调查得知,此类论坛主要有"武术人物""武术拳种""武术讯息"等板块,其中武术人物主要以本门派或本拳种中具有威望的人物为代表;武术拳种主要以本门派或拳种为主要内容,包括相关资料、经验交流等内容;武术讯息主要以本门或本派的拳种为主要内容。

(2)综合类的武术论坛。

综合类的武术论坛,简单来说即整个论坛所涉及的武术内容较为广泛,牵涉武术的各个方面,综合性较强,资源也较为丰富,如天下功夫论坛、中华国术论坛、中华武术论坛等。

通过调查可知,此类武术论坛涉及的内容主要包括武术人物、武术拳种、国内外技击、武术讯息、资源下载、冷兵器等。武术人物:武术界古代、近代、现代的武学大师、武术家或武术界名流的身世、事迹、趣闻等内容。武术拳种:太极拳、形意拳、八卦掌、少林拳、八极拳、南拳、意拳、梅花拳、通背拳等拳种,其中每一拳种中又会涉及拳种的传承、相关资料、经验交流等内容。国内外技击:国内的技击术主要涉及中国跤术、散打,国外技击主要涉及拳击、跆拳道、柔道。武术讯息:以及时公布国内外与武术有关的赛事为主。资源下载:主要涉及武术典籍、影视资料等,为论坛成员互相交换、下载、交流武术资源提供方便。冷兵器:主要涉及枪术、短棍、匕首等器械的使用技术。除以上内容外,有些论坛还开设了养生(气功、瑜伽、保健)、在线购物等服务板块,极大地满足了论坛成员不同的需求。

最后我们可以得出以下结论,专题类论坛的特点是"窄而精",综合类论坛的特点是"宽而范",二者各有利弊。

4. 当前论坛武术文化存在的问题及其原因

(1)帖子无序,信息泛滥。

帖子是论坛的重要组成部分也是论坛中的主要内容,论坛中的用户都会通过帖子进行交流。用户在海量的帖子中找自己需要的正确答案极其困难。用户在消息栏中阅读大量的帖子极为费时、麻烦,信息过剩,包括完全不相关的信息过剩,使许多人对武术论坛望而却步。网络论坛中信息量的泛滥,导致有效信息含量相对减少,这完全有可能使本来形成议题的信息淹没在大量的无用信息之中,使网民处理信息变得更为困难。造成这种现象的原因与论坛的版主或编辑有着密切的联系。

(2)非理性交流严重。

武术论坛以其虚拟性、自发性、交互性、匿名性和开放性等特点,成为网民宣泄的重要场所,一些缺少自律意识的网民在参与交流与讨论时,容易采用偏激的态度,甚至侮辱、谩骂的语言,从而使非理智的个人情感宣泄替代了理性的交流。严重者甚至用过激的言论迷惑、误导大众,以达到自己的某种目的。这种现象大大影响了论坛的感召力和舆论引导力,失去了论坛应该发挥的作用。

(3)论坛话题讨论欠深入。

在线讨论的主要目的就是鼓励所有参与者参与到讨论中去,就某一问题直言不讳地表达自己的意见和想法。为使参与者有兴趣参与在线讨论的活动，任何人都可提出新问题或转换讨论话题。这对活跃讨论氛围、鼓励网民参与讨论有重要的作用。但现在的问题是论坛表现出高频率转化讨论主题的现象，导致论坛参与者对每个问题的集中注意时间短，没有进行深入探讨，使问题的回答缺乏深度，流于形式。大量不相关的话题转换大大加剧了话题的"冷却"速度，使主题的讨论活动难以充分展开，参与者的目的也难以实现。

（4）缺乏权威、专家参与。

在笔者搜索的 53 个论坛中，只有中华国术论坛、功夫天下论坛等有名家专栏等相关的版块，其余的武术论坛基本上都没有开设这个版块，这样会大大降低武术论坛的影响力和品位。作为一个有人气的论坛是需要"意见领袖"参与的，这会提升论坛的知名度与影响力，无形中就会引起人们参与的兴趣，并使大家融入其中。

5. 论坛武术文化问题的解决对策

（1）网管负起责任，积极维护论坛建设。

每过一段时间，网管就应该对近期有价值的、成员广泛关注的讨论交流进行分析、整理，形成有条理的短文，发布在共享区，同时调动成员捕捉与本论坛主题有关的新闻轶事，提高武术论坛的时效性和趣味性，对于一些有益的、重要的关于武术发展的信息应"置顶"或"加精"。这样就不至于使那些有价值的帖子被垃圾帖子淹没，从而利于武术论坛会员的浏览及利用，增强信息的共享性。

（2）坚持以理服人，树立团队精神。

坚持以理服人，即武术论坛是一个理性的场所。为营造论坛和谐的氛围，网友在发言时不可以对他人进行人身攻击，辱骂他人，如有违反轻则被警告、禁言，重则从论坛被剔除出去。同时，对质量较高的发言，版主可通过加分、加威望等手段给予肯定和鼓励；对新加入的网友要给予特别关注和照顾，对他们的提问给予热情解答，并鼓励他们参与讨论；把议论的焦点引导到如何解决问题上来，让大家群策群力，共同为解决问题出谋划策。

（3）发挥版主作用，引导话题深入。

武术论坛根据内容分为不同的版块，版块的主要管理人员称版主。随着论坛影响的日益广泛，版主在舆论导向中的作用日益重要起来。版主是一个有权将帖子置顶和删除的人，掌握着整个论坛话题的导向，所以在武术论坛中，话题讨论的深入程度与版主的导向是密不可分的。

随着论坛影响力的扩大，武术论坛越来越成为网上武术舆论的集中地。所以我们应充分发挥版主的舆论作用，引导话题深入，占领网上舆论制高点，正确引导舆论导向。这无疑对网络武术文化的发展是非常有益的。

（4）积极吸收专家参与提高论坛影响力。

要提高论坛的知名度，除了美观的页面设计、丰富的武术资源、深入的交流之外，还在于多吸引此领域的专家、学者、权威的参与。例如，针对某些武术领域具有较大争议的问题争执不下时，如果有专家或权威的参与，就会大大增加大家的知识共享性与积极性，因此,武术论坛在有条件的情况下,可以吸收一些专家、学者的参加,或者通过论坛成员的宣传吸引一些高水平成员的参与,这对提高论坛成员的知识水准和团队效能是非常有益的。

(三)视频武术文化

1. 视频概述

视频(Video,源自拉丁语的"我看见",又翻译为视讯)泛指将一系列的静态影像以电信号的方式加以捕捉、记录、处理、储存、传送与重现的各种技术,基于流媒体技术中文、图、声、像四者的结合。在当前技术条件下,这种视听结合的连续影音传播方式是迄今我们所知的最高级的影音形式。

目前,我国的视频网站大致可以分为两大类:一类是以网友个人上传为主的视频网站,此类视频网站的典型代表是优酷网、酷6网、土豆网等视频分享网站;另一类是直播或点播视频的网站,如 PPTV、PPS 等。

2. 武术视频与视频武术文化

武术视频即网络上关于武术内容的动态画面。笔者所研究的对象主要是视频分享网站中的武术视频。在这里不能把武术视频等同于视频网站,二者是两个不同的概念,武术视频是视频网站内容中的一类。

武术视频是视频武术文化的主要载体。网络上一切与武术相关的视频统称为视频武术文化。本书主要以视频分享网站(优酷网、酷6网、土豆网)中的武术视频作为研究对象。

3. 视频武术文化的内容

(1)格斗类视频。

在网上搜索看到,在此类标签下的格斗类内容虽然主要以武术格斗为主,但依然存在着无关视频较多的现象。例如,在格斗类的视频里面有武术类的格斗也有和武术无关的格斗,如动漫、舞蹈、游戏、武术比赛等。此类视频主要以擒拿格斗术、巴西柔术、军警格斗术、武术格斗电影片段、中国的武术格斗、外国的武术格斗、传统的武术格斗居多,其中还夹杂着很多不相关的武术视频,如毫无武术动作的视频、动画片等。在调查中笔者发现,格斗类的视频主要以格斗教学视频为主。

(2)表演类视频。

笔者从搜索中看出,视频分享网站的武术表演视频大多为晚会、开幕式、各种重大节日等场合中观众用手机等一般的摄像器材拍摄并上传到网上的,即使有专业的摄影器材,拍摄者一般也不具有专业的摄像知识,所以此类视频的影视质量和视频内容相比较武术教学类的视频就显得差一些。

(3)比赛类视频。

此类视频一般为个人比赛的片段或国家武术比赛、大学生武术比赛、各地市武术比赛的片段剪辑,内容以竞技套路为主夹杂一些传统拳术与器械。除以上内容,比赛类视频还包括国内和国外的散打比赛。总的来说,比赛类的视频五花八门,内容还是非常丰富的,其所涉及的武术类别还是比较广的,从传统武术到竞赛套路、从国内的武术比赛到国外的武术比赛、从拳术到器械、从 20 世纪到当代的武术比赛都有所涉及。

(4)教学类视频。

此类视频较为丰富,其内容主要涉及第一套国际竞赛套路及第二套国际竞赛套路,刀、枪、剑、棍类视频最为普遍,少林类、太极类、武当类、南拳、南棍类视频也较有代表性,还有我们常习练的五步拳、初级长拳、初级剑、初级刀、初级棍等类视频。另外,巴西柔术、跆拳道、拳击等国外教学片段也颇多。太极拳的教学视频也为数不少,主要涉及陈氏太极拳竞赛套路、杨氏太极拳竞赛套路、吴式太极拳竞赛套路、孙氏太极拳竞赛套路等。此类视频的上传大大丰富了视频武术文化,同时大大满足了众多武术爱好者求师的需求。几乎所有门派的武技视频分享网站都有所涉及。虽然不可能面面俱到,但是可以说稍有影响力的武术技术都能找得到。另外,此类视频制作的目的是教学,所以此类视频的质量比表演类、比赛类的武术视频要好得多。

4.当前视频武术文化所存在的问题及其原因

(1)视频质量良莠不齐,内容泛滥。

视频网站的内容多由网民上传,因此问题随之而来,视频上传的随意性使武术视频的规格参差不齐、视频效果不佳、内容优劣不等。首先,现在大多数网民没有专业的摄像工具,当前普遍使用的多为手机、相机等工具,从而导致视频模糊不清。其次,网民缺乏专业知识,视频画面抖动、晃动严重,这让观看者痛苦不堪。原创视频虽然发展速度快、使用群体大,但质量难以让人满意,这种现象不仅占用了网络资源而且浪费了网民时间,给网民制造了不小的麻烦。可见,上传视频的门槛过低是视频质量良莠不齐、内容泛滥的重要原因。

(2)视频内容分类模糊、标准不一。

笔者将"武术""武术教学""武术比赛""武术视频"作为关键词,分别在优酷网、土豆网、酷 6 网进行检索,发现内容繁杂呈无序的状态。例如,输入"武术教学"会出现林林总总的教学视频,但其中很多都是外国技击术或根本与武术无关的网络视频,而且很多内容与武术不相关或有明显的概念上的重叠,不确定性太大,让用户难以区分。这些都会对武术视频上传和检索的准确性造成影响。划分武术视频的分类标准不确定从而导致武术视频的内容分类模糊,这会给浏览者造成极大的不方便。

(3)版权问题日益突出。

版权问题是目前国内网络中至今未能解决的症结,侵权行为不断,被起诉的却寥寥无几。一方面,人们普遍缺乏保护版权的意识;另一方面,盗版者多分布范围广,而侵权行为普遍较轻,起诉成功的补偿常常不及起诉时人力、财力的消耗。侵权问题在武术视频中也屡见不鲜,常见的侵权方式集中于非法转载。①转载变原创:某些网站或个人转载视频,通过更改视频标题等方式,将视频改头换面,署名却不是原作者。这类情况侵犯了创作者的多项权利,包括署名权、编撰权等,是一种极其严重的侵权行为。②转载不署名:某些网站在转载视频的时候不标注创作者信息,这显然属于不道德的行为。③非法转载:当作者明确禁止转载时,某些网站仍强行转载,虽然注明了作者并用链接的方式指向原视频,但这仍然属于侵权。这些行为实在不利于武术文化的发展。

5. 视频武术文化问题的对策

(1)提高上传门槛,审查上传内容。

低门槛、零技术的视频上传是吸引网民上传视频的魅力所在,如果没有普通大众源源不断地上传各类武术视频,就没有视频武术文化,我们就不能观看到优质、罕见的视频资料。但随着视频分享网站的影响力日益壮大,上传视频内容也越发鱼龙混杂,有的甚至是污秽不堪的视频,所以要适当提高武术视频上传的门槛,严格审查网民上传武术视频之内容,对那些无武术实质内容的、视频模糊不清的、内容低俗的视频应删除。所以,适当提高武术视频上传的门槛,严格审查上传内容是视频武术文化本身的要求,也是时代的要求。

(2)网站人员切实负起责任。

尽管每个视频分享网站上都设有许多搜索器,搜索的结果基本上能让人满意,但搜索的结果中往往含有与关键词内容不符或不相关的资料,难以找到针对性强、精确度高的视频信息,从而影响用户对信息的有效利用。所以网站的相关工作人员应将收集到的信息源分门别类,根据用户需求,按照确定的主题,对信息个体进行加工整合,生成特定用户需要的序列化的网上信息产品,如形成专业性的视频数据库、信息资源指引库等,使武术视频内容有序化、专业化,方便广大网民。

(3)提倡原创视频,保护网民知识产权。

之所以提倡原创视频,是因为原创视频是视频武术文化的第一生产力。当前原创视频的内容主要以视频改编和网友自拍两种形式为主。所以,大力提倡原创视频,保护网民知识产权是丰富视频武术文化内容的唯一出路。目前我国的互联网管理没有出台专门的法律文本,现在最全面的互联网法规是国务院出台的《中华人民共和国计算机信息网络国际互联网管理暂行规定》。互联网正在飞速发展中,我们期待着全面完善的互联网相关法律的出台,保护广大网民的合法权益。

第二节　武术文化网络传播的思考

一、武术文化在网络传播中存在的问题

(一)武术文化资源库的问题

随着武术文化信息化的发展,武术文化的内容越来越丰富,如何使武术爱好者方便

地找到自己想要的内容并使用它们呢？武术资源库无疑是最直接和最方便的途径。武术资源库就像是一座武术文化资料宝库，它不仅有教学训练、理论科研、拳种流派等方面的武术信息，而且有文学、影像、音频、视频等文化资料和信息。武术爱好者可以在这里快捷、方便地找到自己需要的资料。但是，遗憾的是，出于种种原因，国内至今还没有建立一个大型的综合武术资源库，现在武术信息的网络传播主要是通过一些武术网站、网页来实现的，而这只不过是武术文化网络传播的一个部分。

(二)品牌武术文化网站的问题

目前，我国的武术网站如雨后春笋般层出不穷。从网站的命名来看，武术网站大致有以下几种：①以地名命名，如北京武术网等。②以拳种命名，如少林武术网、武当武术网、太极网等。此外，还有一些其他命名，如中国武术网，民族武术网等。但是大多数武术网站的主题不明确，缺乏特色。武术网站栏目名相似，内容大同小异。武术网站的域名是保证网站能够被访问的前提，但许多武术网站对自己的命名规范都有各自的标准，从而导致了一定程度上的域名抢注、重复等情形的发生，这势必会带来武术网站的混乱。带有"少林""太极"字眼的域名，如"某某少林武术网""某某少林武术学校""某某太极网"等，数量众多。用百度搜索"少林"找到相关网页约 76 900 000 篇，搜索"太极"找到相关网页约 91 400 000 篇。这固然有少林、太极等拳派开展比较好、影响比较大的原因，但也有借少林、太极达到宣传商业产品、吸引人们注意的目的，有鱼目混珠之嫌。面对如此繁多的网站，许多武术爱好者感到无从下手，导致网站的点击率偏低，浪费了大量人力、物力、财力。

中华武术源远流长，在漫长的历史长河中曾孕育了大量的拳种流派。以 1979 年国家体委发出的《关于挖掘整理武术遗产的通知》为例，1986 年初步整理出来的拳种就达129 个。这为武术文化的网络传播提供了丰富的素材和闪光点。武术网站要真正成为推动武术文化网络传播中的一份力量，就必须加强自身建设，以打造品牌武术网站为宗旨，从网站名的确立到内容的安排都紧紧围绕中心主题展开。

(三)高校武术资源的整合与利用问题

武术作为中华民族的宝贵遗产，有着极为深厚的文化底蕴，属于多学科交叉、全方位渗透的体育项目。高校拥有雄厚的科研力量和物质条件，在武术历史文化、理论、教学以及训练等方面处于优势地位，所以笔者认为加强高校武术网站的建设，可以把众多教授、学者的研究成果、教学经验、优秀的教案、课件等整合起来，建立一个武术资源库。这样，不仅可以供本校师生交流和学习，还可以为建立综合武术资源库贡献素材。但是通过网络搜索和实际调查发现，目前高等体育院校、师范院校的武术网站的数目还不多，仅有几个高等院校开通了武术网站，其中最具有代表性的是北京体育大学中国武术学院、上海体育学院武术学院的网站。特别是培养武术教师的师范院校缺少武术网站，有价值的武术文化资料、研究成果在互联网中很少看到，武术课件更是凤毛麟角。

(四)武术网站外文版的问题

当今时代是一个开放的时代,文化的传播带有全球化的特性。武术是我国的民族传统文化,是中华传统文化大花园中绚丽的花朵,具有极其浓厚的民族特色。让世界了解武术,使武术走向世界,是中华传统文化传播的一部分。武术文化在传播过程中必须考虑地域、文化和文字的差异。目前,大多数武术网站都是针对国内武术爱好者开设的,有的即使有外文版,也只是一般的介绍,而且与中文版有不少出入。不过有的武术网站在这方面做了努力,设置了不同的语言版本。在今天的网络时代,我们要通过互联网向世界传播武术,就必须加强对武术网站外文版的开发与建设,不仅仅局限于英文版本,还应该根据需要和传播范围的扩大逐渐丰富武术网站的外文版本。

(五)武术文化的传播者和受众急需沟通

任何信息的发布都要经过专门人员的采集、加工、整理,再经过编辑的处理才能够在媒体上传播。任何一条信息只有被传播到受众那里,被受众感知后才能够产生社会效果。对于网络媒体来说,如果他们编发的信息不被网民接受,那么即便是这条信息被发布出去,也仍然没有完成传播过程。严格来说,这条信息就起不到信息的作用,该信息的采集者、编辑者的劳动都是无效的劳动。成功的网络媒体的经营就是要推销自己的信息,争取让更多的人浏览自己的信息。而这种信息传播的成功需要通过与外界的交流、沟通、推广实现。所以,武术网站必须通过广泛地与外界进行接触交流,通过了解武术爱好者的心理需要,利用自身特有的交互式传播特点来获得武术网站自身的发展。

目前,许多武术网站忽视对武术爱好者心理的研究,有的只是注意到了对网民心理的利用,而不考虑武术爱好者的需要和兴趣。这样不仅造成了资源的严重浪费,而且给整个武术文化在网络中的发展带来了负面影响。

二、武术文化网络传播的发展对策

(一)武术文化传播者应具备较高的综合素质

1. 提高武术文化传播者的信息技术

武术文化的网络传播是建立在网络信息技术上的武术文化传播。所以,不管是武术文化信息的制作,还是武术网络信息的传递,都要求武术文化传播者必须掌握以电子计算机为核心的现代信息技术手段,如信息处理的一般原理与方法、计算机操作系统、数据库原理及数据库应用、计算机网络与网络资源、信息系统的使用与操作技能等。同时,武术文化传播者必须树立武术文化资源开发与利用的意识,把武术信息的开发和利用看作武术文化传播的中心,还必须具备开发武术资源、开展武术信息服务的观念和意识,并掌握网络用户利用武术信息的心理及行为规律以及利用方式和利用效果分析评价等知识和技能。

2.提高武术文化传播者的专业素养

武术文化资源库及武术网站的好坏,不仅取决于传播者的计算机水平,而且更多地取决于传播者思想的开放程度,取决于传播者对武术文化知识的掌握、运用程度等多方面的综合素质。

武术信息的网络传递是一个翻译过程。根据传播学的理论,信息传播的过程可以理解为意义与符号的翻译过程,即编码—译码。人在观念意识、语言习惯等方面存在着差异,因此,对同一个武术信息的解释必定存在着差异。这就必须首先保证武术传播者这一关的准确率。

中华武术博大精深,流派众多,不仅流派之间的拳术、器械技法不同,就是相同的流派在不同的地域和时期也有着不同技术特点和风格。例如,太极拳就有陈式、杨式、吴式、武式、孙式以及新派等。它们的技术风格各异,特点不尽相同。武术文化涉及内容广泛,它几乎涵盖了中国传统文化的各种成分和要素,渗透着中国传统文化的精髓。它在长期的发展过程中,汲取了诸多社会领域中的营养,因而,武术文化可以说是一个以武术为载体的独立宗整的文化体系,其内容具有哲理性和艺术性,其方法具有科学性。武术信息传播者要做好武术文化的传递员,必须充分了解武术文化的内涵,对中华武术有比较深的领悟。达到这种程度以后,武术信息传播者在传播工作中才能游刃有余,在向需求者提供武术信息时才能根据他们的不同需求给予相应的信息,并提供深度咨询服务。

3.倡导武术文化思想的开放

中华武术脱胎于中国传统文化,建立在封建宗法的社会基础上,在给武术带来神秘色彩的同时也带来了封闭自守。例如,门派之间、嫡系与旁系之间、师徒之间的技艺传承等。这给武术文化的传播带来了极大的障碍。随着时代的发展,西方体育的全球化扩散性传播,使武术文化的传播受到了前所未有的冲击,武术原有的传承形式受到了极大的挑战,武术甚至沦落到需要保护的境地。经济全球化的今天,武术的传播又披上了商业的外衣,这更使武术文化的传播受到了限制。

在武术文化的网络传播中,武术传统技击技术无疑是最吸引人的一部分。而这部分却又是网络武术文化比较欠缺的,多是一些武术比赛图片、短篇资料。

在网络时代,众多的武术文化传播者应当开放思想,摒弃门户之争、名利诱惑,积极提供武术文化素材和网络服务,为武术文化的传播贡献力量。只有开放思想,将一些密不相传的技术、功法的练习方法公布于众,将一些武术文化资料和大众共享,才能吸引武术迷的眼球,培养更多的武术爱好者。

(二)武术文化网站

现在的武术网站的内容包罗万象,形式千篇一律,没有新意。所以我们在设计网站时要把功夫放在选材上,突出特色,在设计网页、网站时,对内容的选择要重点突出一个"新"字,不能照抄别人的内容,要结合自身的实际情况创作精品网站。

武术网站的维护与更新是十分重要的环节。在网站基本建成后,维护更新的工作每天都要做下去,要及时删除已经作废的网页链接。假如,用户点击了页面中的一个链接,在苦苦地等待之后,换来的却是无法访问的结果,那他们就会对网站大失所望,可能以后再也不会光顾了。网站应当及时发布新的武术信息,使浏览者能够不断获取新的武术文化信息,提升网站在受众心目中的价值。

1. 资源的整合与建立

在众多的武术网站中,武术文化信息以海量的规模存在。在海量的武术文化信息中,相当一部分信息是重复的。这不仅造成了资源的浪费,而且给阅读者带来了烦躁的情绪。大量的虚假信息充斥在网络中,同时有价值的武术文化信息出于各种原因不能出现在网络中,使得众多网民、武术爱好者甚至研究武术文化的专家学者对武术网站失去兴趣。

整合武术文化信息,做好把关工作,建立较为全面的武术文化综合资源库,为各层次的武术文化爱好者提供服务,是建设武术文化网站的中心任务。

武术网站要充分认识到自己应该承担的社会责任,根据国家法律法规和社会主义道德规范的要求,完善网站的内部管理制度,加强自我约束和管理,特别是要有民族文化传播意识,规范武术信息发布工作,自觉抵制不良信息和不道德行为,保持武术文化的民族形象,用正确的导向、深入的内容、优质的服务来打造品牌、树立信誉,赢得网民的信任。

2. 积极培养受众的参与意识

网络媒体的受众与传统媒体的受众行为特征既存在相似性又有极大的不同,要做好武术文化的网络传播,就必须结合网络受众的特点,有针对性地制定武术文化的网络传播策略。

在传统媒体中,受众是一个有"较大数量的""异质的"概念,而网络技术的出现使受众作为一个"个体"的存在有了意义。网络媒体突破了传统媒介"点对面"的传播方式,使"点对点"的传播成为可能。正如尼葛洛庞帝所说,在数字化生存的情况下,我就是"我",不是人口统计学中的一个"子集"。网络武术受众获得了主动权,表现出较强的决策判断能力,独立选择自己感兴趣的武术文化。武术文化的传播也由传统的"送出"转化为网络受众的"拉出"。受众依靠网络这个交流平台,追求在群体面前体现自己的优势和个性。例如,网友常常会提出有个性的观点,发表观点独到的帖子,并以帖子被大量回复为"荣"。

受众不仅可以参与武术信息的反馈和交流,而且可以参与到武术文化网站的建设中来;武术爱好者不仅会欣赏武术文化、发表感想,而且可以亲身参与武术网站的资料收集、编排、制作。事实上,绝大多数武术网站从开始筹划之初到后期建设,再到正式运行,每一个阶段都离不开武术爱好者的参与和支持。有武术爱好者的声音和参与的武术网站,就会办得有声有色。可以想象,单靠某一位站长的个人力量是很难收集到大量武术文化资料,编排出令人耳目一新的网页的,只有武术爱好者们的参与,武术文化网站的内容才会更丰富，更吸引人。武术文化是中华民族的宝贵传统文化，这样的国粹艺术不是依靠一两个人的力量就可以得到继承、发展和弘扬的，只有依靠全社会的力量，群策群力，多方合作，武术文化才会成为常青树。

3. 积极树立武术网站品牌

除了武术网站的定位、内容质量、风格特色等因素之外，能否使更多的武术爱好者认同自己的品牌，也关系到武术网站能否保持长久的优势。在网络的虚拟环境中，对于浩如烟海的武术文化信息，武术爱好者们往往难以一一接触，而大部分人的访问习惯又是比较固定的。所以，他们对网站所提供信息产品和服务的信任常常要通过品牌获得。每个网站都有自己的名字，名字有的响亮有的含蓄，可以或多或少地让人们对网站品牌形象产生一个初步的印象，也是用户认定品牌的标识。但品牌的树立更重要的是看网站如何打造。众多的武术网站发展至今，武术爱好者们都有自己常去的武术网站，优秀的武术网站离不开品牌的塑造。同时，武术网站要加强与传统媒体合作，加大宣传力度，让受众和社会更多地了解网站、关心网站，形成一股合力。武术网站在自我发展的同时，也要注重与广播、电视等传统媒体的合作来扩大网站的影响力，让更多喜欢武术文化的人们关注武术网站，参与到武术网站的活动中来。

武术网站的发展还需要强强联合，携手共办，以强大的实力和影响力做好武术文化在网络中发展的奠基石。现在的武术网站已经开始注意链接其他网站，但合作的武术文化网站互补性较差。强强联合，取长补短，共同发展才是上策。

4. 加大资金的投入

网站的建设需要软件、硬件设备的支持，需要能够熟练运用网络知识的人才和武术文化传播的专家。人才的培养、设备的更新、软件的开发、资料的收集，这一切都离不开资金的支持。官方、学校、企业网站尽管有资金投入，但是投入的数量和周期距离网站的良好运行明显有较大差距。特别是学校和企业网站大多是为了追求一时之需，如院校的评比鉴定等，缺乏长远规划和技术更新。具体表现为武术文化资料库的更新和改版速度的明显缓慢。

个人创办的武术网站，仅仅靠自己手头上的资金来为武术网站周转是很困难的，很多网络技术要求的设备、更新服务器所需的资金都不是一个普通的工作者能够长久维持的。

为了武术网站的正常运行和良好发展，管理者在自己出资的同时，应当积极寻求多种渠道筹集资金，如赞助、广告、有偿服务、捐助等。

5. 根据不同受众需求，提供不同层次的服务

目前，我国大多数武术网站所提供信息的面过于宽泛，看似面面俱到，能满足各类用户的需要，但其信息却留不住用户。对目前大多数武术网站来说，迫在眉睫的是要尽快找到适当的切入点，为网络用户提供其所需要的信息；要进行更细致的专业化的信息分工，尽快提高信息的质量，并做到分类清楚、更新及时、准确可信的信息服务；要改变以往

求大求全的模式,着力营造个性特色,把某类专门信息做深、做细、做足;要经常细致分析社会各界对信息的需求情况,勇于开拓新领域,走大而专的信息分类道路。目前,这方面做得较好的是太极拳、少林拳的专业网站,其他的武术网站可以向其学习,改进相关的网站建设。

当今时代是东西方文化冲撞、交融的时代,武术文化的全球化传播成为中华传统文化向世界传播进程中的重要组成部分。目前,国际武术联合会已经拥有了 142 个会员,武术文化的传播进入了大规模跨文化传播时代。武术网站的外文版不应是中文版的简单翻译,应当进行跨文化研究,遵循跨文化传播的特点。例如,亚洲国家的人群比其他国家的人群更容易接受武术文化,制作出适合跨文化传播的精彩网页,有利于武术文化的传播。

(三)政府职能与舆论导向

网络言论传播给舆论环境带来的冲击,在我们国家表现得特别明显。我们国家的新闻出版事业是中国共产党领导的社会主义事业的一个组成部分,必须坚持为人民服务、为社会主义服务的方针,"以科学的理论武装人,以正确的舆论引导人,以高尚的精神塑造人,以优秀的作品鼓舞人",传播一切有益于物质文明和精神文明建设的内容。因此,包括报纸、期刊、广播、电视、通讯社在内的所有大众传媒,在宣传报道中都要弘扬爱国主义、集体主义、社会主义的主旋律。

武术文化的核心是武术技术、技击、功法。正是武术的技击性使得古代统治者多次限制武术的传播与发展。历史上多次的"禁武"运动证明了这一点,也给大众的心理留下了不可磨灭的阴影。

随着社会的发展,人类进入了热兵器时代,武术的主要功能逐渐转变为健身娱乐。进入网络时代,到了东西方文化交汇融合的今天,武术的技击性退到了历史上的最低点。例如,武术套路成了武术的主要表现形式,甚至有舞蹈化的趋势。但是,在官方和大众的心目中,武术还是实用性很强的搏杀之术,他们在潜意识里排斥、限制武术文化的传播。

武术文化的网络传播是中国传统文化传播的一部分,是中华传统文化全球性传播的一部分。政府的支持和帮助是必不可少的因素之一,社会舆论的引导更是武术文化传播的催化剂。适宜的传播环境是武术文化网络传播的基础,只有在政府和舆论的引导下,武术文化的传播才能够健康、快速地发展。

(四)武术信息在网络传播中的控制

1. 舆论引导

从发展的角度出发,采取主动疏导的方式,通过建设传媒网站、官方武术网站、体育院系的武术网站来引导网上舆论,形成良好的传播环境,是网络传播秩序构建的重要手段之一。媒体网站是指传统大众传媒主办的网站,如人民网、新华网、CCTV 网、体总网等。传统大众传媒都是党和政府的宣传舆论机构,有着明确的宣传指导思想、规范的信息管理体制和专业的编辑记者队伍,在受众中享有较高的信誉。武术管理部门代表国家对武术表演、竞赛、训练、科研进行管理,是权力部门。体育院系是培养武术人才的摇篮,在武术的教育教学、文化交流方面占有绝对优势。

聊天室、BBS、电子论坛等在线武术文化讨论区域是网上武术舆论的直接发生地。在这些虚拟世界中,人们不是以所在的区域进行划分的,而是以对武术文化的共同爱好、兴趣聚在一起的。人们在其中有着天然的相近情结,所以对于对方发表的言论更加关注,一旦有趋同的观点和看法,就有强烈的认同趋势,更能形成比较一致的舆论强势。对于这些在线武术文化讨论区域,媒体网站作为主持者和创办者,应该更加倾力引导。首先,倡导一种自由民主的武术文化讨论氛围,确保每一个参与者的传播机会与权利,保证他们的话语权,以培育一种理性的思维空间,对于一些失之偏颇的武术言论,便于用户们用自己的言论加以批驳。其次,倡导健康积极的武术文化话题,引导用户关注国内外发生的武术文化事件。再次,通过情理兼备的说服,对用户的过激言论或错误的立场、观点进行适时引导。讨论区的主持人在与用户互动的过程中,可以适时发表有理有据的意见,发挥主导作用,也可以邀请武术大师、专家学者、知情人揭示话题的深层背景和详尽原委,及时把用户引向客观、理性的武术文化交流中去。

2. 道德建设

武术文化的网络传播失范问题与网络使用者道德水平参差不齐有一定联系。我们不可能设想每一个网络使用者都具备一定的良知和价值准则,并努力遵循它,但也不应当让道德准则在网络空间淡化。网络传播行为和其他社会行为一样,应该遵循一定的道德准则和规范。武术文化的网络传播失范问题虽然不能完全依靠道德手段来解决,但是通过加强道德建设,积极引导网络行为主体建立良知和对武术文化的责任感,无疑有助于武术文化网络传播秩序的构建。

3. 法制管理

武术具有极强的技击性,对武术器械、搏杀技法的控制十分必要,这也是束缚武术发展的原因之一。网络是一个自由化非常高的空间,人们可以在这里学习知识、买卖物品、传播思想等。武术文化在网络中传播的自由度比在现实生活中要大得多。所以,控制武术文化的网络传播也是武术文化健康发展的重要一环。

加强立法是控制武术文化网络传播的必要环节。针对网络空间的信息传播失范问题,我国政府在探索的同时为网络传播制定了一系列专门的法规和条例,对于网络中出现的恶性事件进行强制管理,并对违反相关法律法规或造成严重后果的嫌疑人,进行行政处罚和刑事处罚。

4. 技术防范

技术防范主要是指利用技术手段对网上的一些不良武术信息和非法盗版内容进行封堵和过滤。目前,在技术层面,我们可以采取以下一些措施来防止有害的武术信息在网络空间的传播和蔓延。

（1）实行路由政策。

实行路由政策可以抵御境外的恶意政治信息等有害信息流入国内。在互联网的出口路由器上添加路由过滤功能，即把国外有害信息源的 IP 地址在路由器上设为"deny"（拒绝），就可以阻止这些地址上的有害信息入境。

（2）使用过滤软件。

使用过滤软件可以应对各种不良信息。这种方法是用专门的软件在服务器上形成一个过滤网关，它维持着一个词库或一些编码特征，这些词和特征都被认为是有问题的。所有通过这个网关的内容都会与词库的词做对比，一旦发现满足过滤的条件，过滤软件就会进行过滤，从而使无害的信息顺利通过网关。目前，不少软件公司致力于这类软件的研究开发。1995 年 5 月召开的国际环球网络联合会提出了网络监控软件的标准，这一软件被称为"互联网内容选择平台"，旨在全球范围内加强互联网的管理，消除不良信息。类似于电影分级审查制度，这一软件将互联网上的信息分为性、暴力、语言和裸体镜头四个方面，每个方面的信息分为 4 级，0 级表示无害，级别越高，危害越大。用户可以设定这种软件的过滤标准，如果计算机在调阅互联网时遇到超过这一标准的信息时就会拒绝显示，从而保证用户所获取的信息是安全无害的。

（3）建造防火墙。

建造防火墙即建立武术网络安全保护系统，可以防范各种非法入侵行为。互联网的日益普及，使网络被攻击的可能性增大，而且由于网络的开放性，网络安全防护的方式发生了根本变化。在此情形下，防火墙技术应运而生。防火墙是设置在被保护网络和外部网络之间的一道屏障，以防止发生不可预测的、潜在破坏性的侵入。防火墙可通过监测、限制、更改跨越防火墙的数据流，尽可能地对外部屏蔽网络内部的信息、结构和运行状况，以此来实现对网络的安全保护。尽管利用防火墙可以保护武术网站免受外部黑客的攻击，但其只能够提高武术网站的安全性，不可能保证武术网站的绝对安全，事实上仍然存在着一些防火墙不能防范的安全威胁。例如，如果允许从受保护的网络内部向外拨号，一些用户就可能形成与网络的直接连接。另外，防火墙很难防范来自网络内部的攻击以及病毒的威胁。

第三节　网络背景下武术文化教育的可持续发展分析

一、武术可持续发展的必要性

（一）传承传统武术，弘扬民族文化

中华民族有着五千年的悠久历史，中国传统文化以及悠久的历史和厚重的底蕴屹立于世界文化之林。中国武术是我国传统文化的优秀代表，是一种活的身体文化，长久以

来,武术作为国粹传向世界各国,成为中华民族传统文化的优秀代表。其不仅以优美的动作、外形吸引着众多的爱好者,更以其内在深厚的文化蕴涵指引着习练者的思想和行为。因此,武术的传承和传播成为民族文化传承的重要部分。中华武术是华夏文明长期滋养而发展起来的传统人体活动方式,其积淀的博大精深的文化载量和一以贯之的文化命脉,折射出中国传统美德的基本精神,是中华文化的一个重要构成。武术文化要发展,必须紧扣当前的教育主题,牢牢抓住武术最根本的文化意蕴价值,将武术文化教育贯穿于学校教育的始终,使青少年从中国传统文化和民族美德教育中感受中华民族精神。

高校有着宽松和自由的学习环境,这为学生提供了一个自由学习和交流的良好环境和平台。高校学生本身具有良好的文化素质,对于传统文化的传承和发展有着坚定的使命感。当代高校学生是民族文化传承和传播的生力军。此外,高校是一个方便交流的场所,不仅有来自全国各地的学生,还有来自世界各地的留学生,这些都为武术的传播和弘扬提供了动力基础,高校武术的可持续发展观念的提出更是传承和传播传统武术、弘扬民族文化的有效措施。

(二)学习武术知识,体验民族传统

武术是民族传统体育的重要组成部分,具有多重价值功能。提到武术,我们很直接地就会想到它的健身和防身功能,其实武术的价值功能远远不止这些。武术是传统文化的重要形式,其中蕴含了众多的传统文化因素,医学、美学、哲学等重要学科理论都能够在武术中得以体现。然而,随着时代的推移,武术原本赖以生存的语境已经不复存在。因而,当今武术的众多价值功能也就很难被人们认知。高校武术只是体育课程的一部分,其最主要的功能就在于武术的健身价值,也正是如此,武术更为丰富的价值功能被我们忽略了。传统武术之中的众多知识内容需要我们细细地去品味,而不是通过简单地学习武术套路就能够解决的;其中所蕴含的丰富的文化内涵也不是单纯地学习就能够体验到的,这需要我们细细地品味。

在经济和信息飞速发展的当今时代,很多高校学生都已经忽视掉了传统文化内涵的重要性,甚至只知道中华民族有着五千年的文明历史,然而关于其为何文明就不知所以然了。武术承载的众多传统文化内涵能够通过对武术的不断学习和品味得到。因此,高校武术的可持续发展就是需要高校学生在学习武术、锻炼身体的同时,尽可能多地去学习武术知识,体验传统文化的魅力。

(三)开展武术教学,丰富教育内容

高校教育是一个横向广度和纵向深度立体发展的教育模式,高校学生的学习已经不再像中学那样有着明确的教学任务和教学目标了。教育为高校学生在完成本职课程之外进行自己兴趣爱好和特长的发展和开发提供了必要的人力、财力、物力以及时间等必备条件。武术的价值功能极为丰富,健身、防身是我们首先能够想到的,然而,其更为丰富的价值功能还需要我们去开发。武术学习不但是一种体力的锻炼,更是一种对吃苦精

神、毅力以及健全人格的训练。高校武术教育的可持续发展,是健全高校学生坚强体魄和完美人格的需要,也是丰富高校课堂教育内容的需要。

因此,武术除了具有健身的价值功能之外,其丰富的教化功能也成为武术的一大价值亮点。当今时代的高校学生生活得安逸而且宽松,很多时候他们缺少一种吃苦耐劳的品质和持之以恒的毅力。加之信仰缺失、诚信缺失与自信缺失的三信缺失,更是当今时代的一大危机。武术之中蕴含的文化精神,是历代中国人总结和积累下来的中华民族的"正能量",这正是我们当代高校学生所急需的。高校体育课程中增加的武术内容不仅可以丰富高校体育的教学内容,更能培养高校学生的争胜品质和优良的传统观念。

(四)发展武术教育,增强学生体质

随着时代的进步,经济和科技不断地飞速发展,在给人们物质生活带来方便的同时,也造成了不少隐患。学生的学习压力日趋加大,生活环境日趋紧凑,食品安全问题频频出现,等等,都影响着当代高校学生的体质。增强学生体质已经成为当前学校体育的一个重要目标,然而,学生锻炼身体有着众多的方法和手段,这使得学生在进行体育锻炼的过程中会出现盲目性。传统武术的锻炼价值日益被广大人群所认可,内外兼修的特质是传统武术锻炼价值的优点所在,不仅在身体素质上对人有很好的锻炼价值,在人格和道德修养上也有着极其重要的意义。

学校教育培养的是身体素质和心理素质以及知识水平协调发展的复合型人才,然而,前两者在学校教育中往往被人们忽视。武术是中华民族几千年的智慧结晶,绝非一种单纯的格斗技击技术,其中包括众多的中华民族传统文化因子,内外兼修不仅是指对人体内脏和外部肌肉的锻炼,更是对内在修养和外在气质的一种磨炼。因此,开发传统武术的学校教育价值是一件一举两得的事情。

二、加强武术教育可持续发展的对策

(一)树立可持续发展观念,正确处理传统武术与竞技武术的关系

高校武术教育的可持续发展不仅要实现武术事业在高校不断地延续和传承下去,更要实现武术这个文化产物在历史上不断地延续下去。因此,高校武术教育可持续发展观念的树立不仅只是针对高校的武术教育,更要着眼于整个武术事业的发展和传承。那么,这里就会牵扯到一个问题,也是武术界一直探讨的问题,即传统武术与竞技武术的关系问题。

传统武术与竞技武术无疑都是中华武术家族中的一个成员,如果说要争论谁是"武术",谁不是"武术"的话,笔者觉得这是一个没有必要的争论。无论是传统武术还是竞技武术,它们的产生和发展都有一定的社会需要,也就是我们所说的产生语境。传统武术是在冷兵器时代人们狩猎、徒手搏斗等过程中产生的,其主要的价值功能就在于防身自卫、技击杀敌,到后来才逐渐衍生出健身养生、娱乐观赏等附加功能。竞技武术是在近代

奥林匹克文化传入中国的背景之下,为了适应竞赛的要求而产生的武术形式,其主要价值功能就是竞赛观赏,具有量化的评分标准和很高的观赏价值。两者的产生都没有跳出武术的圈子,都是中华武术的重要组成部分。因此,我们在提倡高校武术可持续发展的同时也要处理好传统武术与竞技武术的关系。

我们要正确认识两者之间的关系,两者是手足兄弟的关系,没有孰重孰轻的分别。在高校体育课程中,我们要根据学生的体能条件和个人爱好对教学内容进行选择。不能一味地只教授一种武术形式,应该把两者穿插起来,这样既有利于对传统武术的保护和传承,也有利于竞技武术的发展,同时能够增加学生课堂的丰富性。

(二)加强武术文化的教育,培养学生的民族传统文化素养

一个民族能长久不衰,文化的传承在其中起到了很关键的作用。武术不单单是一种体育运动,其中蕴含着众多中华民族先贤们的宝贵智慧。我们将称汇聚在武术之中的宝贵智慧为武术文化。武术有着丰厚的文化内涵,这是我们大家都知道的,但是要把这些宝贵的文化内涵与武术运动形式一起传承下去是一件意义重大但又十分不易的事情,可谓"任重而道远"。因此,高校武术教育的可持续发展要注重了武术文化的教育,着重于对学生的民族传统文化素养的培养。

武术之中包含着的传统文化是几千年沉淀下来的,是历代无数人的智慧结晶,是民族的精华。武术文化包含甚广,其中蕴含着众多的文化类型,如传统的哲学、美学、伦理学、中医学、导引养生等,所以当代高校学生在武术中能够学到的绝不仅仅是锻炼身体、防身自卫的技术,武术文化的学习和掌握也是一件极为重要的事情。高校武术教育可持续发展的关键是在武术文化的教育和传承上。高校学生是接受高等教育的群体,他们担负着民族文化传承的直接使命。传统文化是一个民族的宝贵财富,武术中蕴含了大量宝贵的中华民族传统文化。武术在未来仍然以这些悠久的文化传统为内核,失去了文化内涵的武术就失去了魅力。高校武术教育的可持续发展就是要把武术文化传承下去,在学生学习武术、强身健体的基础上,加强武术文化内容的教育,这也是高校武术教育可持续发展的一个必要要求。

(三)着力教师资源的培养,保障武术教育的可持续发展

在教育的可持续发展过程中,教师资源起到非常关键的作用。高校武术教育的可持续发展亦是如此。当今高校武术教育中的教师教学水平参差不齐,这非常不利于武术教育活动的进行。因此,要想实现高校武术教育的可持续发展,培养高素质和高水平的武术教师,提高和壮大武术教师队伍是非常必要的。教师资源的加强不仅是高校武术教育的需要,这对于武术职业发展本身来说也是一件十分有意义的事情,因为教师队伍的强大作为一种社会力量也是对武术事业发展的促进。

高校武术教师需要的不仅是必要的武术技能,这是对武术教师的基本要求,除此之外,更为重要的是武术教师的文化素养和武术文化的专业修养,以及必要的科研能力。

武术,不是一种单纯的运动形式,其中蕴含的众多文化内涵需要我们去学习和继承,如果只是动作知识的简单传授,那么武术教育就不用谈什么可持续发展了。高校武术教师只有具备了这些必备的技能和素养才能更好地教授武术课程,传承和传播武术文化,才能使高校的武术教育可持续地发展和进行下去。"名师出高徒"这句古训我们都很熟悉,武术教育更是如此,因为这是一个言传身教的过程,教师在与学生沟通的同时,更多的是对动作的示范和纠正,教师对学生的硬性要求更多一些。教师资源的优化和提高是高校武术教育可持续发展的重要保障。

(四)转变传统的教育观念,注重武术教育的可持续发展

高校武术教育的可持续发展急需转变传统的教学观念。传统的高校武术教学,无论在内容、形式还是教学观念上都存在着很多的不足。武术进入高校的时间并不长,高校的武术教育也不是十分成熟,在各个方面都存在着不足。传统的高校武术教育理念一直把武术当作一个健身健体的运动形式,其目的是让学生锻炼身体,丰富学习生活,并没有把武术的其他价值功能开发出来。

高校武术教育的可持续发展要求教师转变传统的教育理念,把身体教育和思想教育结合起来,注重素质教育的理念,注重学生兴趣的开发和培养,不只是教授教学大纲规定的内容,而是以学生为主体,注重主题性理念的教育,此外,还要注重对学生创新意识的培养。武术虽然是传统的体育项目,但是在不同的时代其价值也有着不同的彰显,学生可以根据自身的需要和时代的转变,发散思维,对武术新的价值功能进行开发,发展创造性思维,所以教师也要注重创新理念的转变。

总之,高校武术教育的可持续发展要从根本上做起,不仅要从武术教材和教师队伍着手,还要转变传统教育理念。有了一个正确的、科学的教育理念做指导,高校武术教育才能健康有序、可持续地发展下去。

第十一章　我国武术推广之太极拳运动推广研究

第一节　太极拳运动概述

一、太极拳运动的特点

(一)文化特点

太极拳根植在传统哲学、医学、拳学以及众多的古典文化基础上,在中国古典哲学全面而深刻的渗透下,形成了独特的拳术运动思想,逐渐形成了融拳、哲、医三理为一身,具有技击和健身等多方面功能的优秀传统运动项目。

(1)拳理方面。

这里的拳理是指动作本身符合攻防规律,具有攻防含义,能够产生一定的攻防实效。太极拳首先是一种拳术,符合拳理,具有技击性,这是太极拳与体操、舞蹈、导引等其他运动的本质区别之一。

(2)哲理方面。

太极拳受传统哲学影响,具有哲理性,充满辩证思想,形成了独特的运动思想、特别的技术要求、突出的价值功能。如果说哲学对各门拳术都有影响,那么对太极拳的影响是最全面、最系统、最深刻的,没有哪一门拳术能与之比肩,从古老的《周易》到宋明理学的古典哲学,都对太极拳有着不同程度的影响。

(3)医理方面。

太极拳吸收了传统医学的经络、气血、导引、藏象等理论,符合医理。传统医学的导引吐纳之术被太极拳直接吸收。

(二)动作做法内在特点

太极拳动作是构成太极拳运动的基本单位。和气功、导引等动作相比,太极拳动作具有明显的攻防含义,和其他拳术动作相比,除了动作连发的相对缓慢柔和,其主要特点是依靠意、气、形内外结合的练法获得太极劲。具体表现在:

（1）意识贯注。

用意识贯穿动作全过程，深入动作细节的特点是太极拳动作用意的特殊性所在。

（2）掤劲不丢。

掤劲就是太极拳在一系列身型和意识要求下产生的一种弹性劲。太极拳的动作是在意识的贯注下，做到如头领气沉、含胸拔背等要求，进而使附着在关节附近的肌腱、肌肉适度松开，利用肌肉适度的伸张与收缩力，调节关节角度，使肢体自然放长，肢体各部位遥相对应相合，全身的关节肌肉形成一个富有弹性的整体，形象地说，此时身体像一个充满气的球，像一张拉满的弓，这种劲力状态要求保持在动作的全过程。

（3）螺旋贯劲。

螺旋就是肢体绕着不同轴的缠绕运动，由此产生的劲力在太极拳中通常被称为缠丝劲，这是太极拳动作动态的要求之一。通过螺旋的缠丝运动，身体各个局部肢体运动连接成为一个整体，做到全身上下内外一动无有不动，表现出上下相随、周身协调、完整一气的整体运动特点。

（三）动作演练的外显特点

（1）内敛性。

太极拳动作含胸拔背、松腰敛臀、腾根内收等技术要求，充分体现了太极拳身形的内倾、内敛、内向性的特点。

（2）柔和性。

太极拳的柔有多种表现，主要表现为动作用力的轻舒、动作速度的匀缓、动作过程的链动、动作神态的静稳等，综合地构成了太极拳动作柔和的特征。

（3）连贯性。

由不同太极拳动作构成的、有开始和结束的、固定程式化的练习形式，被称作套路。其间，动作之间的衔接没有人为的停顿，没有接头的地方，上一个动作的结束就是下一个动作的开始，整个动作之间的衔接，前后贯穿连绵不断，好像行云流水，做到均匀、连贯、渐变的稳静。同时，精神意识要像大海浪涛般的起伏鼓荡。

（4）圆活性。

圆活有两层含义：一层含义指动作的形态，另一层含义指动作的运动轨迹。前者指一个完整的动作造型无论是在相对静止的定势动作还是运动过程中，都应该是一个圆满的形态，关节角度一般不成45°或挺直的角度，整个动作造型犹如满弓形。后者指太极拳的圆弧轨迹是立体的、公转和自转统一的、上升到意识层次的圆弧运动。大小、方向是灵活多变，不是为了划弧而划弧，是太极拳内劲的需要，表现为动作非圆即弧的运动轨迹。

（5）完整性。

综合分析太极拳的运动状态，是身体四肢关节肌肉，内脏器官，包括意识呼吸，一动无有不动，意、气、形、劲、神高度统一的全身运动，表现为动作有序、协调、完整。

(四)技击特点

(1)力度上,追求以小力打大力,以无力打有力。

对太极拳技击特点的论述最经典的当属《太极拳论》所提出的"四两拨千斤""非显力胜""舍己从人"等观点,概括而言就是以小胜大。

(2)战术上,追求以慢手打快手,以后发制先发。

快与慢是相对的,太极拳中的快与慢不是绝对意义上的速度概念,更多是指发招先后的含义。在技击动手的顺序上,显然后动(根据对方动作采取相应方法)胜先动(盲目主观出击),太极拳中所谓的慢主要是战术策略。

(3)技术上,追求粘连随不丢顶,以柔制刚。

太极拳的技击方法特点是通过采用掤劲,似有似无地粘住对方,不与对方离开,这种劲是一种可进可退的活劲,太极拳称之为轻灵劲,要想粘住对方就要在变化中实现。具体方法,不与对方接触点脱开(不丢),不与外来力做无变化的较劲(不顶),彼屈我伸,粘连相随,从而实现在双人接触的条件下通过感知对方力的变化,引逗对方刚猛使力,以较小的劲使对方失重被制胜。

二、太极拳的健身功能

太极拳是我国宝贵的体育遗产之一,我国人民长期以来锻炼的实践证明:它既是一种合乎体育原理的健身运动,又是一种治疗疾病的有效手段。太极拳的健身价值引起了学者从生理学、心理学和医学等多学科多方位进行探讨。"详推用意终何在?延年益寿不老春",这句话突出强调了太极拳的健身功能,大量的事实和科学实验充分证明,太极拳是一项对身心十分有益的健身活动。

太极拳的健身作用主要决定于它独特的技术要求和特有的运动形式。太极拳是通过心理活动引起生理变化的,由此身心并修达到健身作用。

(一)心静用意,强心健脑

太极拳首重心静用意,即要求练拳过程中心理活动的平衡,用意识支配动作,使人的思想活动集中在练拳上,排除杂念,免受不良思绪的干扰,从而使神经系统受自我意识控制,伴随肌肉收与舒有节律地交替运动,增强大脑神经活动的均衡性和灵活性,提高神经传导速度及正确性,改善大脑功能,调节大脑皮层兴奋与抑制活动,最终对于神经衰弱、失眠、头晕、过度疲劳等症状有显著改善。

(二)松沉自然,活血健身

太极拳要求全身放松,包括肌肉关节,这样使人体的血管阻力减少,从而加速血液循环,减轻心脏负担,特别是胸廓的放松扩展。减小心肌外压力,容积增大,收缩差增大,排血量增多,组织器官得到的养分增多,这些无疑有利于养生健身。

(三)气行深长,调气益肺

太极拳呼吸采用腹式深呼吸,有时配合拳势呼吸,要求气下沉,做到深、长、匀、缓等,保持腹实胸宽状态,横膈肌参与运动,横膈下降,胸腔扩大,肺吸氧量增多,据测,横膈肌每下降 1 厘米,可增加气量 300 毫升,提高肺脏的通气和换气功能,能对心肺产生良好的保健作用,对五脏六也有良好的按摩保健作用。

(四)腰为原动,固肾增寿

太极拳有"腰为主宰""丹田内转""两肾抽提"等技术要求,实为充分练习腰腹部的运动。腰两侧有肾脏,肾被称为先天之本,腰部的运动能有效地促进肾脏功能,增精延年。腹部的运动对肝脏、胃肠有良性刺激和按摩作用,能提高胃肠的蠕动和消化吸收能力,改善体内代谢循环,增进食欲,提高健康水平。

(五)气敛入骨,壮骨生髓

太极拳要求"气敛入骨",实质是要求在意识的指挥下,全身松沉,恰似"气"入骨中,特别是下肢,要在气行中达到沉稳轻灵。两腿及下身骨骼在正常的重力下,将有助于骨细胞的生长及骨髓中造血功能的提高。太极拳动作缓慢,凡出腿迈脚,总要求一腿能完全支持体重,即所谓虚实分清,这样下肢骨骼相对受力时间较长,加上有关"三合"的技术要求,使骨骼正常受力,从而达到壮骨生髓,再加上在弧形旋转运动中肌肉对骨骼的作用,大大促进了对骨骼系统的锻炼作用,延缓腿部衰老。

(六)胸怀太极,怡情养性

太极拳理根植于中国太极、阴阳、中康等传统文化基础之上,讲"天地一大太极,人身一小太极",要天人合一,无过不及,无为而治,追求一种道;在练习中,动作不正不偏,缓和连贯,不急不躁,刚柔并济;在技击中,讲求引进落空,舍己从人,四两拨千斤。长期练习太极拳能对人的性格、修养、处世有突出作用,对修身养性产生积极影响,养成胸怀宽、大度谦让、坚韧不拔、自强不息、厚德载物等良好品格,促使习武者形成健康的心态。

不同的技术要求,其健身作用的侧重点也不同,太极拳的健身作用,是对人的综合影响,很难割裂开。经过科学的练习,太极拳运动对人体的呼吸、消化、神经、血液循环及中医认为的经络系统,都将产生良好的医疗保健作用。

三、太极拳的分类

根据太极拳完整的技术体系内容和运动属性,可以分为以下几类。

(一)功法运动

功法运动是指通过一些特殊训练方法,开发太极拳所需的人体某种素质或技能的专门练习,包括必要的基本功(如柔功)、一般素质和特殊功法(如站桩功、意功、劲功等)。

(二)套路运动

套路运动是指以技击动作为主体按照一定模式和规律组编的程式化成套练习。按手持器械与否,套路运动有徒手、器械两类;按运动人数多少,套路运动有单人(1人)、对练(2人)、集体(3人以上)三大类。

(三)推手运动

推手运动以太极拳的技法和技击思想为主导,用以体会太极拳攻防进退的对练或对抗运动。推手运动从步法上可以分为定步、活步、自由步,从上肢参与数目可以分为单推手、双推手,从运动性质上可以分为教学推手、竞技推手、娱乐推手等。

(四)散手运动

散手运动是利用太极拳攻防技法进行有规则或无规则的对抗运动,包括太极拳特有的散手方法以及其他功夫(如点穴、抓闭等技法)。

以上各种运动形式既相互独立,又相互联系,不能完全割离开,可以相互交义练习,如边练套路边练推手,相互参证,提高拳艺。

第二节　太极拳文化的传承与发展

一、太极拳文化说

中国传统武术文化被认为是中国传统文化的重要组成部分,它以"贵自然,陶冶人的和谐观念""求虚静,培养人的最佳情感""重养气,融健身、修心于一体""尚直觉,体悟拳理与人生"的特点,被认为是一种不可多得的修身养性的体育形式。在东方体育文化与奥林匹克文化相融合的转型时代,要想更好地传播与发展太极拳这一中华优秀传统文化,就应该加强太极拳传统文化的发掘与传承,研究传统太极文化在现代社会中的人文内涵,以及与现代文化的交融发展,这样才能将太极拳传统文化发扬光大。

形、神一直是中国传统哲学、养生学和中医学讨论的重要命题,"形"是生命的物质基础,"神"是生命的动力和主宰,太极拳则继承了这一基本观点,用以指导自身的理论和实践。太极拳中的"形"不仅包括干、四肢、筋骨、皮毛,还包括动作的外在形架招式。"神"则包括精神、意识及精气等内在的生命动力。太极拳所追求的"内固精神,外示安逸""形神相生""形神统一"与世界卫生组织提出的健康新模式:"心理—生理—社会三者都处于健康状态才是真正意义上的健康"实现了跨时代、跨地域的吻合,这也使得太极拳运动的传统文化焕发出无限的现代文化生机。

(一)太极拳健身文化的现代说——"形"说

"形者,生之具""习武先找形",人的形体是太极拳运动的载体,太极拳的种种技击方法和技巧变化都是通过形来表现的。

首先,太极拳练习中对身体各部分姿势的要求是在"虚领顶劲"的同时"气沉丹田",这样有利于身躯放长,帮助产生弹性和韧性的拥劲,这种劲是一种内劲,它联络周身,通行血脉,使气血在经络中周流无息地运行,强调"行气运劲无微不至",这些都可能对心血管系统产生有效的刺激。现代医学研究证实,坚持进行太极拳运动,可以改善血管壁的弹性,延缓血管壁的老化,使得安静状态下的收缩压、舒张压、平均动脉压都显著下降,这种变化对于保证冠状动脉血流和心肌供血量具有重要意义。还有研究表明,中老年人长期进行太极拳运动后,安静状态下心肌耗氧减少,心脏表现出"机能节省化"现象,这也说明了太极拳运动有利于提高中老年人心脏器官的代偿能力和储备能力,从而表现出心血管系统对运动负荷的适应能力提高。

其次,太极拳练习中要求含胸拔背、松腰敛臀、尾闾中正,这样可以使脊背有拔长的感觉,使胸腔、横隔、腹腔等内脏器官得到舒展,有利于气血的流通,有助于提高脊椎骨、肩背部肌肉、胸腰腹部肌肉的弹性和韧性。另外,太极拳运动中的呼吸是一种"细、长、匀、缓、深"的腹式深呼吸,并且要配合劲力的发放,这种独特的由表及里的独特运动方式对肺脏功能能产生诸多的有益影响。现代医学研究指出,随着年龄的增长,老年人表现出呼吸肌收缩力下降、呼吸道阻力增大,使得最大通气量减少,另外,呼吸肌出现萎缩、肺部的弹性回缩力降低,从而导致呼吸道黏膜和黏液系统功能退化,气体交换减少。而长期进行太极拳运动能显著改善肺部弹性回缩力,提高呼吸肌肌力,增加呼吸深度,提高摄氧量,保证机体对氧的需求,改善老年人呼吸系统的退行性变化。

最后,太极拳练习中要求下肢"屈膝""开胯""圆挡",这样有助于腿部的弧形运动,使内劲能由脚跟发于腿,上升到腰脊。对各关节而言,太极拳要求"周身节节贯串",通过以腰脊为中心使周身9个主要的运动关节(颈、脊、腰、胯、膝、踝、肩、肘、腕)依次贯串起来。练习太极拳时,膝关节始终处于半屈位状态,这有利于下肢各肌群的力量发展,从而对骨骼产生积极的影响。由于骨组织是一种动力学器官,为了适应作用于自身的负荷,它可以调节本身的结构和重量,以产生应力的变化发生应变,导致骨组织内的骨胶原增加,骨皮质增厚,从而使骨密度增高。有研究已证实,坚持4个月的太极拳练习,骨密度基本维持在原有水平,但坚持练习6个月,实验人群的骨密度出现了显著增高。

(二)太极拳健心文化的现代说——"神"说

"神"是人体生命活动现象的总称,包括精神意识、思维情感、知觉运动等。中国传统养生理论认为:精、气、神为人之三宝,气既是形的本原,又是神的内质,气化而为神,聚而成形,是形和神运化的源泉,同时是形与神之间相互沟通、相互影响的中介和传递信息的载体,三者相互作用,互为因果,贯穿于生命活动全过程。明代的著名养生家高濂指出:

"人只知养形，不知养神，只知爱身，不知爱神，殊不知形者，载神之车也，神去则人死，车散则马奔"。

太极拳是一种"由内发于外，并由外敛于内，内外交修"的拳种，传统的练法要求"始以意动，继而内动，然后形动"，内动导外形，外形合内动，由内及外，以外引内，最后做到内外合一，表里一致。练习太极拳只有做到形神统一、心静神宁、形神相依、以神领气、神到气到，才能"五脏坚固，血脉和调，肌肉解利，皮肤致密"，然后"尽终其天年，度百岁乃去"。正因为"神"的重要，太极拳对"神"的要求非常精微，练习中"气须敛，神宜舒""神舒体静""气宜鼓荡，神宜内敛""神气收敛入骨""神不外散"。如果用现代生理学来解释，"神"就是神经冲动，人体四肢接受外来刺激，产生神经冲动，传入中枢系统形成感觉，又以神经冲动到达人体四肢。武禹襄在《太极拳解》中说，"心为令，气为旗；神为主帅，身为驱使"，其实就是一种反馈调节的过程。人的一切行为活动都是由意识支配的，而且人的心理精神状态、喜怒情绪都会直接影响神经系统和内分泌系统的活动，如果没有正确的意识支配，就不能处理好各种复杂的关系，健康长寿就难以实现。

由于现代社会生活节奏快，工作、生活压力大，心情容易急躁、忧虑、焦虑，感情容易冲动，精神高度紧张，人们经常感到身心疲惫。而柔和、缓慢、轻灵的太极拳，强调以"柔"为体，指出柔则生，刚则损，天下知至柔，驰骋天下之至坚，运动过程中始终贯穿静中求动、动中求静、动静结合、动静有度、以动养生又兼养神、以静养心又兼养身、形神共养的原则和方法。它通过意志、身体、气息三结合的运动，使人进入心静气和的状态，从而产生一种意的放松体验，达到释放心理压力的效果。这种状态对于神经紊乱和意识疲劳的消除有积极的作用，对于人的心理调节和精神调控、熏陶，都有很好的影响。有实验研究证实，经过长期太极拳运动后，中老年女性情绪指标发生了变化，其中状态焦虑、特质焦虑、心境分量表中紧张、愤怒、疲劳、抑郁、慌乱得分呈下降趋势，而代表积极情绪的精力和自尊感得分呈现上升趋势。另外，在心理健康的重要标志——幸福度测试上，经过长期太极拳运动后，正性情感、正性体验的得分显著升高。

（三）太极拳和谐文化的现代说

21世纪人类所共同面临的挑战和冲突，就是人与自然、人与人、人与自我之间的三大冲突，以及由此而引发的人类生态危机、人文危机和精神危机。这关系着人类的生存和发展。为了化解这些冲突，追求人类文化的出路和前景，东西方学者提出了各种的理论、学说和设想。在这个过程中，越来越多的学者把视角投向博大深邃的中国文化，认为发掘中国传统文化的瑰宝，寻求可资借鉴的深刻启迪，对于解决人类面临的冲突和危机是十分有益的。

太极拳以"天人合一"为拳理理念，要求人与自然建立一种和谐统一的关系，从而保持一种良性的生态平衡。它对人与自然的关系进行了反思和纠正，追求一种共同生存、共同发展的新型关系。这种追求生态和谐的自然观，能转化为追求社会和谐的人文观，促使人与人之间建立起一种友好亲善、和平共处、互帮互助的平等关系。这种和谐的思想,为人们的健康提供了思想基础,人们通过积极调整自身的生命系统,与周围环境和谐的相处,获得一种精神的自然陶冶、心理的稳定平衡和生活的返璞归真。

文化没有国界。中华优秀传统文化的代表——太极拳文化,不仅是中国人民拥有的文化宝藏,而且正在成为世界人民认识和追求的文化财富。它通过身体文化的传播形式,消除了在世界性传播中存在的语言隔阂和交流障碍,随着在世界范围内的广泛传播与推广,太极拳越来越体现出运动与健身、科学与人文的统一和融合,也越发显现出中国古老传统文化在现代社会中的人文内涵。

二、传承太极文化,培育民族精神

太极拳是中国传统文化中的瑰宝,是东方世界文明中一颗璀璨的明珠。在浩如烟海的武术拳种流派中,太极拳以丰富的文化内涵、独特的运动特点、精妙的技击方法和多种医理功能,屹立于武术之林中。相对于其他拳种而言,太极拳受中国传统文化的熏陶更深刻。太极拳之所以为世人所称誉,就是因为它承载着我们中华民族精神的精髓。当然,随着历史的发展、社会的进步,各国都把人的素质的全面发展作为最终目的,而体现我们中华民族文化精神和民族精神的太极拳必将承担起继承和弘扬民族精神的重任。

(一)太极拳的文化内涵及民族精神的基本含义

1.太极拳的文化内涵

太极拳是我国劳动人民在生活和斗争实践中,创造并发展起来的传统武术拳种,是我国劳动人民的智慧结晶。太极拳深受儒、道、佛、阴阳、五行、易经、兵法、中医等多种传统文化的共同熏陶和作用,是蕴含着东方哲学韵味的生命科学。太极拳的历史虽不算长,但其所依据的文化内涵和东方哲理却源远流长。关于太极拳之名,《陈式太极拳图说》的作者陈鑫定义为"理根太极,故名曰太极拳","太极"二字则来自《易经》中的"易有太极,是生两仪"。太极拳的习练处处以协调阴阳为标准,注重阴阳均衡的全面锻炼,长期坚持练习,可以强身健体、祛病延年。

2.民族精神的基本含义

民族精神是一个民族在漫长历史发展过程中积淀形成的,是民族赖以生存和发展的精神支柱,是凝聚民族内部关系的精神纽带,是激励和推动本民族奋进的精神动力。这种民族精神是在中国传统文化之上产生的民族意识和民族感情,有着深厚的历史文化底蕴,民族历史越悠久,传统文化越丰富,民族意识和民族情感则越深邃,民族精神感越强烈。传统民族文化是民族精神的载体,民族精神是传统民族文化的升华。中华传统民族文化源远流长,博大精深,是承载中华民族精神与情感的重要载体,是维系国家统一、民族团结的基础,也是联系世界的桥梁,可以说中华传统民族文化是我们共同的宝贵财富。传统民族文化与民族精神的关系,决定了我们对学生进行民族精神教育的时候一定离不开传统民族文化教育。

(二)传承太极文化对培育民族精神的积极性影响

1.学习太极拳能激发学生强烈的爱国主义情怀,培养民族自尊心和自豪感

爱国主义是我们民族精神的核心,是实现中华民族伟大复兴而不枯竭的精神动力,在长期历史发展中形成的爱国主义,是民族精神的一种集中体现。一个民族、一个国家如果没有自己的精神支柱,就等于没有灵魂,就会失去凝聚力和生命力,爱国主义是我们中华民族的优良传统美德,是全国各族人民共同的精神支柱。

学习太极拳,首先是让学生了解中国传统太极文化。通过教学,他们知道作为中华武术瑰宝之一的太极拳不仅能强身健体、祛病延年,还可以防身御敌、陶冶情操;通过学习,他们可以深刻领悟到太极拳丰富的理论内涵:它植根于悠久的中国文化沃土之中,与中国古典哲学(如易经)、中医学、经络学说、兵法(《孙子兵法》)、儒、道、佛、阴阳、五行等有着千丝万缕的联系。太极拳的教学过程中必然会涉及有关理论,这不仅能拓宽学生的知识视野,而且能使学生从中体会到中华民族是有着悠久历史和辉煌古代科学文化的民族,从而激发学生强烈的民族自尊心和爱国主义精神,并以自己是一个中华儿女而倍感自豪。

2.学习太极拳能培养学生团结统一的民族精神

团结统一是中华民族的立身之本。中华民族是由五十六个民族组成的大家庭,各民族在共同创造中华民族灿烂文化的历史进程中,都做出过自己的伟大贡献。中华民族素以重视整体利益而著称于世。在漫长的历史发展过程中,中华各民族人民共同劳动、生活,一起维护着祖国的大好河山,进而形成了团结统一的民族精神。正是这种精神促进了祖国的统一和民族的团结,才能够在各种艰难险阻面前,坚强屹立,不仅没有被历史所没,相反,越来越团结,越是困难越坚强。

太极拳要求动作整体如一、上下相随、前后呼应、内外相合等,运动过程要求一动而无不动、一静而无不静、静中有动、动中有静等,整个套路也要求行如流水、连绵不断、一气呵成,这些都是太极拳文化中的"整体思维"的反映。太极拳中的整体思维观,不仅表现在精神、肢体、动作、套路的完整统一上,更重要的是体现在拳以及身外周围环境的完全统一上。太极拳追求的最高境界不单单是自身精神与肌体的内外统一,而且是自身的内环境和身体周围外环境的统一,自身小宇宙和身外大宇宙的统一,这是一种思想境界的修为,在这种思想指导下,学生内心会逐渐认识到自己和外界环境的一种和谐统一关系,即人与人、人与社会、人与自然和谐关系,并进一步认识到只有国家统一,民族才能振兴,只有民族团结,国家才能富强。

3.学习太极拳能培养学生爱好和平的民族精神

爱好和平是民族精神重要的内涵之一。中华民族是一个爱好和平的民族,几千年来,"以和为贵""以礼治天下""以邻为善"的思想一直延续至今。太极拳也正是受这种传统思想的熏陶和影响形成了自己的特有文化。与人推手时不紧不慢、不丢不顶、粘连黏随的儒雅对抗,是对抗中对人体安全终极关怀的表现,重视人的安全、关怀人的生命即重视人;引进落空、舍己从人、先化后打的礼让思想是太极拳对抗中乃至日常生活中尊重人、关心人、爱护人的生动体现。学习太极拳的过程,就是让学生学会谦让、学会理智、学会忍耐的过程,也是培养学生高尚情操、爱好和平的过程。中国对外开放程度的不断加大,使得我们同世界交往越来越密切,很多学生出国探亲、留学、定居,他们把太极拳传播到世界各地,让越来越多的外国人参与到学习太极拳的行列中,并使他们成为热衷于研究中国太极文化、走近中国的一分子,成为深入了解中国优秀文化的带头人。太极拳以它富有浓郁民族特色的文化形态,成为中国文化走向世界的载体。许多外国朋友通过学习、研究太极拳,体会到中国文化的内涵。太极拳的交流活动可以促进各国人民的相互了解、发展友谊,加强国际文化交流,因此,有人将传播太极拳的人称为和平的使者。

4. 学习太极拳能培养学生勤劳勇敢的民族精神

太极拳不同于其他的拳种,初练要求心静、体松、连贯、协调、圆活,经过持之以恒、坚持不懈的努力,才能达到"刚柔相济、虚实分明,连绵不断、劲力完整,意念集中、以意导动,动作呼吸、恰当结合。"太极拳有阴柔的一面,又有阳刚沉着的一面,在技击上太极拳讲究柔化刚发、引进落空、四两拨千斤。要达到太极拳的高层境界,切不可急于求成,"三天打鱼两天晒网""一曝十寒"是行不通的。我们把太极拳的精髓——技击部分,传授给学生,并要求他们勤学苦练,真正做到"冬练三九、夏练三伏",学到擒拿格斗的真本领,成为"艺高胆大"之人。在他们走上社会后,对危害祖国、人民利益的坏人坏事,敢挺身而出,见义勇为,为维护社会治安和建立和谐社会,做出自己应有的贡献。

5. 学习太极拳能培养学生自强不息的民族精神

几千年来,中华民族以自强不息的精神历经磨难,艰苦奋斗,创造了伟大的东方文明,屹立于世界民族之林。无数优秀中华儿女的人生轨迹中都鲜明地印刻着矢志不渝、刻苦勤奋、拼搏向上、自强不息的精神品质。《易经》云:"天行健,君子以自强不息,地势坤,君子以厚德载物。"我们的祖先告诫年轻人"少壮不努力,老大徒伤悲",即使老人也有"老骥伏,志在千里"的自强不息精神。自强不息精神已经深深地熔铸在中华民族的生命力、创造力和凝聚力之中,成为中华文明得以绵延千载、生生不息的精神动力。

现在独生子女比较多,由于家长过分宠爱,相当一部分学生缺乏进取精神,过分依赖他人,甚至逃避现实。因此,教师在教授太极拳的过程中,首先应向学生讲太极拳老前辈打破常规、敢于探索、勇于创新的精神。太极拳从单一套路到多家门派、从简单到复杂,特别是一式连着一式绵绵不断、生生不息的哲学原理,更是中华民族自强不息精神的体现。多少武林人士为了振兴中华民族,抵御外来侵略,洗刷"东亚病夫"之耻辱,经过长期艰苦百折不挠的斗争,甚至抛头颅、洒热血,献出宝贵生命。教师更要让学生懂得,自强不息的精神是中华民族屹立于世界民族之林的法宝,中华民族能在世界上扬眉吐气来之不易,是多少人用生命拼来的。这样学生在平时工作和学习中,能自觉脚踏实地,勤奋学习,拼搏向上,自强不息,为中华民族伟大复兴而努力奋斗。

练习太极拳有利于传承中华民族传统文化,培育以爱国主义为核心的民族精神,建议在学校,特别是在中、小学中大力推广太极拳教学,可以使根植于中华文化沃土中的民族精神,永远朝气蓬勃,奋发向上。

三、太极拳传承中传统文化和现代文明的关系

在太极拳的传承过程中,针对一些现象,我们提出了如何处理传统文化和现代文明关系的问题。

(一)传统的师徒关系

按照古老的传统,在太极拳的师徒关系中,有"一日为师、终身为父"的说法。学生分为弟子、徒弟、入室弟子。老师收徒,是要进行严格的选拔和考验的,徒弟拜师时须跪下叫拜。

笔者提倡教师对自己年龄相当和长于自己的人称为"拳友",以现代礼仪交往,这样,便于建立新型的师徒关系,更能赢得学生的尊重。

(二)关于"掌门人"的说法

"掌门人"的说法最早产生于过去的民间技术行和社团,它的产生,一是需要大家的推举,二是需要前任掌门人的指定。它产生的环境特点是:意识的封建性、范围的局限性。所谓意识的封建性,就是它强调人们在本行当、本门派中的地位差别,强调掌门人的权威和行令的力度。所谓范围的局限性,就是一般设立掌门人的行当,其社会化的程度较低,有的甚至处于封闭和半封闭状态。这些特点,和当前太极拳传播方式的多元化、习练人群的社会化环境是极不相称的。据笔者所知,在太极拳圈子内,原本过去没有掌门人的说法。太极拳"掌门人"的说法是在 20 世纪 80 年代左右才出现的。与太极拳传播的现实方式和形式相比,这种称谓的出现是很不合时宜的,既不科学,也容易引起本门派代表人之间的矛盾。

如何建立新型的太极拳师徒关系,正确对待"掌门人"的问题? 一是需要有科学的态度,二是需要当事人有"太极"的胸怀,笔者认为这是传播太极拳文化时应该注意的问题。

四、太极拳保护和研究的必要性

当前,太极拳和孔学一道,成了世界文化的佼佼者,大家在审视西方文明的同时,发现这些代表东方文明的中国文化似乎能给人类带来更多的祥和。所以,超出体育的范畴,太极拳就成了人类关注的一种文化现象。加强对太极拳非物质文化遗产的保护和研究,是有关部门和每个太极拳工作者应该引起重视的问题。

第一,应重视传统太极拳的发展,取消禁忌,鼓励民间传统太极拳的交流。有些人,对传统太极拳不屑一顾,将它打入另册,甚至出现不主张将传统太极拳作为民间太极拳交流比赛项目的荒唐观念。我们要摈弃这种观念,以广泛开展民间交流、媒体宣传等形

式,为传统太极拳的发展提供空间,创造条件。太极拳和许多传统文化一样,其精髓在民间,其生命力的源泉也在民间,需要我们去发现、去挖掘。近些年,国家武术管理中心在这方面做了许多工作,有力地推动了传统太极拳的发展,受到了国内外太极拳爱好者的欢迎。在做好以上工作的同时,我们应该加大对太极拳遗产保护者的保护和支持的力度。中国太极拳已风靡世界,靠的是各地太极拳传人的积极传播。没有他们,太极拳就不可能成为世界人民共享的财富。我们应该支持他们,保护他们的积极性,并制定有关政策,鼓励他们致力于太极拳的传播和研究,还可以让他们承担相关研究课题,对他们的贡献采取以奖代补的办法给予奖励。

第二,要尽快地建立太极拳的研究培训基地,更好地加强对太极拳文化的研究和传播。当前,太极拳传播的市场混乱,一些所谓新、特、奇的观点和种类泛滥,对太极拳的发展起到误导作用。确立正确的理论导向,规范太极拳的发展市场,许多问题需要研究。所以,除了国家专门的行政机构外,还有必要在民间建立较有权威的太极拳研究机构。建议在太极拳发源地——温县,建立传统太极拳的研究发展机构,由国家武术研究机构牵头,人员包括有关专家、太极拳专业人员和民间拳师及太极拳研究者,专门从事太极拳的研究。之所以建议将此机构建立在温县,是因为那里的陈家沟是太极拳的发源地,是众多国内外太极拳爱好者的聚集地,那里太极拳的氛围浓厚,政府重视和支持此项工作。笔者到过国内外许多地方,一提陈家沟,它几乎是太极拳的代名词。每年,许多国内外太极拳爱好者怀着朝圣的心情,到那里朝拜和进行太极拳交流。从传统心态上讲,那里流传的太极拳和对太极拳做出的解释,更具有权威性。这样的机构建立后,其主要任务是,以论坛等多种形式,收集、整理和研究太极拳的信息,研究有关对策;由国家武术研究院牵头,定期和不定期举办一定规模的太极拳文化传播与研究培训班,对社会上各流派太极拳的传承人进行培训,使太极拳得以规范和提高。

第三节　太极拳的学练方法

一、基本动作原理与方法

(一)手形手法

手形是指手掌的形态。太极拳有三种主要手形:拳、掌、勾。现代太极拳的手形以掌为主,拳、勾为辅。

1. 拳

四指自然卷曲,拇指扣于食指第二指节上。拳面齐平,不可硬。

杨式:四指并拢卷握,拇指扣压在食指、中指的指骨上。拳中能容一食指。

陈式:四指并拢卷曲,指尖贴于掌心,然后拇指卷曲,贴于食指与中指中节指骨上成拳形,不宜握得过紧。

吴式:四指自然卷曲,拇指扣于食指第二指节上,不可握得太紧,要有虚实的变化,基本与杨式相同。

武式:一种做法是四指自然卷曲,拇指扣于食指第二指节上,同杨式。还有一种传统做法是在前一种基础上大拇指第一指节扣在食指的第一指节上,四指尖不触掌心,掌心完全含空,称作半握拳。

孙式:四指自然卷曲,拇指扣于食指第二指节上,并且大拇指够中指第二指节,使拳面略呈螺旋面,微微握紧,但是不可硬。中指尖顶掌心。

2. 掌

五指自然伸直、分开,掌心含空,虎口撑圆。

杨式:五指自然伸直微分,手指向掌心侧微屈不伸直,指肚微向手背撑张,虎口撑圆,掌心内凹,形如荷叶状。

陈式:大拇指指根与小指指根相合,大拇指尖后仰,并与食指分开,其余四指微微分开自然伸直,指尖向后弯曲,五指相错成螺旋形。

吴式:大拇指与食指分开,其余四指微分开指尖向前,大拇指与食指分开虎口撑圆,其余四指微分开的距离比杨式小,指尖向前,四指与拇指似两个部分。

武式:五指自然平均地分开,手指向掌心侧微屈不完全伸直,大指与小指相对领气,掌心内凹,有的练法要求拇指内扣。伸展程度比杨式大,通常要求手指尖朝上。

孙式:五指自然分开,掌心内凹程度比武式小。

3. 勾

屈腕,五指自然内合,指尖捏拢。勾手又称抓子,也有人叫钩手、钩子、吊手。孙式、武式无勾手。

杨式:五指第一指节自然捏拢,屈腕。掌心含空,五指不可用力。掌心可容一小球,勾顶和腕关节处无绷紧感。

陈式:五指指尖自然捏拢,腕微伸。掌心含空成圆形,其掌心空间比杨式大,五指不可用力。掌心可容一小球,勾顶和腕关节处无绷紧感。

吴式:拇指、食指、中指指尖自然捏拢,无名指、小指屈向掌心,屈腕。掌心含空但是中间空间很小。

(二)步形、步法、腿法

1. 步形

步形是指下肢腿脚的基本形状。不同流派的太极拳对步型的要求也不同,但太极拳的步形归纳起来,基本上有六种。

弓步:前腿屈膝,大腿斜向地面,膝与脚尖基本呈垂直,脚尖斜朝正前方;后腿自然伸直,膝可保持弧度,脚尖斜向前,两脚之间保持一定间隔。

半马步:前脚脚尖向前,后脚脚尖向侧方,两脚距离约两个半脚掌,全脚掌着地,两腿微屈,重心偏后腿。

虚步:后腿屈蹲,大腿斜向地面,脚跟与臀部基本垂直,脚尖斜向前;全脚掌着地,前腿稍屈,前脚掌、脚跟或全脚着地,重心偏后支撑腿。

仆步:一腿全蹲,全脚掌着地,脚尖稍外展;另一腿自然伸直于体侧,贴近地面全脚掌着地,脚尖内扣。

独立步:支撑腿微屈站立,另一腿屈膝提起,大腿抬高与地面呈水平;全脚掌着地,后脚前脚掌着地,脚尖向前。

丁步:一腿屈蹲,全脚掌着地,另一腿屈收,以前脚掌虚点地支撑腿侧面的地面。

2. 步法

步法指脚步移动方法。上步脚跟先落地,退步前脚掌先落地,注意左右脚的横向间隔距离,以保证重心稳定。步法变换要轻灵沉稳,重心替换,虚实渐变。常见的步法主要有六种。

上步:后腿向前迈一步或前腿向前迈半步。

退步:前脚向后迈一步。

侧步:两脚朝左右平行,连续依次侧移。

跟步:后脚朝前脚跟进半步。

盖步:一脚经过另一支撑脚前方,向侧方向落步。

插步:一脚经过另一支撑脚后方,向侧方向落步。

步法总要求:轻灵稳健,步点准确,轻起轻落,点起点落。

3. 腿法

腿法指腿的运动方法。其原则有:第一,高练低用,因敌变化;第二,上下相随,手脚并用。常见的腿法主要有 5 种。

碾脚:以脚跟或前脚掌为轴,前脚掌或脚跟左右碾动。

踏脚:支撑脚微屈站稳,另一只脚屈膝抬起,小腿上摆,勾脚尖踏脚跟,高过于腰部。

分脚:支撑脚微屈站稳,另一只脚屈膝抬起,小腿上摆,绷脚面踢脚尖,高过于腰部。

拍脚:支撑脚微屈站稳,另一只脚向上摆踢,绷脚面,同侧手掌在额前迎拍脚面。

摆莲脚:支撑腿微屈站稳,另一只脚经前向外侧做弧形摆动,脚面绷平,两手掌在额前依次迎拍脚面。

各种腿法均要求支撑腿稳定,膝关节不要僵直,上体保持中正。拍腿动作时不可低头弯腰,摆莲腿时注意身体不要左右歪斜摇摆。

(三)身形、身法、眼法

1. 身形

身形是指人体从头到臀之间,包括头、颈、肩、胸、背、腰、胯等部位的整体形态。体内要求尾间中正,从百会穴到会阴穴是一条垂线;从体外看要头正、身直。具体要领如下。

头部:头要正,不可稍有前俯、后仰、左歪、右斜之势。枕骨和两耳尖微上领。下颌微敛,舌顶上颌,眼向远处的前下视。

颈部:颈要直,在头部枕骨上领和下颌微敛的作用下把颈部的自然弯曲向上领直。

肩臂部:肩部松沉微向前合,肘部微屈而松坠,坐腕,掌心向前,手指自然张开。

胸部:胸部在肩部要领的作用下,微含,自然而宽畅。

背部:背部在肩、胸的作用下,微圆而直。

腰部:腰部要松而直,所谓命门穴后撑,两肾饱满。

臀部:敛臀,提肛。

腹部:腹部放松,小腹微圆,所谓气沉丹田。

胯部:胯部要松而抱。像母鸡抱小鸡一样,不可抱紧,又不可张开。

脚部:脚要微扣,全脚掌着力,十趾有抓地之意,两脚相距比肩稍宽。

2.身法

身法主要是指腰带动躯干的运使方法。拳法总的枢纽在腰身。拳论讲的"力由脊发,步随身换","身"即身法,身与腰密不可分,腰法实为身法。躯干可以分为三节:头是稍节,胸为中节,腹是根节,运动符合三节规律,主要包括以下两点。

第一,腰为车轴,四肢为轮。太极拳把自己比作一个小宇宙,是转动的球体,而且一动无有不动,动的主体是身法,带动四肢绕轴动,做到源动于腰,旋腰转脊,自己就像是个飞转的球,对方的力沿切线飞出。

第二,中正不偏,无过不及。身法的运动中(除个别的姿势外),都要保持腰脊与地面垂直,转动中不倾斜,防止要腰故意摆动。

身法主要有以下几种类型。

(1)拧身法。

做法:以人体腰脊为中轴,左右肢体对扭,身体半面转动而蓄势待发,如野马分案之身法。

要求:背部、腰部两侧肌肉交替运动。

(2)转身法。

做法:以人体垂直轴为中轴,用腰带动身体半面或整体外旋转动,通常以一脚支撑转体135°以上,如转身踏脚。

要求:松骨松腰,身体中正。

(3)翻身法。

做法:以腰脊为转轴,折叠上体变易方位复出,通常指身体由前向后做180°的翻转,如杨式中的撤身捶。

要求:头上顶,中轴竖直,即尾间中正。

(4)起身法。

做法:竖直方向,身体由下向上顶劲上提,如金鸡独立。

要求：脚踏立身，上体不过分前倾。

（5）塌身法。

做法：身体竖直，腰部后撑下沉，如揽雀尾中按推时腰的动作。

要求：腰部不可过分突出。

（6）伏身法。

做法：整个身体由上向下降落，如海底针。

要求：身体不失中正。

其他身法还有立身、坐身、进身、退身、侧身、披身等。

3. 眼法

眼法为眼的运使方法。眼是神的具体反映，俗称眼神，太极拳要求"神似捕鼠之猫"，一般要威而不猛，眼随手动，不仅使动眼神经、视神经得以锻炼，更能体现形神兼备的特点。切不可半开半闭，呆视一点，毫无神气。眼神能反映内里变化，反之眼神也能诱导精神放松，不能忽视。

主要规律有：

（1）眼随手转，手眼相随。太极拳的眼法一般平视，同时随身法、手法、步法的变化，顾盼两手中主要的一手，当手到达定点时，眼神要领先到达定点。

（2）顾盼全面，眼似闪电。在眼法诀中讲顾三前，盼七星是指要看清双方上、中、下三路，以及注意对方头、肩、手、肘、胯、膝、足 7 个部位，眼快手捷，手眼相随。

眼法有以下两种。

（1）注视：以主要手为目标，向主要手的方向投目远视。例如，24 式的手挥琵琶，以左手方向为目标，投目远视。

（2）随视：眼随主动手转动。例如，24 式的单鞭，弓步推掌时眼随左手自由向左转动。

二、基本练习

基本功是掌握及提高太极拳技术的基础训练，是端正人体基本姿势、提高专项素质、壮内健外的根本环节。通过对 6 个单式在意念统率下呼吸与动作的协调配合练习，意、气、力三者结合达到统一，以提高专项身体素质，从而使动作具有既沉重又轻灵、既刚健又柔韧的劲力内蕴，达到柔中寓刚、绵里藏针，使周身圆满完整、端正安舒、支撑八面、沉实有劲，为学好太极拳基本动作及套路奠定基础。

1. 无极桩

两脚平行分开，同肩宽，两膝微屈，重心落于两腿之间；两手臂微屈，举于胸前，手指微屈自然展开，指尖相对（相距约 20 厘米），掌心向里如抱球状，目视两手。上体正直，头正悬顶，下颌微收，沉肩垂肘，松腰敛臀，精神集中，意守丹田，呼吸自然。初练时每次 5 分钟，久练逐渐增加。姿势高低可根据体质和腿部力量自行掌握，通过练习下部力量增加稳实感，周身内劲饱满，丹田之气充足。

2.开合桩

在无极桩姿势的基础上,两手臂做稍向外棚开和稍向内收合的练习。开时为吸气(小腹鼓起),合时为呼气(小腹内收)。初练时呼吸应力求自然畅通,不要勉强。当练久之后,可以加大呼吸程度,扩大充气量。例如,吸到极点不能再吸时,改为呼气。同样,呼到极点将气全部吐出不能再呼时,改为吸气。每次可练3～5分钟,日久可渐增。

3.升降桩

预备时,身体自然正直,两脚开立,头正悬顶,下颌微收,肩臂松垂,两手轻贴大腿外侧,眼向前平视。这时体松心静、排除杂念、精神集中、呼吸自然。动作时,两手缓缓向前平举至肩高,同肩宽,两肘微下垂,手指微屈,指尖向前,手心向下,眼看两手方向。这时为吸气(小腹内收,意由丹田提气上升,贴于脊背)。用意不用力,自然稳重,此为"升"式。当两手臂升至肩高时,转为下落,两手按至腹前,手心向下,微微下塌,舒指展掌,眼看前下方。这时为呼气(小腹鼓起),气沉丹田,此为"降"式。这样两手臂随两腿的屈伸,做前平举和下按的反复练习即为"升降"练习。姿势的高低可根据体质情况和腿部力量自行掌握。初练时呼吸应力求自然畅通,不要勉强憋气,久练后可以逐渐加大呼吸量。例如,两手升至肩高,吸到极点不能再吸时,改为呼气。同样两手下按,呼气到极点不能再呼时,改为吸气。一升一降为一次练习。初练时,可做3～5次,久练后,练习的次数可逐渐增加。

4.虚步桩

立正站立,重心移至右腿并屈膝,左脚向前进半步,脚跟着地,脚尖翘起,左膝微屈;同时两掌向前上方举起,左掌指同鼻高,右掌在左肘内下方,两掌指微屈,自然分开,掌心斜相对,指尖均朝前上方,眼看左掌方向,如同左琵琶式。此式要求头顶端正竖直,下颌微收,沉肩垂肘,宽胸舒背,松腰敛臀,上体正直,左掌与左脚尖、鼻尖三尖相对。上肢的肩、肘、手与下肢的胯、膝、足均一一相合,即肩与胯合,肘与膝合,手与足合。精神集中,思无杂虑。用意行气,气一吸贴于脊背,一呼沉于丹田,周身务求自然,不用拙力,两腋虚空,两手臂用意内合。

每次练习不论时间长短,但要持之以恒,对于人体内部、意气、周身内劲及腰腿功夫的增长都有很大的促进作用。此势还可以左右势进行交换练习,练习时间的长短及姿势的高低因人而异。

5.进步

预备:身体自然直立,两脚跟并拢,脚尖稍外展,两手背分别贴附于后腰两侧,手心均朝外,目前平视。

动作:

①身体重心移至右腿并屈膝,左腿屈膝抬起,左脚向左前方上一步,脚跟先着地成左虚步;然后重心逐渐移向左腿,全脚踏实,脚尖向前成左弓步,目前平视。

②身体重心移至右腿并屈膝后坐,左腿自然伸直,左脚尖翘起外摆成左虚步;然后上

体微左转,重心移向左腿并屈膝,全脚掌踏实,脚尖偏向东北,同时右腿屈膝,脚跟抬起微外展碾脚。

③上体微右转,重心全部移至左脚,右腿抬起,经左脚内侧向右前方(东南)上一步成右虚步;然后重心逐渐移至右腿,全脚踏实成右弓步,脚尖想前(东),目视前方。根据以上步法变换过程,两腿交替向前反复练习。

收势:后脚向前脚跟步,两脚跟靠拢,两腿慢慢伸直,两手臂自然下垂于身体两侧,手心朝内。

要点:①在练习过程中,上体始终要保持正直,目前平视,重心要保持平稳,不要忽高忽低,身体的高低程度取决于本人的腿部力量,因人而异。②动作与呼吸的配合是虚步时为吸气,弓步和碾脚时为呼气。③步法转变要连贯稳实、虚实分明。

6.退步

预备:身体自然直立,两脚跟并拢,脚尖稍外展,两手掌相叠,手心朝里,左掌在外,右掌轻贴于小腹(丹田处)目前平视。

动作:

①身体重心移至右腿并屈膝,左腿屈膝抬起,左脚向左后方撤一步,前脚掌先着地。重心逐渐后移,全脚踏实,左腿屈膝后坐;右腿自然伸直,目前平视。

②身体重心全部移至左腿并屈膝,右腿屈膝,右脚抬起经左脚内侧向右后方撤一步,前脚掌先着地;重心逐渐后移,全脚踏实,左腿屈膝后坐;右腿自然伸直,目前平视。根据以上步法变换过程,两腿交替向后反复练习。

收势:前脚向后撤步,两脚跟靠拢,两腿慢慢伸直,两臂自然下垂于身体两侧,手心朝内。

要点:①上体始终要保持正直平稳,不要忽高忽低,身体的高低程度取决于本人的腿部力量,因人而异。②动作与呼吸的配合是身体后坐时为呼气,抬腿撤步时为吸气。③动作要连贯、两腿虚实要分明。

三、套路练习——24式太极拳

24式太极拳也叫简化太极拳,是原国家体委(现为国家体育总局)于1956年组织太极拳专家级取杨氏太极拳之精华编串而成的。尽管只有24个动作,但相比传统的套路来讲,内容更显精练,动作更显规范,并且能充分体现太极拳的运动特点。

24式太极拳分解动作如下。

(1)起势。

左脚开步、两臂前举、屈膝按掌。

(2)左右野马分鬃。

①左野马分鬃:抱球收脚、转体迈步、弓步分手;

②右野马分鬃:后坐跷脚、抱球跟脚、转体迈步、弓步分手;

③左野马分鬃:后坐跷脚、抱球跟脚、转体迈步、弓步分手。

（3）白鹤亮翅。

跟步抱球、后坐转体、虚步分手。

（4）左右搂膝拗步。

①左搂膝拗步：转体落手、转体收脚、迈步屈肘、弓步搂推；

②右搂膝拗步：后坐跷脚、转体跟脚、迈步屈肘、弓步搂推；

③左搂膝拗步：后坐跷脚、转体跟脚、迈步屈肘、弓步搂推。

（5）手挥琵琶。

跟步松手、后坐挑掌、虚步合臂。

（6）左右倒卷肱。

①右倒卷肱：转体撤手、提膝屈肘、退步错手、虚步推掌；

②左倒卷肱：转体撤手、提膝屈肘、退步错手、虚步推掌；

③右倒卷肱：转体撤手、提膝屈肘、退步错手、虚步推掌；

④左倒卷肱：转体撤手、提膝屈肘、退步错手、虚步推掌。

（7）左揽雀尾。

转体撤手、抱球收脚、迈步分手、弓步掤臂、转体伸臂、转体后授、转体搭手、弓步前挤、后坐收掌、弓步按掌。

（8）右揽雀尾。

转体扣脚、抱球收脚、迈步分手、弓步掤臂、转体伸臂、转体后摇、转体搭手、弓步前挤、后坐收掌、弓步按掌。

（9）单鞭。

转体扣脚云手、勾手收脚、转体迈步、弓步推掌。

（10）云手。

①转体扣脚、转体撑掌、转体云手、撑掌收步；

②转体云手、撑掌出步、转体云手、撑掌收步；

③转体云手、撑掌出步、转体云手、撑掌收步。

（11）单鞭。

转体勾手、转体迈步、弓步推掌。

（12）高探马。

跟步松手、后坐翻掌、虚步推掌。

（13）右蹬脚。

穿掌提脚、弓步分手、跟步合抱、提膝分手、踏脚撑臂。

（14）双峰贯耳。

收腿落手、迈步分手、弓步贯拳。

（15）转身左踏脚。

后坐跷脚松手、转体扣脚分手、收脚合抱、提膝分手、踏脚撑臂。

（16）左下势独立。

收脚勾手、蹲身仆步、转体穿掌、弓腿起身、提膝挑掌。

（17）右下势独立。

落脚勾手、蹲身仆步、转体穿掌、弓腿起身、提膝挑掌。

（18）右左穿梭。

①右穿梭：落脚坐盘、抱球跟脚、迈步滚球、弓步推架；

②左穿梭：后坐跷脚、抱球跟脚、迈步滚球、弓步推架。

（19）海底针。

跟步松手、后坐提手、虚步插掌。

（20）闪通臂。

提手收脚、迈步分手、弓步推掌。

（21）转身搬拦捶。

转体扣脚、坐身握拳、踩脚搬拳、转体旋臂、上步拦掌、弓步打拳。

（22）如封似闭。

穿掌翻手、后坐收掌、弓步按掌。

（23）十字手。

转体扣脚、弓步分手、坐腿扣脚、收脚合抱。

（24）收势。

翻掌前撑、分手下落、收脚还原。

第四节　太极拳的推广困境与路径

一、太极拳目前推广的困境

（一）受到西方体育运动的冲击

太极拳是一种具有东方特色和中国元素的运动。但由于近年来，受到西方国家一些实用性的、形式主义的体育运动的冲击，太极拳这一曾经让人耳熟能详的民族传统体育项目慢慢地淡出人们的视野。人们逐渐崇尚于国外竞技体育特殊的暴力美学以及可有可无的体育形式，认为这就是体育。在西方体育运动传入国内的同时，可供人们选择、欣赏、娱乐的项目越来越多。西式体育项目以其独具的新颖性和趣味性吸引着人民大众，这与人们自身民族体育文化意识淡薄是密不可分的，从而人们更偏向于选择新型的国外体育运动方式，却忘记了太极拳这一集百家之长，而且具有健身和养生功效的民族体育运动。因此，现阶段太极拳运动推广受阻，甚至在一些地区发展停滞不前。

（二）受众人群年龄、地区分布不均

如今，国家强烈主张全民健身，为太极拳的推广提供了强有力的支撑。但目前太极

拳推广方面仍然存在诸多问题,其中,从受众人群层面来说,老年习练者居多,年轻习练者较少;从地区层面来说,中原地区和东部沿海地区习练人数较多,而内陆、西北地区习练人数较少;从地域发展方面来说,城市习练者较多,农村习练者较少。时代在发展,国家在进步,传统的太极拳推广模式不再契合当今社会发展的主题和人民的兴趣,因而其发展肯定会受到限制,也会出现习练者年龄差异大、地域分布不均的现状。青年是国家的栋梁,是国家的希望。年轻一代对太极拳缺乏兴趣,甚至没有兴趣去传承,这就更缺少了太极拳推广的必要条件。习练太极拳的人口较为分散,缺少相应的习练氛围,也就缺少了太极拳传播的文化底蕴,这将导致太极拳的普及力度不足。

(三)缺少有效的推广渠道

由于受到主流体育文化和竞技体育的侵袭,作为非奥运会项目的太极拳的推广受到了轻视,使得推广难度加大,出现了推广范围缩小等种种问题。就太极拳本身而言,太极拳自我发展能力较差、商业能力较弱,一些太极拳文化产业不受重视,导致太极拳推广形势严峻。目前,太极拳的发展已经失去了原貌,逐渐偏离了轨道。快节奏的生活使人们更偏好于快节奏的运动健身方式,人民群众对太极拳的认识依然处于"慢拳"阶段,认为这是属于老年人的专利。太极拳缺少有效的推广措施来改变人们对太极拳的刻板印象。

二、太极拳推广路径

(一)依托"文化自信"政策

文化没有国界,特别是优秀的民族传统文化。太极拳运动从本质上讲是一种太极文化活动。无论是太极拳所展现的各种拳法套路,还是剑棍表演以及推手对抗等,都具有强烈的文化色彩。太极拳文化根植于优秀的中国传统文化,具有深厚的文化底蕴。文化自信既不是妄自菲薄,也不是妄自尊大,"文化自信"政策是顺应时代发展的要求。作为国家文化输出的优秀产品的太极拳,它兼具文化和体育两个属性。结合中国古典儒道家哲学以及传统武术理论,实现"精气神"三位一体,是中华民族几千年思想的重要体现。"文化自信"在当代社会具有非常重要的意义和作用,这正是太极拳推广的好时机。我们可以从"文化自信"的影响中明显感受到民族传统体育文化在"文化自信"中的重要地位,依托文化自信政策,给予了推广太极拳强有力的支撑。因此,太极拳的推广一定要文化先行。不了解太极文化就推广太极拳,这是缺少灵魂的推广。

(二)依托学校,社区开展丰富的太极拳推广活动

少年强则国强,青少年是国家的未来。那么在太极拳推广策略中,当代青少年也应该担负起责任。在当前文化自信政策的大背景下,学校层面可以增加对太极拳文化的教育,首先,应逐步加大太极拳在校园体育课程体系中的比重,或者在课程设计时逐渐增加关于太极拳的教学内容等;其次,可以举办形式各样的"太极拳比赛",或者开设太极拳相

关的文体课;最后,可以以一种太极拳和其他体育运动相结合的方式,吸引学生对太极拳的关注。社区是人们日常生活、工作的大环境,在社区中太极拳深受老年锻炼者的喜爱。如何能让不同年龄阶段的群众喜爱上太极拳才是我们应该考虑的问题。首先,我们可以在社区创建太极拳健身俱乐部,让更多的爱好者有的放矢;其次,可以组建不同协会、不同组织,统一在广场上有纪律地组织训练,这样可以吸引和激发更多群众的关注和兴趣;最后,可以举办太极拳文化演讲或太极拳知识竞赛。许多年轻人仍然对太极拳抱有片面的看法就是因为太极拳的理论太过高深,不易理解。在太极拳的推广活动中,要想提升推广的总体效能,离不开青年学生和社区群众的支持。

(三)拓展太极拳的"数字化"推广渠道

21世纪是"数字化"信息飞速发展的时代,所以,太极拳的发展和推广也应该与时俱进。过去传统教学练习模式是太极拳推广的主流渠道,但却成为其发展与推广的限制因素之一。因此,"数字"媒体将成为推广太极拳的主要途径。首先,通过涉猎与太极拳相关的影视作品、歌曲逐渐深入,了解一些太极文学、太极历史、太极哲学,使太极拳更加贴近人民生活,变成人民耳熟能详的事物;其次,由太极宗师拍摄详细的太极拳套路视频供大众方便学习,以充分发挥"数字化"对太极拳推广的作用;最后,有经济实力的太极拳爱好者可以提供一定资金用于开发"太极拳App"等。太极拳来源于群众,并受制于群众,更离不开群众。结合所处的社会、科技、文化背景,因地制宜地推广太极拳,太极拳的推广也应该与时代的发展同步。只有这样,才能让更多的人感受太极文化、感受太极精神、感受太极拳的魅力,才能让更多的人感受到中华民族的民族体育气节和传统文化的精髓。

(四)创新太极拳套路,打造太极拳知名品牌

任何事物在发展过程中都经历着改变的过程,其中充斥着新与旧的较量、老和新的交替。如果没有变化,事物的发展将停滞不前,最终将被淘汰。目前太极拳门类繁多,打法复杂,每一流派的套路在国内都拥有一定的受众人群,但对于如此众多的太极拳种又不可一齐推向世界,因而如何能够统一各家拳种,给予公平竞争的机会,创新出一类简单、便捷、适合推广的太极拳套路,才是我们应该思考的问题。同时,打造太极拳知名品牌要与时俱进,大胆接纳时尚元素、现代科技技术、音乐元素,使其既具有太极文化精髓,又具有鲜明的时代艺术感。这样,太极拳品牌才能与众不同,出类拔萃,更吸引大众目光,从而为品牌注入活力。太极拳的推广应该既要保障老年受众人群,又要符合年轻人的喜好,积极运用商业概念和品牌包装,积极创造太极拳发展新模式。

总之,太极拳是中华民族几千年以来的智慧结晶,要进行太极拳的多元化推广,就要逐步深入,这样才能吸引更多的人认识、了解并习练太极拳。在推广的过程中,我们要做到保护和创新并举,一方面,保留原有的太极拳文化内涵,不能追求过度的商业化,文化效益理应放在首位;另一方面,拓宽思维,开阔眼界,努力开发新颖的太极拳练习学习模式。

第十二章 我国武术推广之
散打运动推广研究

第一节 散打运动概述

现在开展的竞技散打运动已经形成了独特的技术风格。现代散打运动技术包括进攻技术、防守技术和防守反击技术三大类。它与中国传统技击术的关系中，应该说有些继承的成分，但更多的是经过整合而有所发展。所谓整合，是指具有不同文化特质的技击术，经过相互吸收、融化、调和而趋于一体的过程。整合后的散打技术更加符合竞技体育项目的特征，是中国传统技击术发展的必然结果，也是东西方文化相互交融、渗透的典型表现。现代散打运动逐渐发展成一种适应于竞技的新的技击技术体系，它有别于传统的"点到为止"，也不同于"一招制敌"的实用技击技术。

一、散打运动的特点

散打运动具有对抗性、体育性、民族性的特点，具体如下。

(一)对抗性

徒手对抗格斗是散打的基本运动特征。现代散打运动并不局限于对中国武术传统的徒手格斗术进行单纯的继承和表现，而是在继承的基础上有了发展和提高。其中最为突出的就是把传统中只注意"招法"的观念发展成把体能、智能与技能结合起来的观念，强调其综合应用的能力。比赛双方没有固定的动作顺序，而是互以对方技击动作随即转移，斗智、较技，相互捕捉对方的弱点以所长制所短。它不仅要求运动员熟练地掌握散打技术，还要有敏捷的应变能力，从而明显区别于武术套路运动形式。散打由于自身的特征以及社会的需要，更突出地反映了武术的本质——技击性。打击对方、保护自己是散打运动的基本目的。

(二)体育性

传统民间流行的武术徒手搏击，一般都认为是防身自卫，一招制敌，或者像电影、电视、武打小说中描述的那样出神入化，风雨不透。这是武术在许多形式上给人以神化夸张的错觉而造成的误解，从而导致散打在人们心中变得神秘化。

在现代文明社会中，我们不能让散打在狭窄的拼杀中去生存，应把武术之精华融入简单易行的运动形式，不仅能自卫还能强身，这样才能让散打有广泛的生命力，才能真正走向社会，走向世界。于是，原国家体委武术院经过试验、论证后，认为散打的技法是以增强体质、交流技艺、防身自卫、提高技术水平为出发点，从传统武术徒手搏击术中取舍动作，使散打成为体育项目，即寓技击术于体育之中，从而使其得以顺利地开展和推广。

(三)民族性

散打是中华民族的优秀文化遗产，是在中国特定的社会历史条件下逐渐演变发展形成的，因此它具有鲜明的民族特色。

中国散打不同于拳击，也不同于跆拳道，更不同于用头顶、肘撞、膝击的泰拳和柔道等项目；由于其设擂比试，又不同于西方国家有缆绳的自由搏击，也不同于日本的空手道、相扑，韩国的跆拳道，以及法国的忍拳，等等。散打要求"远踢、近打、贴身摔"。民族形式不是凝固的，也不能理解为"过去形式""历史形式"或"传统形式"。民族形式有鲜明的时代性，因此形式不是单一的，而是多变的、演进的。

二、散打运动的作用

(一)健体防身

散打运动是斗智斗勇、较技较力的运动。通过散打练习，人们能掌握自卫防身的技能。同时，散打运动能够提高人的速度、力量、耐力、灵巧等身体素质，增强人体内脏器官的功能，尤其是对提高人的神经系统的灵活性有很好的作用。

散打以双方互相对抗为运动形式，这就要求习武者在实践中正确把握进攻的时机，防守到位，反击及时，从而建立正确的条件反射；同时要针对不同的对手和双方临场的变化提高应变能力，以及提高击打和抗击打的能力。这些都起到了掌握防身自卫和克敌制胜技能的作用。

(二)锻炼意志

散打运动对意志品质的锻炼是多方面的。它的功力训练过程是十分单调的，人们在训练过程中要克服全身肌肉的疼痛，从不适应到适应，是一个艰难的过程。两人交手比试时，要克服心理上的胆怯，逐步增强敢拼的意识。比试中如果遇到强手，可能要挨打，此时的皮肉之痛，使意志薄弱者望而却步，而意志坚强者则会咬紧牙关，在艰难中拼搏，直到最后胜利。人们通过多年的散打训练，能培养出顽强拼搏的意志品质。

(三)竞技观赏

武术搏击之所以有很强的生命力，能延续到现在，除与社会文化背景以及运动的本身特点有极大关系外,搏击所具备的较高观赏性也起到了一定的作用。在历史上,擂台比武除暴安良已传为佳话,当今人们不仅会练习散打,而且会观看散打比赛。对散打抱有极大热情的观众也日益增多,说明散打比赛不仅刺激、激烈,而且选手之间斗智、斗勇的过程,具有较高的观赏价值。

(四)竞技交流

中国武术徒手搏击,早在1 000多年前就传到了日本,当时称"唐手",后来改称"空手"。现在,有许多国家的武术爱好者不仅喜爱中国套路武术,而且喜欢散打运动。通过与各国选手较技,不仅可以促进国际武艺交流,将中国散打运动推向世界,而且可以增进各国运动员之间的了解和友谊,促进国际文化交往。

第二节 散打运动蕴含的文化内涵

一、散打运动蕴含的文化思想

中国散打是在继承和发展中国传统武术的基础上形成的,是中国传统文化的延续和创造,具有非凡的包含会通精神。中国散打融合了中国传统的儒、道、兵等的思想,并加以创新、借鉴世界其他搏击术的精华,形成了今天的竞技散打运动。

(一)蕴含的道家思想

道家尚水、尚女、尚柔、尚阴。散打运动强调技术动作的弹性、弧线进攻,这就需要在训练中把"柔"放在突出的位置,而不是单纯强调力量、速度、爆发力等。"天下莫柔弱于水,而攻坚强者莫之能胜,以其无以易之。弱之胜强,柔之胜刚,天下莫不知,莫能行。"所以强调柔,在于柔克刚,柔中带刚,至柔则刚。这样的道理大家都知道,然而却没有人能做到。人们虽然已经在应用道家思想,但是还没有更好地发挥传统道家"柔"的价值。

《道德经》云:"人法地,地法天,天法道,道法自然。"散打运动中的拳法对防止近身摔、防守腿的攻击、进攻中距离的目标具有绝对优势;摔法对腿的防守在于近身,随着距离的改变而发生优、劣势的转化,变不利为有利;腿法的威力在于适应其"道",即在于整个身体的协调、距离的恰当、时机的把握。

总之,天、人、地必须依照一定的规律,使其处于自然状态,追求身心的自在状态,构成和谐的整体,发挥其最大能量。无为的柔雌理论,即母性文化传统,为竞技散打吸收借鉴其他搏击精华提供了理论前提,也是中国传统体育延续而不断发展的根本所在。

(二)蕴含的儒家思想

儒文化最突出的特点是"内圣外王":内圣,即修身;外王,用王道、圣贤之道来参与经世治国、平天下。散打运动的作用有防身、锻炼意志、发展心智等,对人的身心发展都有积极意义。通过比赛,培养散打运动参与者的竞争意识、获得社会的认可,虽然没有治国、平天下的要求,但是可以使其更好地适应社会,增强其生存能力,为其进一步发展创造良好的条件。

中庸思想是孔子倡导的根本思想方法与道德原则。中庸,即中正、不偏不斜,无过无不及。散打技术从预备姿势开始就强调中正,即重心的保持和攻守的平衡;在实战中更是注重实效,既有效打击对手,又很好地保护自己。

儒文化的"仁""和谐"对散打运动的影响也是深远的。"仁"即爱人;兵家的"上兵伐谋""止戈为武"和"穷寇莫追"思想是对"仁"的诠释;散打运动中不以致人伤残为目的,不进行倒地后的进攻,对运动员采取必要的保护措施,正是"仁"的具体体现。"和谐",既指个体自身的和谐,也指与对手及周围环境的和谐;既有技术动作的和谐,也有身心的和谐;与对手及周围环境的和谐一旦打破,比赛也随即终止。

(三)蕴含的兵家思想

"是故百战百胜,非善之善者也;不战而屈人之兵,善之善者也。故上兵伐谋……其下攻城。"这是孙子兵法中以最小代价取得最大胜利的"制人而不制于人"的克敌制胜的理论。在散打运动中,运动智能决定谋略的运用,谋略的应用体现在争取主动权、知己知彼、速战速决、以最小的消耗取得最大的效果。

制胜思想与佯攻战术。《孙子兵法》中说"兵者,诡道也"。在《计篇》中他总结了"出其不意,攻其不备"的著名"十二论道"法。在散打运动中,成功的佯攻战术、迂回战术等能够给对手以错觉,暴露出空挡,使我方取得时间和空间的战机。佯攻战术的实施主要通过手、脚、身法及眼神、声音、面部表情等来迷惑对手,争取主动,进而达到制胜的目的。

"奇正"思想与战术运用。《兵势篇》中说:"凡战者,以正合,以奇胜……奇正相生,如循环之无端,熟能穷之哉!"面对比自己强大的对手,以正常实力取得胜利非常困难,这时需要特别的技战术在规则范围内达到取胜的目的。利用"奇正"的变化,对战时,在知己知彼的情况下取得"百战不殆"。

二、从中国传统文化审视散打运动之"道"

现代散打是传统武术为了适应现代体育的特点,将中国传统武术经过提炼和改造后,以擂台比赛为形式的一种现代体育竞技项目。散打从1979年开始试点到如今已经有二十多年的历史,它的发展有目共睹,然而,也有许多人对散打提出种种批评,如有的人认为散打是"拳击加腿法加摔",完全是西方自由搏击的翻版,不能体现中华武术的技击特点;有的人认为散打和传统武术发生了"断裂",它成了无源之水;有的人认为散打太残酷,对抗激烈容易受伤,不利于推广普及;有的人认为练散打会使练习者好勇斗狠,练散打的人喜欢打架;等等。作为一个新生事物,散打难免会存在这样或那样的不足,我们不能一味地只是提出批评,更重要的是,要提出建设性的意见,使其得到更好的发展。本文试图从传统文化"道"的角度来重新审视散打。

(一)习武与修"道"不可分离

中华武术历来讲究"以武修道",练武不光是为了健身防身,更重要的是通过练武来达到领悟人生大道的境界。大成拳的创始人王芗斋先生在《大成拳论》中写道:"拳道之大,实为民族精神之需要,学术之国本,人生哲学之基础,社会教育之命脉。其使命要在修正人心,抒发感情,改造生理,发挥良能,使学者神明体健,利国利群,故不专重技击一端也。若能完成其命,则可谓之拳,否则是异端耳。"[①]孙禄堂先生在《论拳术内家外家之别》一文中提出:"始如拳道即天道,天道即人道。"[②]由此可见,在传统武术中习武与修道是密不可分的。

"道"在中国传统文化中有许多含义与疏释。《老子》曰:"道可道,非常道。名可名,非常名。无名,天地之始;有名,万物之母。故常无欲,以观其妙;常有欲,以观其微。此两者同,出而异名。同谓之玄;玄之又玄,众妙之门。""道"是一个终极实在的概念,在本质上不可界定也不可言说,它是万物之始,又是万物之终。武术之中亦有"道",如《太极拳经》中写道,"虽变化万端,而理唯一贯",武术的表现形式虽然千变万化,但它也贯穿着"道",它是武术的本质与核心。

"道"是中国传统思维方式,它欣赏整体动态、辩证综合与直觉体悟。中国哲学认为,对于宇宙本体,不能依靠语言、概念、逻辑推理、认知方式,而只能靠直觉、顿悟加以把握,通过切实的经验与自家的身心交融成一种体验,设身处地,体物入微,才能直接达到和把握真善美的统一,从而彻悟"道"的最高智慧与境界。

在武术修炼中也是这样,武术的奥妙与精微之处常常是只可意会不可言传,武术之"道"不是一朝一夕就能获得的,它只有通过长期不断的千锤百炼才能达到"众里寻他千百度,蓦然回首,那人却在灯火阑珊处"的境界。

现在的许多散打练习者往往都只将散打看成一种技击术,练习散打只是为了健身防身,对散打的认识与体悟只停留在"术"的层面,而没有将它当作一种"道"来修炼。韩国的跆拳道、日本的柔道和合气道等,都注重"身心合一",不仅注重身体练习,更强调精神修养。例如,跆拳道就非常注重礼仪,"礼仪"是跆拳道必不可少而且十分重要的部分。跆拳道练习时要求"以礼始,以礼终"。人们在跆拳道练习或比赛前后一定要向对方敬礼以示尊重。人们普遍反映"练习跆拳道的孩子懂礼貌",可见跆拳道的教化作用。这值得散打运动借鉴。

我们不能将散打简单地看作一种方法、技能和技术的集合,因为散打的发展和许多学科的知识是分不开的,要掌握散打技术就要了解生理学、心理、解剖学、运动生物力学和训练学等相关学科的知识。散打作为脱胎于传统武术的现代竞技体育项目,它的发展

---

① 王选杰,霍金来. 大成拳总集[M]. 北京:人民体育出版社,2001:9.
② 孙禄堂. 孙禄堂武学录[M]. 北京:人民体育出版社,2001:377.

必须扎根于传统武术，而传统武术根植于有数千年历史的传统文化的沃土之中，中国古代的儒家、道家与道教、佛教以及多种民俗民间文化，都对它产生过不同程度的影响和渗透，它涵盖了中华民族几千年来积累的伦理道德、哲学知识、审美艺术、心理情感和民族习俗等丰厚的文化，现代散打的发展要建立在这种文化基础之上，而不是抛弃它，进行简单的模仿或改造。因此，我们要通过练习散打来了解中国传统文化，并由此来感悟人生的大"道"。在练习散打的过程中，我们表现自我，抛开执着、偏见、束缚，达到心灵自由的境界。

（二）散打运动中的水之"道"

"天下莫柔弱于水，而攻坚强者莫之能胜，以其无以易之。弱之胜强，柔之胜刚，天下莫不知，莫能行。"老子主张贵柔守雌，"道"以"柔"为贵，老子的"柔"并非柔弱的意思，他所说的"柔"是指像水一样有生命力，坚韧不拔和充满生机。天下之物没有比水更柔弱的，也没有比水的力量更强大。水是流动的、灵活的而善于变化的，水无定形，随遇而变，遇方则方，遇圆则圆，任何事物都不能阻挡它向前奔流的脚步。所以老子说，"天下之至柔，驰骋天下之至坚"，《孙子兵法》也继承了这一思想而提出："夫兵形象水，水之形，避高而趋下；兵之形，避实而击虚。"真正的搏击格斗就像水一样充满变化，是一个具有生命力的有机体。我们在实战中要像水一样没有固定的形态，才能乘虚而入，达到避实就虚、以静制动的目的。

老子这一思想对传统武术也产生了深远的影响，如太极拳就讲究以柔克刚，要求做到柔中带刚、绵里藏针。传统武术中非常强调以快打慢，主动进攻，而俞大猷在《剑经》中创造性地提出了"后人发，先人至"的搏击格斗的战略战术思想，要做到"后人发，先人至"，就必须"顺人之势，借人之力"。戚继光在《纪效新书》中总结出遇敌制胜变化无穷的"踢、打、拿、摔"的四击整体和"妙、快、猛、柔、当"五字要诀为：脚踢要巧妙，拳打要迅疾，摔跌要突发，拿跌要柔从，知当斜闪（以奇用兵）。要达到这种境界就必须以柔克刚、以谋取胜、以奇用兵，而不能采用西方以力取胜为主的方式。日本的柔术、柔道和合气道也深受老子思想的影响，它们也是以守柔、不争为宗旨，都强调以柔克刚。

东西方搏击格斗方式的差异则反映了他们文化思想的差异，我们关注竞技武术，其实更多关注的是竞技武术中的文化精神。越是民族的越是世界的，因此，散打的改革要站在中国传统文化的高度上进行，如果散打没有自己明显的独特风格，就不可能得到国际的认可推向世界。现行的散打就常被人指责是"拳击加腿法加摔跤"，完全是西方自由搏击的翻版，不能体现中华武术的技击特点。散打的踢、打技法在规则上鼓励重力击倒取胜，是西方的力量型打法，强调重击对手的头部等要害部位，容易造成伤害事故，不利于散打运动的推广。而摔法的柔法技术由于要求戴手套，限制了手法的发挥，不能充分发挥柔法的技术，因此，传统武术中的技术方法不能得到充分的发挥，在一定程度上阻碍了散打运动的发展。运动员的着装也只是背心短裤，没有体现出民族服饰特色。

作为竞技体育项目，都会在规则上发挥一些技术而限制另一些技术，它不可能是真正无限制的搏击格斗,如跆拳道的规则就限制了其他技法的应用,一切为腿法开路,以腿法为鲜明特色而走向世界。泰拳实战能力强,但是画面残酷血腥,不容易推广。力量型的剧烈运动显然不容易在群众中普及,日本的 K-1 赛事就成了西方人的天下,日本人只能在决赛中欣赏西方人的表演,这说明了力量型运动不是东方人所擅长的。

我们要以老子"柔"的哲学思想为基础,以"柔"取胜,在散打中充分体现"柔"法,因为散打的优势是"柔"法,而不是"刚"法。现行的散打采用四击中的踢、打、摔,现行的规则其实是有利于摔法的发挥,在和泰拳、空手道、自由搏击等国外搏击术的对抗中,我国拳手主要是以摔法取胜,摔法是我们克敌制胜的法宝,这也达到了以"柔"克"刚"的效果。

散打采用了拳击手套限制了手法的应用,建议采用分指手套,可以发挥传统武术中的拳、掌并用的技法,还可以在一定程度上发挥"拿"的技法,达到"踢、打、拿、摔"的统一,还可以充分发挥运动员的灵巧性,达到以巧取胜、以柔取胜的目的。着装方面可以采用传统的跤衣,既可以突出传统服装服饰的特色,又可以充分发挥中国传统跤法抓拿摔跌的威力,并可以发挥我们灵巧多变的手法优势,限制西方力量型的打法。传统武术的特色优势就是突出拿摔的柔法而不是突出力量的踢打刚法,只有这样才能使传统武术中所谓的顺人之势、借人之力、以柔克刚的打法得到淋漓尽致的发挥。

散打作为脱胎于传统武术的一项竞技体育项目,它折射了民族传统文化思想,它不仅要从传统武术中吸取精华,还要从传统文化的沃土中汲取营养。散打练习者不仅要通过练习散打达到健身防身的目的,还要以此为途径来深入了解博大精深的中华传统文化,通过推广散打运动来传播优秀的中华传统文化,使中华传统文化走向世界。

第三节 散打的学练方法

一、散打运动的技术学练

(一)步法技术训练

1. 步法技术分析

(1)滑步。

①前滑步。

后脚掌蹬地,前脚稍离地向前滑出 20～30 厘米,后脚随之跟进相同距离,身体重心保持在两脚之间,整个动作完成后仍为原来的姿势。

②后滑步。

前脚掌蹬地,后脚稍离地向后滑出 20～30 厘米,前脚随之后退相同距离,身体重心保持在两脚之间,整个动作完成后仍为原来的姿势。

（2）垫步。

从预备姿势开始，重心前移，后脚蹬地向前脚内侧并拢，随即前脚屈膝提起，根据情况使用蹬、踹腿法；上动不停，在使用腿法的同时，支撑腿随蹬（踹）腿向前再垫出一步，脚跟斜向前。

在运用垫步时，为了能够取得理想的步法运用效果，要注意以下两个方面：第一，后脚向前脚并拢要快，前腿提起的动作与后腿的并拢动作不脱节、不停顿；第二，配合后腿的垫步要与腿法同时完成，但要注意垫步时不能腾空，为加大力度和充分伸展，踹出后的支撑腿脚后跟必须斜向前方。

（3）纵步。

以前纵步为例，从预备姿势开始，两脚同时踩地，使身体向前或向后移动。在运用纵步时，为了能够达到理想的步法运用效果，要注意以下几个方面：第一，起动前不宜过分减低重心，不然容易暴露动作意图；第二，动作主要靠脚踝的力量向前纵出，但不宜过于腾空；第三，向后纵步，动作要领与向前纵步相同，但方向相反。

（4）交换步。

从预备姿势开始，前后脚同时蹬地稍离地面，在空中左右腿前后交替，转体 120°左右，同时两臂做前后体位的交换，完成动作后成与原来相反的预备姿势。在运用交换步时，转换时要以髋部力量快速带动两腿交换，同时身体不能腾空过高，否则会影响步法的运用效果。

（5）击步。

①向前击步。

从预备姿势开始，重心前移，后脚蹬地向前脚内侧迅速靠拢，在后脚着地的同时前脚向前方迅速跃出，着地后两脚成预备姿势步形。

②向后击步。

从预备姿势开始，重心后移，前脚蹬地向后脚内侧迅速靠拢，着地后两脚成预备姿势步形。

（6）闪步。

①左闪步。

从预备姿势开始，上体保持原来的姿势，前脚向左侧迅速蹭出 20～30 厘米，紧接着后脚以前脚为轴迅速向左滑动，角度在 45°～90°，动作完成后成预备姿势的步形。

②右闪步。

从预备姿势开始，后脚向右方横向蹭出，随后以髋部带动前脚向右侧滑动，身体转动一般在 60°～90°，动作完成后成预备姿势。

需要注意的是，此步法也常常用于侧闪防守时，其中，关键的动作是转体闪躲。因此，为了能够较好地躲闪对方的正面进攻，侧闪步的同时要转体，否则会影响步法的运用效果。在运用击步时，不能腾空过高，两脚动作要依次、连贯、快速。

2. 步法技术训练

(1)步法的技术要求。

灵活的步法能够调整身体重心,维持身体的平衡,使得运动员在进攻和防守中处于优势地位。散打的步法技术要求如下。

①步法要"活"。

步法要"活",就是指步法的移动和转换要灵活敏捷。在散打比赛过程中,步法应灵活多变,轻松自如,使得对方难以把握我方的重心变化规律,使得对方进攻判断困难。要有灵活敏捷的步法,需要良好的腿部力量,膝关节和踝关节的弹性要好。另外,在准备姿势站立时,两脚之间应保持合适的距离。

②步法要"快"。

步法要"快",即步法移动的速度要快。步法移动速度快,才能够快速躲避对方的进攻,以迅雷不及掩耳之势发动攻击。在实战过程中,双方会保持一定的距离,在进攻时,就需要通过步法来接近对方,达到有效的进攻距离之后发动进攻;另外,在进攻之后还要能够迅速后撤。

③步法要"稳"。

散打运动员的步法要稳定,这对于其在比赛中的发挥具有重要的意义。步法的稳定应注意以下两方面。

第一,在移动时,应避免两腿处于交叉状态,尽可能使身体处于力学稳定状态。

第二,在进攻或防守时,重心的垂直投影不要超出支撑面过多,以免失去稳定性。在出拳攻击时,如果用力过猛,就会导致重心过度前移,从而步法不稳,给对方以反击的机会。

④步法要"准"。

步法要"准",即步法的移动要具有准确性。准确的步法移动能够为进攻和防守创造良好的时机。在进攻时,如果步法移动不到位,则进攻效果就会不佳;如果防守时步法不准确,则会给对方可乘之机。把握步法移动的准确性,主要取决于运动员的时空感觉能力,这种能力的获得有赖于长期的训练实践和不断的摸索总结。

(2)步法的训练。

步法训练的方法很多,主要方法有如下几种。

①个人练习。

在学完相应的步法之后,通过个人的反复练习,反复揣摩,体会要领,巩固技术。开始可专门练习一种,待技术熟练以后,可把几种步法组合练习,以适应实践中的各种变化。

②结合信号练习。

教练员或陪练人员可以运用掌心、掌背的朝向或手指的数量,或规定的某一个动作等作为信号,要求练习者根据信号做出相应的步法,巩固步法,提高反应能力。

③两人配合练习。

两人保持一定的距离。一方可随意做出各种步法动作,另一方则需要模仿对方的步法动作或做出与对方相反的步法动作,如一方进步,则另一方退步。通过这种练习来提高运动员的反应能力和步法移动的准确性。

④结合攻防动作练习。

结合攻防动作进行步法练习,是提高步法移动实效性的主要方法,也是提高上下配合、整体协调的重要手段。可与各种拳法、腿法等结合在一起练习。

⑤实战中练习。

在掌握相应的步法之后,可在实战中进行巩固和提高,使得运动员掌握步法移动的时间、速度、幅度等,发现自身的不足,积极改进。

(二)进攻技术训练

1. 直拳

直拳又称为"冲拳",其技术动作分析和训练如下。

(1)直拳技术分析。

①左直拳击头。

从基本搏斗姿势开始,右脚掌蹬地,使重心快速前移到左脚上,身体右转,右脚跟稍向内转一下,在转体同时,探左肩,左臂迅速向前伸出,力量集中在拳头顶部,在击拳瞬间应该感到肩部有催劲。左膝稍弯曲一下。右手防护下颌,肘部防护身体;左手击打完成后应尽快收回成开始姿势。

②右直拳击头。

从基本搏斗姿势开始,以右脚前脚掌支撑蹬地,同时脚跟外转,把蹬地力量传至全身。身体随左后转,旋右臂向前沿直线冲出,在接近目标刹那合肩,将拳握紧。随出拳瞬间,重心移在左脚上,全脚着地。右脚微向左脚跟进,右膝靠近左膝。收左手防护头及上体。

③右直拳击上体。

从基本搏斗姿势开始,重心移向右脚,以右脚前脚掌为支点,用力蹬地,身体随之左后转;重心前移到左脚,全脚着地。在身体左后转的同时,左膝屈成100°~130°。重心在后脚。与转腰同时,右手臂沿直线向前冲出。左手护头,肘护肋。

④左直拳击上体。

从基本搏斗姿势开始,重心移至左脚。左脚微向内扣,脚跟微外转,左膝屈成110°~120°。重心向左脚移动。右脚蹬地,身体随之右转。同时左臂沿直线快速冲出。右手防护不变。

(2)直拳技术训练。

①以实战姿势站立,进行原地直拳空击练习。注重动作的规范性,体会动作发力。一般运用自身力量和速度的30%~50%进行练习。

②进行行进间左右直拳空击练习,配合前滑步和后滑步。这一训练是运动员在对技术动作有了初步的了解之后进行的训练。这时的训练应注重攻防,实战姿势应做好防守,滑步直拳完成进攻。

③进行左右直拳打固定手靶练习。在练习时,运动员应注重动作的规范性,同时应提高击打力量,培养击打感觉,还应做好动作与呼吸之间的配合,在攻击时吸气/呼气、牙齿咬合。

④直拳进攻打手靶练习。练习时拳法与腿法应一致。运动员应将手放在身体范围内,提高进攻距离意识。

⑤直拳打沙包练习,提高击打力量。

⑥左右直拳打手迎击和反击练习。陪练人员在拉近距离时应与实战相一致。

⑦直拳反击鞭腿练习。陪练人员进行鞭腿攻击,运动员在对方鞭腿攻击已经做出,但是尚未接触自己时完成直拳反击。

⑧直拳反击掼拳练习。陪练人员进行掼拳攻击,运动员俯身躲过,进行直拳反击。

2. 掼拳

掼拳又称"摆拳",其技术动作分析和训练如下。

(1)掼拳技术分析。

①右掼拳击头。

从基本搏斗姿势开始,右脚尖蹬地,脚跟微外转,身体随之猛向左拧转,右臂由侧横向成弧形摆动,边摆边前冲,再加上肩部动作一起向击打方向送出。身体重心略移到左脚。击打后,身体稍降低,微向左侧偏,以防身体前倾失去重心、暴露弱点。击打的刹那左肩比右肩略低。击打完成之后,右前手臂应与地面平行。击打后的右手不要离开身体过远。左手保护下颌。

②右掼拳击上体。

从基本搏斗姿势开始,上体向右转。同时身体微俯,右拳屈臂横向向左击出。边出拳边抬肘,碾脚,蹬地,转体带臂,重心左移。拳触目标时向里推击,防止对方把腹部绷紧。击后迅速成开始姿势。

③左掼拳击头。

身体重心移至右脚,随之向右转体带臂,左肘微屈,使左拳前送并成横向从左向右摆动。同时左脚蹬地,脚跟微外转,随之全脚掌着地,左膝屈成$110°\sim120°$。右手保护下颌。

④左掼拳击上体。

重心右移,两膝微屈,重心下降。同时身体及腰部向右突转带动左手臂(左臂微屈)将拳成横向朝对方上体击出。右手保护头部。

(2)掼拳技术训练。

①以实战姿势站立,进行原地掼拳空击练习。注重动作的规范性,以自身力量和速度的$30\%\sim50\%$进行练习。

②滑步左右掼拳空击练习。实战姿势注重防守。注重动作的规范性。

③掼拳与直拳组合空击练习。左手掼拳+右手直拳组合练习,左手直拳+右手掼拳练习,左手掼拳+右手直拳+左手掼拳练习,右手直拳+左手掼拳+右手掼拳练习。由原地练习逐渐过渡到配合步法的练习。组合动作应具有较强的整体性,一气呵成。以上

组合是一些典型例子,可在实际训练中灵活进行动作组合。

④组合技术打练习。左手掼拳＋右手直拳打手练习,右手直拳＋左手掼拳打手靴练习。初练时可打固定手,熟练之后可突然举起手靴,锻炼其快速反应攻击能力。

⑤掼拳反击技术练习。进行直拳、掼拳、鞭腿、正踢腿等攻击的反击练习。

3. 勾拳

勾拳又称"抄拳",其技术动作分析和训练如下。

(1)勾拳技术分析。

①右勾拳击头部。

从基本搏斗姿势开始,重心微降,右脚前脚掌蹬地,重心移至左脚。上体略向击打方向伸直,腰微左转、前送,借转体力量带臂(臂屈成45°～80°)将拳自下而上,用挺展力量击出。击打刹那间拳心向内。

②右勾拳击上体。

从基本搏斗姿势开始,身体重心移至右脚,体位略下沉。右脚猛距地,使腰部突然微左转挺展带动手臂将拳由下向上抄起,击打对方腹部,同时重心移至左脚。一般随出拳向前跨一步。

③左勾拳击头。

从基本搏斗姿势开始,重心移向左脚,体位微下沉,腰部和左腿瞬间挺直,借挺展力量带动手臂,将拳由下往上抄起。击打刹那间,拳心朝内。

在运用此拳法时,既可以直接击头,也可用于当对方右直拳击己方头部时,己方向右侧闪,同时用左勾拳击对方头部。需要注意的是,在运用时,为了取得较为理想的效果,要注意动作的标准性。

④左勾拳击上体。

左勾拳击上体的动作方法与左勾拳击头基本相同,不同之处在于左勾拳击上体的身体弯曲度加大。

(2)勾拳技术训练。

①以实战姿势站立,进行原地勾拳技术练习。运用自身力量和速度的30%～50%,注重动作的规范性。

②行进间滑步勾拳练习。注重动作质量。

③勾拳打固定手练习。

④组合技术练习。左直拳＋右勾拳,左勾拳＋右直拳,左拳＋右直拳＋左掼拳,左掼拳＋左勾拳＋右直拳,右直拳＋左勾拳＋右掼拳,左直拳＋右直拳＋左掼拳＋右直拳＋左勾拳。以上组合是一些典型例子,可在实际训练中灵活进行动作组合。动作要与步法配合,组合要具有较强的整体性。

⑤组合技术打手练习。右手直拳＋左手勾拳,右手勾拳＋左手掼拳,等等。

⑥攻防练习。持手进行直拳攻击,练习者躲过后进行勾拳反击打靴;在缠抱状态下,进行勾手反击。

4. 转身鞭拳

(1)转身鞭拳技术分析。

①右鞭拳击头。

从基本搏斗姿势开始,以左脚为轴,右脚后插步,身体右后侧转体,同时右拳横扫,随之以肘为轴,猛甩腕翻拳,用拳背击打对方头部。动作完成之后恢复成实战姿势。

②左鞭拳击头。

从基本搏斗姿势开始,先以左脚为轴,右脚向前上步,身体向左侧转体,再以右脚为轴,左脚经由后侧向前上步,转身左拳以肘为轴横扫,猛甩腕翻拳,用拳背击打对方头部。

(2)转身鞭拳技术训练。

①以实战姿势站立,进行转身鞭拳练习。注重技术动作的规范性,认真体会动作路线和发力方法,运用自身力量和速度的30%~50%。

②进行行进间鞭拳练习,注重动作的节奏。

③转身鞭拳打固定手的练习。注意进攻距离的控制。

④组合拳法空击练习。右手直拳+上步转身左鞭拳练习,左手直拳+撤步转身右鞭拳练习,右手直拳+左掼拳+转体右鞭拳练习,左手直拳+右手掼拳+上步左鞭拳练习。注重步法的协调和重心的控制。

(三)腿法及其训练

散打的腿法包括正蹬腿、侧踹腿、鞭腿、后蹬腿、劈腿、转身摆腿等。这里主要就正蹬腿、侧踹腿、鞭腿等技术及其训练进行分析。后蹬腿、劈腿和转身摆腿只进行技术的分析,其训练可参考前几种腿法的训练。

1. 正蹬腿

(1)正蹬腿技术分析。

支撑腿微屈,另一腿蹬地屈膝上抬,脚尖微勾起,向正前方猛蹬冲。同时上体微后倾,腿前送,右脚触及目标瞬间全身肌肉绷紧,力达足跟,再次发力用前脚掌点蹬。

(2)正蹬腿技术训练。

①以实战姿势站立,进行正蹬腿空击练习。注重动作的规范性,体会动作发力。以自身动作速度和力量的30%~50%进行练习。

②进行行进间正蹬腿练习。

③正蹬腿打固定脚靶练习。陪练人员注重实战距离的掌握。

④腿法战术组合动作空击练习。左正蹬腿+右正蹬腿练习,左腿原地正蹬腿+右腿正蹬腿进攻,左腿单跳步+左腿正距腿练习,等等。

⑤拳法与腿法战术组合动作空击练习。左直拳+右腿正蹬腿练习,左直拳+右直拳+左腿正蹬腿练习,左腿正蹬腿+右直拳+左腿正蹬腿练习,左摆拳+右直拳+左蹬腿练习。

⑥组合技术打练习。

⑦打沙包练习。

⑧攻防模拟练习。

2. 侧踹腿

(1)侧踹腿技术分析。

支撑腿脚尖微外转,腿微屈,侧对对方;另一腿屈膝高抬,脚尖自然勾起,脚外沿朝向对方,腿部猛然伸直,用脚掌沿直线距端目标。发力瞬间转髋,加大旋转劲,以助腿部鞭打效果。踹腿时上体自然向相反方向倒体,踹腿越高倒体角度越大。

(2)侧踹腿技术训练。

①以实战姿势站立,进行侧踹腿练习。控制练习速度和力量在30%～50%。

②进行行进间侧踹腿练习。

③侧踹腿打固定脚靴练习。陪练人员应注重实战距离。

④脚法组合空击练习。左腿侧踹腿＋右腿正踢腿练习,左腿正蹬腿＋左腿侧踢腿练习,单跳步＋左腿低位侧踹腿＋左腿高位侧踹腿练习,左腿正距＋右腿侧端练习。

⑤拳法与腿法的组合练习。左手直拳＋左侧踹腿练习,左手掼拳＋右手直拳＋左侧踹腿练习,左侧踹腿＋右手直拳＋左腿正蹬练习,左腿正蹬反击＋左手掼拳进攻＋右手直拳进攻＋左腿侧端练习。

⑥组合技术打靴、打沙包练习。

⑦攻防模拟练习。

3. 鞭腿与小鞭腿

(1)鞭腿技术分析。

①鞭腿。

前脚向前滑动一步,前移10～20厘米,带动后脚前移,支撑身体重量。几乎在落步同时,屈膝向斜前抬大腿,带小腿,随之用力拧腰转髋,猛挺膝,横向由外向内用力踢出,力达足背。

②小鞭腿。

重心略后移,支撑腿微屈;另一腿抬起,快速向斜下侧弹出。上体自然朝踢击方向微转。

(2)鞭腿技术训练。

①以实战姿势站立,进行鞭腿技术练习。控制自身力量和速度在30%～50%。注重动作的用力,注重展髋,支撑脚要充分转体。

②进行行进间左右鞭腿练习。注重动作质量和整体节奏。

③鞭腿打固定脚鞭练习。注重实战距离的掌握。

④腿法技术组合空击练习。左腿＋右鞭腿练习,左小鞭腿＋左侧踹腿＋右腿鞭腿练习,右鞭腿＋左正蹬腿练习,左正踹腿＋左侧踹腿＋右鞭腿练习,左单跳步＋左侧地位侧

踹腿＋左侧踹腿＋右腿鞭腿。

⑤拳法与腿法组合空击练习。左腿小鞭腿＋右手直拳＋右腿鞭腿练习,右手鞭腿＋右手掼拳练习,左腿小鞭腿＋右手直拳＋右腿鞭腿,做单跳步＋右手直拳＋左腿鞭腿。

⑥组合打鞭、打沙包练习。

⑦攻防模拟练习。

4.后蹬腿、劈腿和转身摆腿

（1）后蹬腿。

后蹬腿动作突然,如果运用得当,则能够出奇制胜。左后蹬腿的技术动作如下:以实战姿势站立,右脚向前上步成实战姿势站立,同时身体迅速向左转体收腹团身,以右腿支撑身体重心,左腿屈膝提起,以脚跟为力点用力向后沿直线蹬出。

（2）劈腿。

劈腿即由脚预摆提起然后由上而下、向前攻击的一种腿法。劈腿攻击力量大,但是动作幅度大,容易被对方反击。左劈腿基本动作技术:以实战姿势站立,右腿向前垫步,同时左腿屈膝抬起,以右腿支撑身体重心,当左脚预摆超过头部高度时,迅速向下、向前劈落,力达脚跟或脚掌。

（3）转身摆腿。

以左转身摆腿为例。以实战姿势站立,左脚向前上步,以实战姿势站立,以右脚前脚掌为轴,脚跟外旋,身体向左后方转体,左腿随转体动作向后,向左前上方横摆,脚面绷平,力达脚跟或脚掌。

（四）快摔法及其训练

1.抓臂按颈别腿摔

对方用右掼拳或右直拳向己方头部击来,己方迅速向左微转体,用左前臂向左上架格挡住,左手下滑抓其腕部,随身体左转上右脚,用右腿别住对方右腿,右臂向左狭拧对方颈部时身体再向左拧转,左手用力向左后拉对方右臂,右臂向左下猛狭拧对方颈部,继续用力使对方倒地。

2.接腿拨颈摔

己方右脚在前,对方起右脚蹬己方上体时,己方用左臂由外向内抓其小腿,右手接其颈部并外旋。左手猛力上抬对方右腿,右手继续向右后下方边搂边抓压,同时用右脚截其支撑腿使其倒地。

3.抱腿别摔

对方用左鞭腿击己方上体,己方迅速靠近对方,用右手从上抓其左脚腕,并屈左臂用肘窝夹住其左膝窝。随即躬身用左手由裆下穿过,用左手掌扣住其右膝窝,右手往右后扳拉其左脚腕。身体右后转,同时下降重心,右手继续向右后扳拉,迫使对方瞬间失去重心而倒地。

4.抱腿压摔

对方用左鞭腿击己方上体,己方迅速靠近对方,用右手从上抓握其左脚踩,并屈左臂用肘窝夹住其左膝窝。右脚向右后撤一步,上体随之右后转并屈膝降重心。左臂夹紧其膝部,右手先向左后拽拉,后向上扳其小腿。左肩前靠,使对方向后倒地。

5.格挡接推摔

对方左脚在前,用左直拳或掼拳向己方头部击来。己方用右手臂上架来拳,并屈臂顺势向右后经由对方左臂外侧由上往下滑动,用力卡住其左臂。上左腿,右手下滑至对方左大腿时,向回按扒,同时用左手猛推对方左胸部,使其失去重心倒地。

6.闪射穿裆靠摔

对方左脚在前,用左直拳或掼拳向己方头部击来。己方迅速屈膝下潜,使对方击打落空。下潜的刹那,上右脚落于对方左脚后。同时用左手抓按对方的左膝,右臂沿对方左腿内侧伸进档内,别住其右膝窝处,用头顶住对方胸部,上体用力向后猛靠使对方倒地。

在进行摔法训练时,可进行分解、完整、空击模拟相结合的训练方法,其后进行攻防条件下的实战强化。

(五)防守技术训练

1.防守技术分析

(1)拍压。

拍压主要用于防守对方以直线手法或腿法向己方中、下盘进攻,如下直拳和蹬、端腿等。左(右)拳变掌,以掌心或掌根为力点,由上向前下拍压。

(2)拍挡。

拍挡主要用于防守对方以直线拳法或横向腿法向己方上盘进攻。左架实战势开始(以下同),左(右)手以手腕为力点,向里横向拍挡。

(3)外挂。

外挂是指结合左、右闪步,挂防对方蹬、踹腿或横踢腿攻击己方中盘以下部位。实战势开始,以左手外挂为例。左拳由上向下、向后左斜挂,拳心朝里,肘尖朝后,臂微屈。

在运用外挂时,需要注意左臂肘关节微屈,肘尖里收朝后,左臂向左后斜下挂防。这样往往能够取得较为理想的防守效果。

(4)里挂。

里挂主要是指结合左闪步防守对方向己方正面或偏右以腿法攻击我方中盘部位。实战势开始,以左手里挂为例。左臂内旋,左拳由上向下、向右后斜下挂防,拳眼朝内,拳心朝后。

(5)挂挡。

挂挡主要用于防守对方以横向的手法或腿法向己方中、上盘进攻,如右(左)损拳或左(右)横踢腿等,即用左(右)手屈臂向同侧头部挂挡。

（6）外抄。

左（右）手臂外旋弯曲，上臂接近垂直，前臂近似水平，手心朝上。同时右（左）手屈臂紧贴胸前，立掌，手心朝外，手指朝上。

（7）里抄。

里抄主要是抄、抱对方直线腿法或横线腿法向己方右侧攻击上、中盘部位，如正面的蹬、踹腿和左横踢腿等。左（右）臂微屈并外旋，紧贴腹前，手心朝上。同时右（左）手屈臂紧贴胸前，立掌虎口朝上，掌心朝外。

（8）掩肘阻格。

掩肘阻格主要是防守对方以由下至上的手法攻击己方中、下盘部位，如勾拳等。实战势开始，以左掩肘为例。左臂弯曲，前臂外旋，在腰微向右转的同时向内、向腹下滚掩，拳心朝里，以前臂尺骨下端（小指侧）为防守力点，含胸、收腹、低头。

在运用掩肘阻格时需要注意的是：上体含缩，两手紧护胸腹，以腰带臂，如关门闭户。否则防守效果会受到一定程度的影响。

（9）提膝闪躲。

提膝闪躲主要用于防守对方从正面或横向以腿法攻击己方下盘部位，如低端腿、弹腿、低横踢腿和勾踢腿等。实战势开始，前腿（左前右后）屈膝提起离地。

在运用提膝闪躲时，需要注意的是：重心后移，含胸收腹，提腿迅速，根据对方腿法进攻的路线和方位，膝盖分别有里合、外摆或垂直向上的变化。把握好这一点，通常就能够取得较为理想的防守效果。

2. 防守技术训练

（1）个人模仿练习。

在教练员进行讲解示范或个人自学教材之后，运动员首先模仿、体会动作的练习。在练习时，教练员应及时纠正运动员的动作，使运动员掌握正确的技术动作。

（2）假设性练习。

自己想象对手的进攻，然后做出相应的防守动作。通过这种方式练习相应的防守动作，运动员能够建立正确的条件反射，形成巩固的动力定型。

（3）不接触的攻防练习。

在教练员的帮助下，以规定进攻动作为信号，间隔定距离，不接触身体，运动员根据信号做出相应的防守动作。这种方法的优点在于可消除运动员的害怕心理，降低其紧张的情绪，保证动作质量，提高反应能力。

（4）接触的攻防练习。

两人一组，进行攻防练习。进攻一方的用力和速度等要根据防守方的能力来控制。运动员在练习时，可原地练习，也可移动练习，也可在原地练习的基础上进行行进间的练习，促进步法的掌握。

（5）防守反击练习。

在初级阶段，进行防守练习是尤为重要的。随着水平的提高，运动员应将防守与反击结合在一起进行训练,提高实战能力;应避免单纯的消极防守练习。

(6)实战练习。

实战练习即双方进行比赛和对抗练习,通过比赛和竞争的形式在紧张、激烈的情况下进行训练。通过实战训练,运动员能够提高实战防守能力。

(六)防守反击技术训练

1. 防守反击技术分析

防守反击技术是散打技术中的一种主要技术,是在运动员掌握了进攻技术与防守技术的基础上进行的,是一种复合技术。在比赛或实战训练中,运动员在防守的同时不失时机地反击对手,或者在进攻对方的同时,做出相应的防守再予以反击,才能在比赛中变被动为主动,时刻控制比赛的节奏。

(1)拳的防守反击。

①后手拍挡——前直拳。

对手以前手直拳进攻己方头部,己方采用右手拍击防守,左直拳随之进攻对手头部。拍击不宜过早,动作要短促有力,反击要快速。

②前手拍压防——后手掼拳。

从预备姿势开始,对手用右直拳进攻己方腹部,己方前手向下拍压防守,随后用后手掼拳向对方头部反击。拍压防守与进攻动作尽量同时完成。

③左侧闪——前直拳。

从预备姿势开始,对手用直拳进攻己方头部,己方向左侧闪,同时出左直拳攻击对方头部。侧闪与进攻要协调一致,同时完成。

(2)腿的防守反击。

①左提膝防守——左侧端反击。

在实战中,对方运用小鞭腿攻击己方下肢,己方准确判断,提膝防守,并以左腿侧端向对方的头部进行反击。提膝防守要及时,并有一定的缓冲,反击要快。

②后滑步——右小鞭腿反击。

对方运用左小鞭腿攻击己方大腿,在准确判断对方意图之后,己方进行后滑步防守,同时以右小鞭腿反击对方大腿。后滑步躲闪的距离要适中,防守反击转换要快。

③左撤步防守——左鞭腿反击。

对方运用右小鞭腿技术攻击己方大腿,己方准确判断对方意图,左腿向后撤步躲闪,而后迅速以左鞭腿反击对方头部。攻防转换动作要迅速。

(3)手加腿的防守反击。

①前腿提膝——后直拳——前小鞭腿。

从预备姿势开始,对方用前低鞭腿攻击己方前小腿,己方提膝防守后,用后手直拳进攻对方头部,然后用小鞭腿攻击对方小腿部。提膝防守判断要准,反击的组合技术要连贯有力。

②前手下拍压——后手直拳——后正蹬地。

从预备姿势开始,对方用侧踹腿进攻己方胸部,己方用前手臂向下拍压防守,随后用后直拳攻其面部,用正蹬腿攻其胸部。拍压要有力,直拳与正端要连贯。

(4)拳、腿、摔组合的防守反击。

①拍击——下潜——抱腿摔。

从预备姿势开始,对方以左右直拳向己方进攻,己方用右手拍击防守对方直拳,随即下潜防守对方右拳,同时抱对方腿部,将其摔倒。判断要准确,下潜与抱腿要同时完成。

②搂腿——右手直拳——勾踢摔。

在实战过程中,对方运用右鞭腿攻击己方大腿或躯干,己方在准确判断对方动作意图的前提下上步搂腿防守,同时以右手直拳猛击对方面部,接着以左勾踢将对方摔倒。直拳力量要大,破坏对方的身体平衡。

(5)反反击。

反反击是散打技术中的一种关键技术,是现代散打运动员必须掌握的一种重要技能,它是在积极主动进攻对方的过程中,能够根据对方的反击动作,伺机反攻对方的一种打法。在使用反反击技术时,运动员要体现出第一击和最后一击的攻击技巧,以攻取最佳得分效果。提高反击能力对运动员提高技术水平有着至关重要的作用。下面便列举两种常见的反反击技术加以说明。

①左直拳(对方拍击防并右直拳反击)——下潜——抱腿摔。

从预备姿势开始,己方出左直拳进攻对方头部,对手左手拍击防守后用右直拳反击己方头部,己方则迅速下潜躲闪防守,用抱腿摔技术再反击对方。

②左正蹬(对方后退闪并左侧端)——外挂防——右直拳。

从预备姿势开始,己方以左正蹬腿进攻对方胸腹部,对方采用后退躲闪后,随即起左腿侧踹腿反击己方胸部,己方则采用外挂防住对方侧踹腿,再以右直拳反击对方头面部。

2.防守反击技术训练

(1)教练员对相应的动作进行准确讲解,在此基础上指定一名运动员持手靶或脚,另一名运动员进行进攻强化训练。

(2)双方在戴手套和护具的前提下进行轻接触的反应训练。

(3)在开放的条件下进行实战训练。

二、散打运动的战术学练习

(一)散打战术形式

1.多点战术

多点战术是指运动员采用多种技法进攻对方多个部位,立体交叉不断变化,进行全方位攻击的战术。多点战术是运动员在散打比赛中常用的战术形式之一。如果运动员采用单一技法进攻对方某一部位,很快就会被对方察觉,因此就会迅速被反击。而运动员采用各种拳法、腿法变化性地全面攻击对方的头部、躯干、下肢、正面、侧面等部位时,可以最大限度地用动作调动支配对方的注意力,使对方手忙脚乱不知所措,从而提高成功率,掌握比赛主动权。多点战术要求运动员保持灵活的头脑,全面掌握散打技术,动作要敏捷,动作转换协调能力要好。

2. 佯攻战术

佯攻战术是指运动员采用调动法有意给对方造成错觉,把对方引入歧途后展开真实进攻。佯攻战术在散打比赛中也是最常见的一类战术形式,其能够为运动员主动进攻、防守反击创造出最佳条件。

随着运动员技术水平的普遍提高,特别是在对对方的打法情况不了解,或者是在对付动作反应快、反击能力强的对手时,直接进攻容易被对方防守或反击。因此,运动员需要采用专门的调动法进行虚晃,如指上打下、指下打上等方法,使对方注意力转移、分散,诱导对方产生某种错误的动作反应;当成功使对方注意力转移之后,可快速主动进攻;如果对方产生反应先发出了进攻动作,可针对对方的动作进行反击。

3. 直攻战术

直攻战术是指运动员在没有用调动法进行掩护的前提下,直接使用技法进攻对方的战术。直攻战术的运用一般出现在以下情况中:

(1)当对方反击能力弱,自己发出的进攻动作对方只有招架之功,而没有还手之力时。

(2)当对方反应速度、动作速度、位移速度比自己慢时。

(3)当对方体力不支,发出动作的力量没有任何威胁时。

(4)当对方的动作姿势状态出现明显破绽时。

(5)当自己比分落后,而比赛时间不多时。

从以上适宜条件可以看出,运动员如果在进攻之前还犹豫不决,就很容易失去机会。

4. 强攻战术

强攻战术是指运动员强行突破对方的防守动作,连续不断进攻对方的战术。强攻并非胡打蛮干,而是强调通过强攻来发扬自己的特长,有效打击对方。强攻战术的运用一般出现在以下情况中:

(1)当自己的力量、速度、耐力素质比较好,而技术及比赛经验不如对方时。

(2)当对方耐力素质比较差时。

(3)当对方近战能力、心理素质、摔法能力比较差时。

5. 重创战术

重创战术是指运动员采用最大力量打击对方抗击能力差的部位,使其身体失去战斗力的战术。实施重创战术对运动员的身体、技术和其他条件有较高的要求,该战术一般在以下条件中使用:

（1）当自己的攻击力量和技术优于对方,但耐力素质比对方差时。

（2）当自己的攻击力量好而技术比对方差时。

（3）在比分落后情况下,靠正常打法很难扭转局面时。

（4）自己想保存体力而不想打持久战时。

实施重创战术时,要在竞赛规则允许范围内,寻找、制造机会,用重拳或重腿打击对方,给其生理和心理造成威慑,使其失去继续比赛的信心和能力。实施重创战术要注意以下几点:首先,自己的拳法、腿法必须有很大的功力。其次,抓准对方的身体姿势很难回避打击的状态。最后,果断、迅速、有力地出拳出腿,重点打击对方抗击能力差的部位。

6. 迂回战术

迂回战术是指运动员利用步法向对方两侧移动,寻找机会进攻的战术。当对方运动员动作力量大,正面攻击火力强,或者对方的正面防守比较严密时,己方可采用迂回战术,向对方的左右两侧移动,从而避其锋芒,制造进攻机会,达到"以迂为直,以患为利"的目的。虽然弧线运动比直线运动长,但弧线运动可以破坏直线运动。

运动员迂回前进可以调动对方随之转动,从而破坏对方的动作习惯,使其出现破绽,此时再施与攻击可收到良好的效果。运动员进行迂回时必须坚持"彼不动,自己动"的原则,在对方前进时迂回,同时要注意移动的位置(方向、角度、距离)有利于连接发出攻击性动作,还要注意步法的灵活性和身体位移的突变性。

7. 突袭战术

突袭战术是指针对对方出现的容易被打击的习惯动作,抓住对方难以预料的机会进行攻击的战术。散打比赛时,运动员只要注意观察,就会发现对方会无意识地做一些习惯性的动作。对方在做习惯性动作时,思想上会放松麻痹。此时,运动员要立即用技法迎击对方,给对方突然袭击,对方很难发出攻击性动作,因此,这时反其道而行之的行动很容易成功。运动员在实施突袭战术时要注意以下几个要点:首先,有逆向思维的能力;其次,准确、及时地发现对方无意识的习惯动作;最后,对对方无意识的习惯动作有相应技法进行攻击的动作条件反射能力。

(二)散打战术训练方法

1. 丰富战术知识

了解和理解战术知识是散打运动员实施战术的基础和前提,战术知识是对于战术问题的理性认识,是运动员形成和强化战术意识、掌握战术行为和运用战术能力的理论基础。丰富运动员战术知识的方法有以下两种。

（1）理论讲授。

理论讲授的内容主要包括散打战术的构成、影响散打战术能力的因素、设计和运用战术的原则、不同战术形式的运用条件以及专项战术行动的方法等。

散打教练员要详细讲授以上战术理论知识,并结合比赛实际进行讲解。

（2）观赏比赛。

观赏比赛，尤其是观赏优秀散打运动员的对抗比赛是散打运动员学习战术知识的重要途径。在观赏时，教练员应有目的地安排运动员观看，并进行分析讲解。对于反映战术特点和应用战术较典型的比赛，教练员可在赛后进行录像讲解，既要分析讲解运用战术的片段，又要将其和整场比赛连接起来，从局部与全局的角度出发去看问题，分析双方运动员在比赛中的得失，这样容易使运动员对战术知识建立起感性的认识。

观赏比赛重点在"观"，其次才是"赏"，既要精看，又要泛看。所谓精看，就是上面谈到的对反映战术特点和应用战术较典型的比赛进行仔细分析与研究。所谓泛看，就是要大量观看各种比赛，积累丰富的战术知识，从中寻找自身战术应用的灵感。

2. 提高战术意识

战术意识指的是散打运动员在比赛中根据不同情况决定自身采取何种战术行动的思维过程。培养散打运动员的思维能力非常重要。主要培养与训练方法有以下几种。

（1）念动训练。

念动训练又称"假想性训练"，指的是运动员在大脑中模拟比赛情境，假想面对各种不同对手和战术打法，运用相克的战术进行对抗的过程。

念动训练可以和空击练习结合起来进行综合练习。这有利于在培养运动员战术意识的同时提高其战术行动的质量。

（2）选择训练。

选择训练具体是指教练员从实际比赛的录像中剪辑各种战术打法的片段进行播放，当一种战术打法出现后按暂停，让运动员即刻做出战术打法的选择。这种方法可促进运动员思维敏捷性的提高，从而使其在赛场上能够快速做出决断。

（3）实践体会。

实践体会要求散打运动员在实战训练和比赛中，注意体会自我的心理过程，善于筛除和调整不利于比赛的思维过程，保留有利于比赛成功的战术思维，并使这种战术思维在之后的实战训练中被不断强化。

3. 掌握战术行动

（1）程序训练。

程序训练指的是按照由简到繁、由易到难的顺序进行战术行动的训练。顺序一般是徒手空击的演练—递招喂手训练—适度对抗训练—模拟比赛训练—实战训练。在训练实践中，运动员可结合实际情况适当调整顺序。

（2）减少难度训练。

减少难度训练主要是指减少运动员对抗性的训练。例如，让大级别的运动员与较小级别的运动员进行对抗，但要求将对抗性降低。这样不仅可以促进运动员战术意识的提高，也可使其尽快掌握散打战术行动。对于散手初级运动员而言，这种训练方法是比较有效的。

（3）增加难度训练。

增加难度训练就是要增加训练的对抗性，使其超过比赛中的对抗强度。例如，让运动员与稍大级别的运动员对抗，一人坐庄与多人轮番进行战术练习，或者在其已经疲劳时与他人实战，等等。该方法对于高级散打运动员而言更加适用。

4. 强化战术应用

（1）模拟交手比试。

模拟交手比试指的是模拟各种比赛条件进行技战术训练，尤其是模拟主要对手的技术风格和打法，以及在比赛中对手可能采用的战术等。这种训练方法具有很强的针对性，一般在重大比赛前采用该方法进行训练。

（2）实战交手比试。

实战比赛是检验运动员战术运用效果的最为有效的方法与手段。因此，教练员要适当计运动员参加实战比赛，并鼓励运动员多与不同打法的选手交手。

一般来说，在实战比赛前，教练员应和运动员共同制订具体的战术计划，并设计 2～3 种实施方案，以便根据比赛中的不同情况进行灵活调整。在比赛过程中，教练员应观察并记录运动员的战术表现，并在比赛间隙提出有效的意见和建议，比赛后应及时组织讨论、分析，做好总结工作，并提出改进训练计划的措施与方法。

第四节　散打的推广路径

一、散打推广的必要性和可行性分析

（一）散打推广的必要性

1. 散打运动可以促进青少年身心健康发展

广大青少年已经在过往的成长与进步中积累并形成了一定量的文化知识与文化素养，在人生的行为价值和身心价值取向方面逐渐产生了强烈的自我意识与自尊意识。但是这一时期，他们还会有内心的冲突，会受到外部世界的多元文化影响。随着社会的发展，信息时代、知识经济的来临，人们日益对生理素质、心理素质提出更多、更高的要求。身心素养的提升必须在体育中加以培养，从小打好基础。

教育改革应更加重视发挥体育在素质教育中的作用。作为体育重要组成部分的散打，对促进中学生的身心健康全面发展具有重要作用。而作为武术重要组成部分的散打，由于在运动的过程中有着优美动感的魅力以及具有自身独特的攻防技艺功能，它在社会发展的今日，陆续地成为天性好胜好强的青少年尤为喜爱的运动项目之一，在促进青少年学生身心健康全面发展上发挥着不可忽视的重要作用。散打运动的对抗性和技

击性使它极具趣味性,更有利于培养学生终身体育意识、竞争意识,以及提高抗挫折能力和情绪调节能力,培养坚强的意志品质,增强自尊心。

2.散打可以满足现代社会广大青少年教育的需要

一个人在成长过程中需要先满足生存的需要,之后才能够去追求教育的需要,也只有在生存的需要得到满足之后,才能够去思考教育的需要。在知识竞争的今日,人们越来越多地重视教育的价值、重视教育的意义,而且很多人都把"终身教育"的理念深深地放在心里,能够树立终身学习、终身进步的意识。武术散打作为属于当今现代体育运动又高于现代体育运动的项目,它需要被广大青少年所接受,从而逐步发挥它的积极性与作用。散打是运动的一项,可以满足现代社会广大青少年教育的需要。

3.散打可以满足现代社会广大青少年健身的需要

在快速发展的现代社会,人们日益把健康看作生命之中的头等大事,这是我们社会文明程度发展到一定的阶段,广大民众日益形成的一种社会的共识与社会的认知。在过去,人们追求的是自我生存的需要,认为"没病就是健康",但是现代人已经陆续改变这一种看法,认为一个人需要从身心健康的两个方面协调发展,才能够促进身心的健康。散打的内涵之中包含了"内外兼修"的身心思想,这一思想也恰好满足了、符合了、适应了人们对身心健康的需求。

(二)散打推广的可行性

1.国家政策的支持

党和国家高度重视广大青少年的身心健康发展,早在 2010 年就出台了有关文件。为了充分发挥武术的教育作用和健身作用,丰富广大青少年在学习之余的体育生活,《全国中小学生系列武术健身操》在全国的普通中小学和中等职业学校等学校进行了有效的推广与实施。这一举措对武术散打的推广普及起到了促进作用,从而在普及的过程中迈出了坚实的一步。武术在中小学的普及,必将促进散打在广大青少年中的发展。

2.民族荣誉感培养的需要

当前对青少年的教育,需要从广大青少年自身的爱国主义情怀入手,需要增强广大青少年的爱国情感。散打运动可以引导广大青少年学生认识中华民族的历史和传统,从小树立强烈的民族自尊心、自信心和自豪感,对中华民族的认同感深深印刻在脑海之中,进一步增强民众的凝聚力和社会的和谐度。

3.散打项目的文化特征使然

散打在历史发展的演进过程中形成了自己独特的文化内涵与文化特征,表现在散打文化的民族性与时代性共存、对抗性和竞技性融合上。总体看来,散打文化集艺术性、科学性与哲理性于一体,运动过程中既有武术的特征,也有散打的特征。散打汲取了华夏五千年以来的中华传统文化的精髓以及中华传统文化中的民族精神,可以在运动的过程中反映中国人的礼让文化、礼节文化、内圣文化等。

二、散打推广的具体路径

(一)设立散打的段位制度

散打在广大的青少年中存在着开展难度较大的问题。其中一个主要因素是,在众多的武术散打课程之中,教学的内容过于趋向"竞技化"。为了满足和适应广大青少年的散打学习需要,散打课程的改革应该走"轻竞技"道路,从而满足广大青少年的学习需要,促进散打在广大青少年中的发展。

(二)建立散打协会和散打俱乐部

首先,建立散打协会,以增强自我保护意识和防身技能为目的,散打协会主要以踢、打、摔、拿为主要技法,以直拳、勾拳、摆拳、挂拳、正蹬、侧踢、鞭腿等技法组成攻防技术,召集广大散打爱好者学习并宣传体育锻炼,普及全民健身意识,同时可以引导学生积极参加校园文化建设。协会可以固定训练次数,或时常举办比赛或展示活动,让散打爱好者切磋武艺、交流心得、联络感情,并锻炼自己的能力,从而推动散打协会的良好发展

其次,可以参照其他武术或者运动组织,建立散打俱乐部,俱乐部可分为两类,一类是由散打教练自己组建的散打俱乐部,一类是社会散打俱乐部。其中,散打俱乐部又可以分为两种,一种是发展学生武术特长,提高技术水平的竞技俱乐部;一种是以健身娱乐为主的健身俱乐部。俱乐部活动的开展有利于广大青少年经常参加散打运动和比赛,丰富散打业余生活。建立社会青少年散打俱乐部,一方面可弥补学生在学校锻炼散打机会少的缺陷,另一方面可为学校和社会提供一个互动平台,使学校和社会为促进散打发展与普及提高互相促进、相得益彰。

总之,散打运动是中华武术的组成部分。中华武术自从出现以来,经历过了历史的沉淀与风雨的洗礼,已经凝结了中华民族不同的历史时期的知识和智慧。散打运动也凝结了广大武术爱好者的心血与智慧,形成博大精深的健身理论体系。青少年是祖国实现民族振兴的希望。"少年强,则中国强。"在青少年群体中开展好散打教育,不仅可以培养青少年群体自强不息、爱国爱家的民族精神,还能在很大程度上促进青少年的身体和智慧的共同发展。

第十三章　我国武术推广之长拳运动推广研究

第一节　长拳运动概述

一、长拳运动基础知识简介

长拳,是一种拳术流派的总称。中华人民共和国成立后,原国家体委把群众中流传广泛的查、华、炮、弹腿、少林拳等拳种,根据其风格特点,综合整理创编了长拳。长拳是以套路为主的拳术,既适合武术基础动作的练习,也是提高运动竞技水平的关键。这类拳术的共同点是姿势舒展大方、动作灵活、快速有力、节奏鲜明,并多起伏转折、蹿蹦跳跃、跌扑滚翻等动作和技术,使之成为基础武术训练和全国武术表比赛项目。

长拳套路有单练套路和对练套路。其中,单练套路分为规定套路和自选套路。长拳套路技术以姿势、方法、身法、眼法、精神、劲力、呼吸、节奏为八大要素,以四击八法十二型为套路变化运动之法。

四击是指武术中的踢、打、摔、拿四种技击法则。只要是含有技击动作部分的长拳,在编排内容方面一般都离不开这四种技击法则的范畴。四击是长拳套路的技术核心,长拳运动方式要严格遵守四击的运动方法,才能表达出它们不同的真实意义。手法、身法、眼法也要贯穿四击内容。

八法指手、眼、身、步、精神、气、力、功,即手法、眼法、身法、步法、精神、气息、劲力、功法八个方面,它是构成套路技术的八个要素。其要求是:拳如流星眼似电,腰如蛇行步赛粘,精力充沛气宜沉,力要顺达功要纯。八法在长拳运动中有着积极的意义和作用,它的要求是对长拳运动的统一体现,长拳技术中表现的方式方法是多种多样的,并且能为长拳动作技术的创新提供基本的条件,也是长拳复杂多变的由来。不过,长拳的运动特点限制了八法在动作路线、速度、幅度以及造型等方面的活动范围,从而形成完善、协调、优美、大方的形态动作姿态。但是,无论长拳变化多么复杂,均离不开八法的要求。

十二型是用自然景象和动物来比喻武术中的十二种动静之势,有动势、静势、起势、落势、立势、站势、转势、折势、轻势、重势、缓势、快势十二种动静之势。以自然事物中的十二种形象来比喻这十二种动静之势,以此来要求技术。传统的十二型是动如涛、静如岳、落如韵、起如、站如松、立如鸡、转如轮、折如弓、轻如叶、重如铁、快如风、缓如鹰。这些比喻形象而生动地反映了长拳运动的节奏感。

长拳的学习是武术套路运动的基础,既适合基层各类武术的基础训练,又适用于武术的各类竞赛,是我国重点推广和普及的武术项目之一。

二、长拳运动的价值

(一)具有塑造人格,追求身心价值的重要效用

中华武术思想文化内涵的系统性、经典性和独特性及其文化的整合力和凝聚力,使之超越了一般意义的攻防搏击之术和强身健体之法,而成为一种修身、养性、齐家、治国、平天下的做人之本和处世之道,也是现代人塑造自我的法宝。而长拳运动作为武术的重要组成部分,是整体武术文化内核的缩影,在其漫长的发展传播过程中,已成为人们认识武术深层次哲理、学理、伦理奥妙的基础教育手段,具有塑造人格、培养竞争力和文化意识的重要教育功能。在长拳运动的"德与力的统一"思想指导下,习练长拳可以使身体得到更加全面的发展,可以磨砺出顽强的意志品质,培养高尚的道德情操和自强不息的精神,以及培养在现代竞争社会中的公平竞争的意识,达到完善自我的目的。

社会学者认为:社会的进步再也不能以技术和生活的物质标准来衡量。道德伦理、环境健康、文化素养等方面日趋落后的社会,不能被认为是一个进步的社会。"我们将以人类丰富多彩的文化来衡量社会的进步。"这些真知灼见必然引起人们文化观念的转变,对人们价值观念和生活习惯产生深刻的影响。在全民健身运动大力开展的今天,长拳运动已成为人们日常性晨练或晚练活动的主要内容,习练者在亲身实践中体验生命在于运动的真谛,感悟长拳运动精深的文化、内涵,体现个体的生命价值。广大民众从事长拳运动的原因更多的是对这种文化现象的体验以及追求身心的完善发展,从文化意识上更深刻地理解和展示自己的身心价值。

(二)具有培养爱国情感的教育价值

爱国主义是一种主观精神和行为状态,表现为爱国情感、爱国觉悟、爱国行动三种不同的层次。爱国情感是一种直接的感受和情绪体现,具有强烈的心理催动力和冲动力,是一种朴素的情绪化的主体感觉,虽不具备理性形式,却是第二层次的基础性阶段;爱国情感表现内容十分丰富,如山水情、乡土情、家园情、风情、亲和情、归属情等,特别是对文明史的辉煌成就和灿烂民族文化的钦佩和尊崇,是最易激发民族荣誉感和自豪之情的诱发因素。在民族危亡之时,中华儿女无一不是凭借武力,强国强民,挽救民族于危难之中,体现了华夏民族大无畏的气节,历史上古有杨家将忠义尚武、岳飞精忠报国、戚继光抗击倭寇,近代有霍元甲精武爱国,激发民族斗志,现代有李小龙传播武术文化,弘扬民族精神。武术的传播和弘扬无一不与伟大的民族精神密切相关,正是因为武术中蕴含着爱国主义、民族精神的丰富内涵。长拳运动作为传统文化的重要组成部分,具有丰富的

哲理奥妙和技术内涵,长期习练长拳,是一种无形的传统文化熏陶和教育,亦是一种民族爱国感情的培养和教育过程,青少年才能从对故土文化的爱扩展为对国家和民族的爱,从对发展继承的责任感深化到对祖国繁荣富强的义务感,爱国主义道德情感才会自觉地坚定、稳固和树立起来。我们应站在高层次的视角上理解长拳运动的教育性,这个教育功能和方向值得研究工作者进一步拓宽和创新,这是时代对武术工作者的要求和鞭策。

(三)具有培养中华精神的教育价值

中华武术在培育中华精神方面主要突出表现在高尚的武德观念上。武德是中国武术伦理道德的核心,主要包括习武重德、立身正直的拳道观,尊师谦和、忍让勇为的处世观,化恶扬善和先礼后技的比试观,等等。长拳运动训练本身也是道德情操、伦理哲学的修炼过程,更是人生观、世界观的改造过程,这种技道双修而以修心为先导的思想观念具有重要的人生指导意义和价值。康戈武先生在《中国武术实用大全》中写道:长拳运动锻炼的效果还直接体现在培养人勤奋刻苦的精神、谨慎谦逊的态度、坚韧不拔的恒心、质朴干练的作风,以及在练武时所体现的矫捷气势、应变能力、准确判断、从容胆略、必胜信心等①。这一系列素质作用于生活,与生活融为一体,必将增强人们从事任何事务的能力和激发人们对生活的美好向往。总之,长拳运动作为武术的主要组成部分,以爱国情感、仁爱主义精神为指导,以实现人际和谐为价值目标,以塑造人格、追求身心健康为目的,使其超越了一般体育运动项目的意义,而成为人们德行修养的一种途径和进行教化的一种方式。

(四)是提高防身御敌技艺的重要内容

武术运动的本质特点是技击,防身御敌是武术的基本价值之一。长拳运动是攻防技艺最丰富完整的重要拳种,通过长拳训练,既能提高攻防格斗所必需的体能素质,又能学到基本的攻防技能和方法,长拳是提高自卫能力、掌握防身御敌技艺的教育内容和手段。

长拳运动的套路中充满了攻防技击内容。《礼记》中称此内容为"执技论力",荀子和《汉书》又叫其"技击",自汉代以后,其又称"手搏"之技。《纪效新书·拳经捷要篇》中写道:"学拳要身法治便,手法便利,脚步轻固,进退得宜。腿可飞腾,而其妙也;颠番倒插,而其猛也;活捉朝天,而其柔也;知当斜闪……俗云:拳打不知,是迅雷不及掩耳,所谓不招不架只是一下,犯了招架,就是十下。"《陈纪》中记载,"王聚之起落法,刘先生之倾应法,马明王之闪电法,马起之出手法"。海马三在武术文稿中总结岳山派八极拳有六大开、四大法、八大招、十二路、二脑头等,光招法又有大招、小招、虚招、实招、单招、攻招、活招、绝招、变招、巧招等十二种之多。这些已充分说明长拳是武术中攻防技击内容最为丰富的拳种,长期练习长拳,对培育习武者自卫防身能力是有成效的。

清咸丰十年(1860),英法联军陷京师,圆明园附近谢庄民女冯婉贞,带领村中少壮,

---

① 康戈武. 中国武术实用大全[M]. 北京:中华书局,2014.

发挥技击利巷战的特点，避开敌军"火器利用远"的特长，发挥了长拳运动这种以巧胜拙的近战制胜特点，击退入侵者，保卫了家乡。在火器代替冷兵器后，武术从整体上退出了军事技术体系，变成一项体育运动，点打穴位、攻击要害等打法，以及讲究分筋错骨的擒拿捕俘术得到不断完善，以小力打大力的攻防技巧性不断提高。民国初，马良倡议以武术代替兵操，创设军事武术传习所，汇集一些武术家编成了兵操式的"新武术"，在军警中传习。中国人民解放军以擒拿术为主，结合踢、打、摔、拿手法，编成捕俘拳，列为侦察兵乃至步兵的必修内容。与此同时，长拳的攻防技术发展成了体育化的武术对抗运动——散打和自卫抗暴的防身术。

通过对长拳运动进行阐述，从不同角度对长拳运动教育价值进行审视，借助长拳运动具有塑造人格、追求身心价值的重要效用，培养爱国情感的教育价值，培养中华精神的教育价值，是提高防身御敌技艺的重要内容。然而，长拳运动的价值从不同的角度去审视亦存在着不同的范围和内涵，要全面理解和透析其中的实质和外延，还需要我们武术理论工作者做深入研究，这是一门涉及多学科门类的学术问题，要做好长期刻苦钻研的准备。

第二节　长拳文化的传承与发展

虽然长拳创编于中华人民共和国成立以后，但是它的技击方法、战略思想仍然继承沿袭了传统文化的思想观念，特别是在古典哲学、传统中医学和伦理学等方面，长拳受其影响尤为明显。

一、长拳与古典哲学

(一)道教哲学在长拳中的运用

"反者道之功"是老子哲学中的著名命题，意思是说对立的事物向其反向转化是运动的规律。老子这一辩证法思想被广泛地运用于武术战略思想之中，成为武术战略的基本原则。长拳套路首重节奏，在讲求劲顺击长的同时要求灵活多变、节奏鲜明，讲究动静疾徐、刚柔虚实的配合。《庄子·说剑》中说："夫为剑者，示之以虚，开之以利，后之以发，先之以至。"说的是技击一道，贵在以静制动，以柔克刚，因敌变化，后发制人。其中一静一动、一先一后，正是利用敌手旧力已过、新力未生的空隙，迅速攻击，这就是"四两拨千斤"的最高境界。这一思想正是来源于老子"反者道之动，弱者道之用"的辩证法。"示之以虚"旨在诱敌冒进，然后看准机会予以反击，后发而先至。长拳套路重起伏转折，多闪展腾挪，在攻防意义上，这一切身法动作都是为了避敌之锋，继而"承其中，击其末"，以收"四两拨千斤"之效。

（二）《易经》哲学在长拳中的运用

阴阳对立统一的朴素辩证法思想是《易经》最基本的思想。《易经》主要是探讨阴阳变化广泛存在的规律，指出世界上千奇万变都是阴阳对应使然。阴阳对应观念衍生出一系列对应概念，如动静、刚柔、虚实、开合、内外、进退、攻守、起伏等，它们所代表的诸多对应因素的不同组合，及其对立转化的种种变化，构成了中华武术丰富繁杂、色彩各异的技击原理与方法。"拳起于易"，长拳中攻防进退、刚柔虚实等套路术语都源自《易经》。

《少林拳谱》在论"立足立身之法"时指出："人一身伫立之间，须要配合阴阳，方知阴来阳破，阳来阴破之妙。若不明阴阳，则无变化不妙……"这是《易经》的阴阳变化观念指导技击理论的例子。长拳里许多动作方法都来自少林拳，而且拳法风格至为接近，拳理相通。例如，长拳有动、静、起、落、立、站、转、折、轻、重、缓、快十二种动静之势，技术要求动如涛、静如岳、起如猿、站如松、转如轮、折如弓、轻如叶、重如铁、缓如鹰、快如风。其技术特点表现出至轻至重、至静至动、至刚至柔的统一和转化，这正是阴阳对立统一转化观念的运用。而拳法中攻中有守、守中寓攻、攻守并重的辩证统一关系，正是长拳套路创编的一个重要依据。

二、长拳与传统中医理论

"拳起于易，理成于医。"武术的保健技击理论很大一部分来自我国医学。传统中医在几千年的发展过程中，形成了一个独特的理论体系。武术在其发展衍化的过程中，自觉不自觉地吸收了许多中医理论。经过许多武术家的实践、整合、补充和创新，武术和祖国医学的一些重要理论渐渐地融合在一起。特别是中医理论中的"人气学说"和"经络学说"对武术理论体系的发展起到了很大的促进作用。

中医学认为人的表里脏腑之间是通过经络及其中的气血相互贯通和属络的，经气是表里脏腑联系成有机体的物质中介，是推动各组织器官活动的原动力。所以，武术家们常提"外练筋骨皮，内练一口气"，只有内气充盈才能使动作轻灵、劲力顺畅。长拳的基本技法要求"力要顺达气宜沉"。如何使力顺达？拳谱上说："力由脊发""通于中""贯于稍"，其中医理论依据非常明显。"力由脊发"即"气会中"，中是人体八会穴之一，是心包经的募穴，它不仅是"气"积聚的地方，也是一身之气运行和输布的出发点。长拳强调"三节""六合"正是理出于此。

长拳呼吸讲"气宜沉"，要求气沉丹田，即现在长拳运动的腹式呼吸方式。中医理论认为气若不沉入丹田，则血气上浮，气血散乱，内部空虚，久动必衰。长拳运动的呼吸关系着运动的持久性，也关系着劲力的催动。在长拳技法中随着动作方法的变化，配合有四种呼吸运气的方式，即提、托、聚、沉，所谓以意指气，以气运身。一般来说，重心提升时用"提"，即将气由丹田提至膻中，使身法轻灵；腾空动作要求"托"气，使气在腹中游走以使身法飘逸；发力时用"聚"，将气由腹中经经络送达力点。当呼吸方式随动作方法变化时，应始终遵循"气宜沉"的原则，以保证下盘稳固轻快、"落步赛粘"。利用这些中医理论指导的呼吸和运动发力方式,经实践证实,不仅能做到意、气、劲、形合一,而且能够使长拳演练形神兼备。

三、长拳与传统伦理学

中华传统文化的主要特色是始终贯穿着人生哲学的价值观与伦理观。根植于中华传统文化土壤中的中华武术,亦必然以具有浓郁的伦理思想色彩为主要特色,使尚武与崇德成为密不可分的两个方面。武德是中国武术伦理观的核心。长拳作为国家体委为适应广大社会而特意编创的一个武术项目,仍然摆脱不了传统伦理思想的影响。

武德伦理观念的核心是儒家思想核心——"仁"。中国武术的根本特点是技击,有攻防格斗就意味着暴力、流血甚至死亡。怎样去协调这个矛盾呢?中华人民共和国成立以后,国家体委创编了一种既能淋漓尽致地表现武术运动特点,又不脱离孔孟仁学准则的运动形式——长拳对练。作为一个比赛项目,对练有着严格的规则限制,以保证不会伤人,点到为止,体现了武德仁学的要义。

武德不光指"仁",也包含着"义"。孟子曰:"义,人之正路也。"自古以来,行侠仗义一直是武林人物倡导力行的准则。它体现在民族大义上则是强烈的爱国护国意识,这是一种传统美德,一种民族精神。其他各家各派拳术大都专注于击打效果,未免失于狠毒,不利于在社会上广泛流传,国家体委本着"尚德不尚力"的原则,整理创编了长拳,使武术文化得以顺利地传承下去,使民族精神得以弘扬,使中国人的侠义风节得以光大。

四、长拳习练中武术文化内涵的拓展

(一)通过解析"长拳"名称的历史含义,使学生体会武术文化中"变通"的哲学思想

何谓"长拳"?既然有"长拳",是不是还有"短打"?答案是肯定的。关于"长拳""短打"之说,可以追溯到明代抗倭名将唐顺之著录的《武编·拳》一文。《武编·拳》是中国武术发展史上的第一篇拳学专论,文中明确记述了长拳、短打的概念以及二者不同的技法特点"长拳变势,短打不变势,逼近用短打,若远开则用长拳"。实战中对"长拳"与"短打"的选择性运用,体现了武术具有"变通"的特点。相对"短打"而言,"长拳"施展空间更大,更侧重于强调对敌方动作的预判,不仅考虑了第一步动作,还要预测随后的战况,体现出一种战略思想。武术的不断演变和发展正是由于武学大师运用这一思想不断思索和探究的结果。知晓了"长拳"一词的历史由来、内在含义,不仅为"初级长拳第三路"的学习提供了武术技法理论上的支持,而且揭示了武术学习的基本思想。

(二)以"抱拳礼"和"虚步亮掌"动作为例,在课堂常规中渗透武德教育

何谓"抱拳礼"?它是武术界约定俗成的一个礼仪规范。具体做法为:左手出四指,并拢挺直(四指寓意"四海"),同时,屈大拇指(大拇指代表自己,寓意永不自大);右手五指握拳(五指寓意"五湖");左手掌心"抱"住右手拳面,两臂环形,高于胸齐(代表以武会

五湖四海之友,谦虚地向大家学习之意)。简言之:左掌右拳,环抱胸前,以武会友,虚心学习。上课伊始,以郑重的"抱拳礼"开始,课堂上,套路演练前后都强调"抱拳礼"的使用,授课结束,以郑重的"抱拳礼"结束。学生深刻地领悟到"抱拳礼"既表现了一种雄赳赳的尚武精神,也是一种武术修养的外在表现。在常规教学中,教师通过不断强调"抱拳礼"的行礼规范,逐步培养学生行礼习惯,让学生从情感、态度上更加深入地体验到习武与为人之道。

"虚步亮掌"是整个套路的第一个动作,仅从动作定势上看,头上是架掌,脚下是虚步,似乎并无深意。其实不然,整个"虚步亮掌"动作是以退步开始,这一个小小的退步动作乃是一个很重要的细节,包含着丰富的武学内容。有拳谚云:"先看一步走,再看一出手。"该退步是右脚退步,不是随随便便地直线后退,而是要求向右后方斜退,同时,右手做出拦挡动作,如此一退,避开了对手进攻锋芒,而且在紧挨对手的侧面构建了利于己方下一步进攻或防守的新阵地,表现的便是具有鲜明中国武术特色的"斜闪"技法。该技法属于武术当中的柔性技法,在武术古典论著上早有论及,如明代抗倭名将戚继光所著的《纪效新书·拳经捷要篇》中明确论道:"而其柔也,知当斜闪。"通过以上分析,"虚步亮掌"的退步动作要点便是:"斜闪"退防;其用意为:能不打则不打,能让先让,同时,防守到位,有备无患。从这个简单的退步动作中就可以看出中国传统文化中"礼让"的美德在武术中有着充分的体现。

"虚步亮掌"的第二步,紧接退步动作之后,以"迅雷不及掩耳"之势,一手勾手下按,一手摆掌贯耳,脚下似触电一般变为虚步,一气呵成地完成"虚步亮掌"动作定势。从攻防含义上分析,"虚步亮掌"是一个搂手、击头的动作,若是局限于关注动作的攻防技法,有失偏颇,因为该动作背后还有约束其打法的一面,那就是有关武德的要求。即"出手不打两太阳,脑后耳根一命亡",这句武术谚语明确地告诉我们,武术当中的击头技法讲究有所为有所不为,不是盲目地打,不是不负责地打,而是要知道何处能打,何处不能打。谚语中"太阳"指的是"太阳穴",其位置在眉梢与目外眦之间,向后约一寸处的凹陷中,此部位骨质脆弱,有颞下叶神经通向大脑,击打后轻则脑震荡,重则死亡。谚语中所言"耳后"位置同样是距离大脑较近,受到击打后脑膜中的动脉易损伤,轻则击穿耳膜或耳内出血,重则致脑震荡或死亡。"脑后"则是指脑干部位,是人的呼吸中枢和心血管运动中枢所在位置,被称为"生命中枢"。所以,对待"虚步亮掌"中的"击头"技法,我们必须心存谨慎,做到既知攻防之用法,又明武德之规范。无德之武,此"武"便是横行无忌的脱绳之马;有德之武,此"武"则为韬光养晦的在鞘之剑。中华武术极具中华民族的人文精神,儒家文化中提倡的"宽厚"与"仁爱"在学习武术中更是必须强调的,因为学武尚德,教学中亦是以德育为先。

(三)以"并步对拳"动作为例,挖掘武术当中蕴含的中国古典兵法思想

"并步对拳"是预备动作当中的第二个动作,其定式动作可以简单概括为:并步挺立,颈项后提,双拳下截击小腹,拧腾转头左侧。在实际教学中,学生往往忽视转头这一细节

动作。这时,教师若能利用中国古典兵法阐明"并步对拳"包含的意义,问题便很快迎刃而解。该动作的攻击目标在于对手的小腹部位,而"转头左侧",示意对方己方要攻击"左侧",实际攻击点却在对方小腹。这一小小的转头之举便是《三十六计》中的"声东击西"之策,其源头更可以追溯到世界兵法之鼻祖《孙子兵法》。《孙子兵法·计篇》强调,"能而示之不能,用而示之不用",借以隐蔽自己的意图,迷惑敌人,以便"攻其无备,出其不意"地打击敌人。经过以上阐述,学生对"并步对拳"动作中击打"小腹",却"左侧"的做法,便可以从战术角度理解了,从而在演练"并步对拳"的过程中容易做到有意为之,甚至是有趣为之。

中国古典兵法是武术理论的来源之一,在教学中,教师利用中国古典兵法来阐明动作的技战术方法,既能让学生对武术动作"知其然",也"知其所以然",激发学生研究中华武术热情的同时,也给他们提供了基本研究方法,避免走入"只继承不发展"的误区。

(四)以"提膝穿掌"动作为例,引申出武术语与中国传统医学之间的微妙联系

"提膝穿掌"是第二段的第二个动作,其定式动作可以描述为:右脚独立支撑,左脚屈膝上抬;右手直臂前插掌,左手按掌于右腋下;目视右手。教师可从攻防技法角度讲解"插掌"的几种进攻用法以及"按掌"的防守深意,而后稍加补充,便可从中医角度阐述该动作的良好健身功效,即整个动作基本不变,仅仅加上一条"闭目"练习。只要坚持闭目练习"提膝穿掌"定式动作一分钟以上,便能起到静心安神、调整血压、增强人体免疫力等作用。在单脚独立情况下,若闭上眼睛,人体为保持平衡,自然会聚精会神,将注意力集中到足底,大脑神经马上调动起来,气血随之下行,人体脚下的六条重要的经脉——足太阴脾经、足阴肝经、足少阴肾经、足太阳膀胱经、足少阳胆经以及足阳明胃经,自动得到锻炼,这些经脉对应的脏腑以及它们所循行的部位得到了相应的调节,从而让人全身心受益。武术的功效一为防身驱敌,二为养生保健,而在当今的和谐社会中,人们对后者的关注度大大增强,因此我们因势利导地加以宣传,必然会激发学生对武术的关注和热爱,而且这种讲解会使学生更有意识地规范动作,达到强身健体的目的。

中国武术是民族文化的载体,融入了许多中国传统文化的精髓,文化性是武术的灵魂。教师从"初级长拳第三路"教学的视角出发,通过解析"长拳"名称以及代表性动作所蕴藏的武术文化内涵,使学生对武术文化的博大精深获得具体理解。中华武术文化有着"变通"的哲学思想,有着中华民族"礼""仁"的文化内核,有着中国古典兵法的战略战术以及中国传统医学的理论基础。而学校课堂是宣传武术的广阔平台,武术动作教学中挖掘和拓展武术的文化内涵定能吸引更多学生关注、热爱武术,加快中华武术和中国体育事业的发展。

总之,长拳不光是一个体育运动比赛项目,它还是中国传承文化的载体。长拳作为一个比较稚嫩的拳种,它在继承、发展和创新过程中,必须植根于中华武术的土壤。这样才能被广大群众接受,并逐步走向国际体坛。

第三节　长拳技法学练方法

一、长拳基本动作及练习方法

(一)手形

1. 拳
四指并拢卷握,拇指紧扣食指和中指的第二指节。
要点:拳握紧,拳面平,直腕。

2. 掌
四指并拢伸直,拇指弯曲紧扣于虎口处。

3. 勾
五指第一指节捏拢在一起,屈腕。

(二)步形

1. 弓步
右脚向前一大步(为本人脚长的 4～5 倍),脚尖微内扣,右腿屈膝半蹲(大腿接近水平),膝与脚尖垂直;左腿挺膝伸直,脚尖内扣(斜向前方),两脚全脚着地。上体正对前方,眼向前平视,两手抱拳于腰间,拳心向上。弓右腿为右弓步,弓左腿为左弓步。
要点:前腿弓,后腿绷;挺胸、塌腰、沉髋;前脚同后脚成一直线。

2. 马步
两脚平行开立(约为本人脚长的 3 倍),脚尖正对前方,屈膝半蹲,膝部不超过脚尖,大腿接近水平,全脚着地,身体重心落于两腿之间。两手抱拳于腰间,拳心向上。
要点:挺胸、塌腰、脚跟外踏。

3. 仆步
两脚左右开立,右腿屈膝全蹲,大腿和小腿靠紧,臀部接近小腿,右脚全脚着地,脚尖和膝关节外展;左腿挺直平仆,脚尖内扣,全脚着地。两手抱拳于腰间,拳心向上。眼向左方平视。仆左腿为左仆步,仆右腿为右仆步。
要点:挺胸、塌腰、沉髋。

4. 虚步
两脚前后开立,右脚外展 45°,屈膝半蹲;左脚脚跟离地,脚面绷平,脚尖稍内扣,虚点地面,膝微屈。重心落在后腿上。两手叉腰,眼向前平视。左脚在前为左虚步,右脚在前为右虚步。

要点：挺胸、塌腰、虚实分明。

5．歇步

两腿交叉靠拢全蹲，右（左）脚全脚着地，脚尖外展；左（右）脚前脚掌着地，膝部贴近右（左）脚跟处。两手抱拳于腰间，拳心向上。眼向左前方平视。左脚在前为左歇步，右脚在前为右歇步。

要点：挺胸、塌腰、两腿靠拢并贴紧。

(三)手法

1．冲拳

分平拳与立拳两种。平拳拳心向下，立拳拳眼向上。

预备姿势：两脚左右开立，与肩同宽，两拳抱于腰间，拳心向上，肘尖向后。

动作说明：挺胸、收腹、直腰，右拳从腰间向前猛力冲出，转腰、顺肩，在肘关节过腰后，右前臂内旋，力达拳面，臂要伸直，高与肩平。同时，左肘向后牵拉。练习时，左右交替进行。

要点：出拳要快速有力，有寸劲（爆发力），做好拧腰、顺肩、急旋前臂的动作。

2．架拳

预备姿势：与冲拳同。

动作说明：右拳向下、向左、向上经头前向右上方画弧架起，拳眼向下，眼看左方。练习时，左右可交替进行。

要点：松肩、肘微屈、前臂内旋。

3．推掌

预备姿势：与冲拳同。

动作说明：左拳变掌，前臂内旋，并以掌根为力点向前猛力推出。推击时，左右交替进行。

要点：挺胸、收腹、直腰。出掌要快速有力，有寸劲；同时要做好拧腰、顺肩、沉腕、翘掌等动作。

(四)步法

1．击步

预备姿势：两脚前后开立，同肩宽。两手叉腰。

动作说明：上体前倾，后脚离地提起，前脚随即碰地前纵。在空中时，后脚向前碰击前脚。落地时，后脚先落，前脚后落。眼向前平视。

要点：跳起在空中时，要保持上体正直并侧对前方。

2. 垫步

预备姿势：与击步同。

动作说明：后脚离地提起。脚掌向前脚处落步，前脚立即以脚掌蹬地向前上提起，将位置让与后脚，然后屈膝提腿向前落步。眼向前平视。

要点：与击步同。

3. 弧形步

预备姿势：与击步同。

动作说明：两腿略屈，两脚迅速连续向侧前方行步。每步大小略比肩宽，走弧形路线。眼向前平视。

要点：挺胸、塌腰，保持半蹲姿势，身体重心移动要平稳，不要有起伏现象。落地时，由脚跟迅速过渡到全脚掌，并注意转腰。

(五)腿法

1. 正踢腿

预备姿势：两脚并步站立，两手立掌或握拳，两臂侧平举。

动作说明：左脚向前上半步，左腿支撑，右脚脚尖勾起向前额处猛踢，两眼向前平视。练习时，左右交替进行。

要点：挺胸、直腰。踢腿时脚尖勾起绷落或勾起勾落。收髋猛收腹，踢腿过腰后加速，要有寸劲。

2. 侧踢腿

预备姿势：与正踢腿同。

动作说明：右脚向前上半步，脚尖外展，左脚脚跟稍提起，身体略右转，左臂前伸，右臂后举。随即，左脚脚尖勾紧向左耳侧踢起，同时右臂屈肘上举亮掌，左臂屈肘立掌于右肩前或垂于裆前，眼向前平视。踢左腿为左侧踢，踢右腿为右侧踢。

要点：挺胸、直腰、开胯、侧身、猛收腹。

3. 里合腿

预备姿势：与正踢腿同。

动作说明：左脚向左前方上半步，右脚脚尖勾起内扣并向左上方踢起，经面前向左侧上方直腿摆动，落于左脚外侧。左手掌可在左侧上方迎击右脚掌（击响），也可不做击响动作。眼向前平视。练习时，左右腿交替进行。

要点：挺胸、直腰、松髋、合髋。里合幅度要大，成扇形。

4. 外摆腿

预备姿势：与正踢腿同。

动作说明：左脚向左前方上半步，右脚脚尖勾紧向左侧上方踢起，经面前向右侧上方摆动,直腿落在左腿旁。右掌可在右侧上方击响,也可不做击响动作。眼向前平视。练习时,左右腿交替进行。

要点:挺胸、塌腰、松脆、展髋。外摆幅度要大,成扇形。

5. 弹腿

预备姿势:两脚并立,两手叉腰。

动作说明:左腿屈膝提起,大腿与腰平,左脚绷直。提膝接近水平时,要迅速猛力挺膝,向前平踢(弹击),力达脚尖。大腿与小腿成一直线,高与腰平,右腿伸直或微屈支撑,两眼平视。

要点:挺胸、直腰、脚面绷直、收髋,弹击要有寸劲(爆发力)。

6. 侧踹腿

预备姿势:两脚并步站立,两手叉腰。

动作说明:两腿左右交叉,右腿在前,稍屈膝。随即右腿伸直支撑,左腿屈膝提起,左脚内扣,脚跟用力向左侧上方踹出,上体向右侧倾,目视左脚。练习时,左右交替进行。

要点:挺膝、开髋、猛踹,脚外侧朝上,力达脚跟。

7. 扫腿

扫腿是旋转性的一类腿法,分前、后扫腿两种。

(1)前扫腿。

预备姿势:两脚并立,两臂垂于体侧。

动作说明:左脚向右腿后插步,同时两手由下向左、向上、向右做弧形摆掌,右臂伸直,高与肩平,右掌侧立;左掌附于右上臂内侧,掌指向上。头部右转,目视右方。

上体左后转180°,左臂随体转向左后方平搂至身体左侧,稍高于肩;右臂随体转自然平移至体右侧,掌心朝前,掌指朝右下方。

上体继续左转,左脚尖外展。右掌从后向上、向前屈肘降落,同时,左臂屈肘,左掌掌指朝上从右臂内侧向上穿出,变横掌架于头部左上方,拇指一侧向下。随即右掌下降并摆向身后变勾手,勾尖朝上。在左脚尖外展的同时,左腿屈膝,左脚跟抬起,以左脚前掌碾地;右腿平铺,脚尖内扣,脚掌着地,直腿向前扫转一周半。

要点:头部上顶,眼睛随转体平视前方,上体正直。在扫转时,始终保持右仆步姿势,保持身体重心平衡,右膝不要弯曲。

(2)后扫腿。

预备姿势:两腿并立,两臂垂于体侧。

动作说明:左脚向前上步,左腿屈膝半蹲;右腿挺膝伸直,成左弓步。同时,两掌从两腰侧向前平直推出,掌指朝上,掌心朝前。眼看两掌尖。

左脚尖内扣,左腿屈膝全蹲,成右仆步姿势,同时上体右转并前俯。两掌随身体右转在右腿内侧扶地,右手在前。随着两手撑地与上体向右后拧转的惯性力量,以左脚前掌为轴,右脚贴地向后扫转一周。

要点:转体、俯身、撑地用力要连贯紧凑、一气呵成,上下肢动作不要脱节。

(六)跳跃

1. 腾空飞脚

预备姿势:并步站立。

动作说明:右脚上步,左腿向前、向上摆踢,右脚蹬地跃起,身体腾空,两臂由下向前、向头上摆起,右手背迎击左手掌。在空中,右腿向前上方弹踢,脚面绷直,右手迎击右脚面;同时左腿屈膝,左脚收控于右腿侧,脚面绷直,脚尖向下。左手在击响的同时摆至左侧上方,上体微前倾,两眼平视前方。

要点:

(1)右腿在空中踢摆时,脚高必须过腰;左腿在击响的一瞬间,屈膝收控于右腿侧。

(2)在腾空的最高点完成击响动作。拍击动作必须连续、准确、响亮。

(3)在空中,上体正直而微向前倾,不要坐臀。

2. 旋风脚

预备姿势:开步站立。

动作说明:

(1)高虚步亮掌。

右臂向前上方弧形摆掌,掌心向斜上方;同时左臂屈肘,左掌收于左腰间,掌心向下,上体微左转。目随右掌。右掌经体前向左、向下、向右、向头上抖腕亮掌,掌心向上,掌指朝左;同时左掌从右臂内穿出,经胸前向上、向左摆至左侧,掌指朝上,高与肩平。左脚在右臂抖腕亮掌的同时收于体前,脚尖虚点地面,成高虚步。头部左转,两眼随右掌抖腕亮掌转视左侧。

(2)旋风脚。

左脚向左上步,身体随之左转,同时左手向前推出,右臂伸直向后、向下摆动。右腿随即上步,脚尖内扣,准备蹬地踏跳。左臂向下摆动并屈肘收至右胸前,同时右臂向上、向前抡摆,上体向左旋转前俯。重心右移,右腿屈膝踏地跳起,左腿提起向左上方摆动,上体向左上方翻转,同时两臂向下、向左上方抡摆。身体向左旋转一周,右腿在空中完成里合腿,左手在面前迎击右脚掌,左腿自然下垂。

要点:

(1)右腿做里合腿时,要贴近身体;摆动时,膝挺直,由外向里成扇形。

(2)击响点要靠近面前。左腿外摆要舒展,并在击响的一刹那离地腾空。初学时,左腿可自然下垂。当能够较熟练地完成腾空动作时,左腿逐步高摆,屈膝或直腿收控于身体左侧。

(3)抡臂、踏跳、转体、里合右腿等环节要协调一致。身体的旋转不少于270°。

3. 腾空摆莲

预备姿势:并步站立。

动作说明：

（1）高虚步挑掌。

右脚后撤一大步，同时右臂向前，向上挑掌，左臂后摆至体后。重心后移，左脚回收至身前虚点地面，成高虚步。同时右臂向上、向后、向下、向前绕环一周于身前挑掌，高与肩平，掌指朝上；左臂向前、向上、向后绕环抡摆至身后与肩齐平的部位，掌指上挑。两肩随两臂转动，上体挺胸、直腰、顺肩，两眼随右掌转视前方。

（2）弧形步上跳。

左脚向前进半步；右脚随之向前进一大步，脚尖外展，屈膝略蹲。在上右步的同时，右掌弧形回收至腰间，左臂由后经上摆至头前上方。右腿蹬伸上跳，左腿屈膝提起，左脚收扣于身前，身体腾空。右臂在跳起的同时经左臂内侧向上弧形斜上举，左臂顺势摆向身后，两眼随右掌转视左侧，头左转，右肩前顺。右脚落地，左脚随之在身前落步，右脚再进一步，脚尖外展。身体右转，同时右臂顺势下落，左臂前摆。

（3）腾空摆莲。

右脚踏地跳起，同时左腿向右上方里合踢摆；两手于头上击响，上体向右旋转，身体腾空。右腿外摆，两手先左后右地拍击右脚面，左腿屈膝收控于右腿侧。上体微前倾，两眼随视两手。

要点：

（1）上步要成弧形。右脚踏跳时，注意脚尖外展和屈膝微蹲。

（2）跳起时，左腿注意里合扣踢。

（3）右腿外摆要成扇形，上体微前倾，要靠近面前击掌。两手先左后右拍击右脚面。击响要准确响亮。

（4）在击响的一刹那，左腿屈膝收控于右腿内侧，或伸膝外展置于身体左侧。

（5）在完成动作的过程中，要注意起跳、拧腰、转体、里合左腿与外摆右腿等动作紧密协调。

（七）平衡

1. 提膝平衡

动作说明：右腿直立支撑，左腿屈膝提起（过腰），脚面绷直，并垂扣于右腿前侧。两眼向左平视。

要点：平衡站稳，提膝过腰，脚内扣。

2. 储身平衡

动作说明：支撑腿直立站稳，上体侧身前俯成水平；另一腿挺膝伸直举于体后，高于水平，脚面绷平或脚尖勾起。双臂分别向前下方和后上方展出。

要点：支撑腿站稳，上体与上举腿之间不要有角度，抬头。

3. 燕式平衡

动作说明：左腿屈膝提起，两掌在身前交叉，掌心向外。随即两掌向两侧直臂分开平举,上体前俯,左腿直腿后伸,高于水平,脚面绷平。

要点:两腿伸直,后举腿要高于头顶水平部位,抬头。

4.仰身平衡

动作说明:支撑腿伸直或稍屈站稳,上体后仰接近水平;另一腿伸直,向体前上举出,高于水平,脚面绷平,挺胸抬头。

要点:腹背部要紧张,抬头不要过大。

5.扣腿平衡

动作说明:支撑腿屈膝半蹲,另一腿屈膝外展,脚尖绷平或勾起,踝关节紧扣于支撑腿的膝后胸窝处,挺胸塌腰。

要点:支撑腿站稳,扣腿的脚要扣住。

6.盘腿平衡

动作说明:支撑腿屈膝半蹲,另一腿屈膝外展,小腿收提,脚面绷平或脚尖勾起,踝关节盘放在支撑腿的大腿上,挺胸塌腰。

要点:支撑腿站稳立牢,盘放腿的膝关节要外展。

(八)跌扑滚翻

1.抢背

动作说明:左脚在前,右脚在后,两脚交错站立。右脚从后向上摆起,左脚蹬地跳起,团身向前滚翻,两腿屈膝。

要点:肩、背、腰、臀要依次着地,滚翻要圆、快,立身要迅速。

2.鲤鱼打挺

动作说明:仰卧,屈体使两腿上摆,两手扶按两膝。两腿下打,挺腹,振摆而起。

要点:身体要折叠,打腿振摆要快速,两脚落地时不得超过两肩宽。

3.乌龙绞柱

动作说明:侧卧,左腿略屈贴地,右腿伸直。绞柱时,右腿由左向右贴身平扫,身体随之翻仰,两腿上举相绞。

4.侧空翻

动作说明:左脚蹬地,右腿从后向上摆起,身体前屈,在空中做向左侧翻动作。右脚先落地,左脚随之落地。

要点:翻转要快,两腿要直。

5.旋子

动作说明:开步站立,身体右转,左脚跟离地,左臂前平举,右臂后下举。左脚前脚掌踏地,身体平俯向左甩腰摆动,同时两臂伸直随身体向左摆动。紧接着左腿屈膝蹬地,身体悬空,两腿随身向左平旋。然后右脚先落地,左脚随之落地。

要点:挺胸、抬头、身体成水平旋转,两腿分开高过水平。

二、初级长拳第三路

初级长拳第三路由国家体委编创于1957年,是中国武术初级段位考试的基本套路。全套除了预备动作和结束动作,分为4段,每段8个动作,合计36个动作。套路内容充实,包括了拳、掌、勾三种手形;弓、马、虚、仆、歇五种步形;手法有冲、劈、抡、砸、栽等拳法,推、挑、穿、摆、亮等掌法,盘、顶等肘法;腿法有弹、踹、踢、拍等;还有跳跃和平衡等动作。套路编排合理,由简而繁,由易到难,有利于初学者循序渐进地进行练习;套路编排布局和运动路线变化前后呼应,左右兼顾,均匀合理;在强调动作规格化、注重功力的同时,还较好地体现了攻防意识,增强了学习的情趣。

(一)预备动作

1.预备势

动作要领:两脚并步站立,两臂垂于身体两侧,五指并拢贴靠腿外侧,眼向前平视,如图13-1所示。

图13-1　长拳预备势

注意事项:头要端正,颌微收,挺胸,塌腰,收腹。

2.虚步亮掌

动作要领:①右脚向右后方撤步成左弓步。右掌向右、向上、向前画弧,掌心向上;左臂屈肘,左掌提至腰侧,掌心向上。目视右掌。如图13-2(a)所示。②右腿微屈,重心后移。左掌经胸前从右臂上向前穿出伸直;右臂屈肘,右掌收至腰侧,掌心向上。目视左掌。如图13-2(b)所示。③重心继续后移,左脚稍向右移,脚尖点地,成左虚步。左臂内旋向左、向后画弧成勾手,勾尖向上;右手继续向后、向右、向前上画弧,屈肘抖腕,在头斜上方成亮掌(横掌),掌心向前,掌指向左。目视左方。如图13-2(c)所示。

（a）　　　　　（b）　　　　　（c）

图 13-2　虚步亮掌

注意事项：三个动作必须连贯。成虚步时，重心落于右腿上，右大腿与地面平行。左腿微屈，脚尖点地。

3. 并步对拳

动作要领：①右腿蹬直，左腿提膝，脚尖内扣，上肢姿势不变，如图 13-3（a）所示。②左脚向前落步，重心前移。左臂屈肘，左勾手变掌经左肋前伸；右臂外旋向前下落于左掌右侧，两掌同高，掌心均向上。如图 13-3（b）所示。③右脚向前上一步，两臂下垂后摆，如图 13-3（c）所示。④左脚向右脚并步，两臂向外向上经胸前屈肘下按，两掌变拳，拳心向下，停于小腹前，目视左侧，如图 13-3（d）所示。

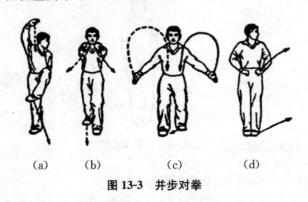

（a）　　（b）　　　　（c）　　　　（d）

图 13-3　并步对拳

注意事项：并步后挺胸、塌腰。对拳、并步、转头要同时完成。

（二）第一节动作

1. 弓步冲拳

动作要领：①左脚向左上一步，脚尖向斜前方；右腿微屈，成半马步。左臂向上向左格打，拳眼向后，拳与肩同高；右拳收至腰侧，拳心向上。目视左拳。如图 13-4（a）所示。②右腿蹬直成左弓步。左拳收至腰侧，拳心向上，右拳向前冲出，高与肩平，拳眼向上。目视右拳。如图 13-4（b）所示。

（a）　　　　　　　　（b）

图 13-4　弓步冲拳

注意事项：成弓步时，右腿充分蹬直，脚跟不要离地。冲拳时，尽量转腰顺肩。

2. 弹腿冲拳

动作要领：重心前移至左腿，右腿屈膝提起，脚面绷直，猛力向前弹出伸直，高与腰平。右拳收至腰侧；左拳向前冲出。目视前方。如图 13-5 所示。

图 13-5　弹腿冲拳

注意事项：支撑腿可微屈，弹出腿时要用爆发力，力点达于脚尖。

3. 马步冲拳

动作要领：右脚向前落步，脚尖内扣，上体左转。左拳收至腰侧，两腿下蹲成马步；右拳向前冲出。目视右拳。如图 13-6 所示。

图 13-6　马步冲拳

注意事项：成马步时，大腿要平，两脚平行，脚跟外踏，挺胸、塌腰。

4.弓步冲拳

动作要领：①上体右转90°，右脚尖外撇向斜前方，成半马步。右臂屈肘向右格打，拳眼向后。目视右拳。如图13-7(a)所示。②左腿踏直成右弓步。右拳收至腰侧，左拳向前冲出。目视左拳。如图13-7(b)所示。

(a)　　　　　　　　　　　(b)

图 13-7　弓步冲拳

5.弹腿冲拳

动作要领：重心前移至右腿，左腿屈膝提起，脚面绷直，猛力向前弹出伸直，高与腰平。左拳收至腰侧，右拳向前冲出。目视前方。如图13-8所示。

图 13-8　弹腿冲拳

6.大跃步前穿

动作要领：①左腿屈膝。右拳变掌内旋，以手背向下挂至左膝外侧，上体前倾。目视右手。如图13-9(a)所示。②左脚向前落步，两腿微屈。右掌继续向后挂，左拳变掌，向后向下伸直。目视右掌。如图13-9(b)所示。③右腿屈膝向前提起，左腿立即猛力踏地向前跃出。两掌向前向上画弧。目视左掌。如图13-9(c)所示。④右腿落地全蹲，左腿随即落地向前铲出成仆步。右掌变拳抱于腰侧，左掌由上向右向下画弧成立掌，停于右胸前。目视左脚。如图13-9(d)所示。

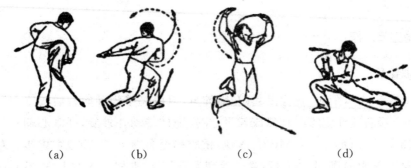

(a)　　　　　　(b)　　　　　　(c)　　　　　　(d)

图 13-9　弹腿冲拳与大跃步前穿

注意事项:跃步要远,落地要轻,落地后立即接做下一个动作。

7.弓步击掌

动作要领:右腿猛力踏直成左弓步。左掌经左脚面向后画弧至身后成勾手,左臂伸直,勾尖向上,右拳由腰侧变掌向前推出,掌指向上,掌外侧向前,目视右掌。如图 13-10所示。

图 13-10　弓步击掌

8.马步架掌

动作要领:①重心移至两腿中间,左脚脚尖内扣成马步,上体右转。右臂向左侧平摆,稍屈肘;同时左勾手变掌由后经左腰侧从右臂内向前上穿出,掌心均朝上。目视左手。如图 13-11(a)所示。②右掌立于左胸前;左臂向左上屈肘抖腕亮掌于头部左上方,掌心向前。目右转视。如图 13-11(b)所示。

(a)　　　　　　　　　(b)

图 13-11　马步架掌

(三)第二节动作

1. 虚步栽拳

动作要领:①右脚踏地,屈膝提起;左腿伸直,以前脚掌为轴向右后转体180°。右掌由左胸前向下经右腿外侧向后画弧成勾手;左臂随体转动并外旋,使掌心朝右。目视右手。如图13-12(a)所示。②右脚向右落地,重心移至右腿上,下蹲成左虚步。左掌变拳下落于左膝上,拳眼向里,拳心向后;右勾手变拳,屈肘向上架于头右上方,拳心向前。目视左方。如图13-12(b)所示。

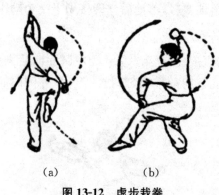

（a）　　　　　　（b）

图 13-12　虚步栽拳

2. 提膝穿掌

动作要领:①右腿稍伸直。右拳变掌收至腰侧、掌心向上,左拳变掌由下向左向上画弧盖压于头上方,掌心向前。如图13-13(a)所示。②右腿踏直,左腿屈膝提起,脚尖内扣。右掌从腰侧经左臂内向右前上方穿出,掌心向上,左掌收至右胸前成立掌。目视右掌。如图13-13(b)所示。

（a）　　　　　　（b）

图 13-13　提膝穿掌

注意事项:支撑腿与右臂伸直。

3.仆步穿掌

动作要领:右腿全蹲,左腿向左后方铲出成左仆步。右臂不动,左掌由右胸前向下经左腿内侧,向左脚面穿出。目随左掌转视。如图 13-14 所示。

图 13-14　仆步穿掌

4.虚步挑掌

动作要领:①右腿踏直,重心前移至左腿,成左弓步。右掌稍下降,左掌随重心前移向前挑起。如图 13-15(a)所示。②右脚向左前方上步,左腿半蹲,成仆虚步。身体随上步左转 180°。在右脚上步的同时,左掌由前向上向后画弧成立掌,右掌由后向下向前上挑起成立掌,指尖与眼平。目视右掌。如图 13-15(b)所示。

（a）　　　　　　　　　　（b）

图 13-15　虚步挑掌

注意事项:上步要快,虚步要稳。

5.马步击掌

动作要领:①右脚落实,脚尖外撤,重心稍升高并右移,左掌变拳收至腰侧;右掌俯掌向外携手。如图 13-16(a)所示。②左脚向前上一步,以右脚为轴向右后转体 180°,两腿下蹲成马步。左掌从右臂上成立掌向左侧击出,右掌变拳收至腰侧。目视左掌。如图 13-16(b)所示。

注意事项:右手做携手时,先使臂稍内旋、腕伸直,手掌向下向外转,接着臂外旋,掌心经下向上翻转,同时抓握成拳。收拳和击掌动作要同时进行。

（a）　　　　　　　　（b）

图 13-16　马步击掌

6．叉步双摆掌

动作要领：①重心稍右移，同时两掌向下向右摆，掌指均向上。目视右掌。如图 13-17(a)所示。②右脚向左腿后插步，前脚掌着地。两臂继续由右向上向左摆，停于身体左侧，均成立掌，右掌停于左肘窝处。目随双掌转视。如图 13-17(b)所示。

（a）　　　　　　　　（b）

图 13-17　叉步双摆掌

注意事项：两臂要画立圆，幅度要大，摆掌与后插步配合一致。

7．弓步击掌

动作要领：①两腿不动。左掌收至腰侧，掌心向上；右掌向上向右画弧，掌心向下。如图 13-18(a)所示。②左腿后撤一步，成右弓步。右掌向下向后伸直摆动，成勾手，勾尖向上；左掌成立掌向前推出。目视左掌。如图 13-18(b)所示。

（a）　　　　　　　　（b）

图 13-18　弓步击掌

232

8.转身踢腿马步盘肘

动作要领:①两脚以前脚掌为轴向左后转体180°。在转体的同时,左臂向上向前画半立圆,右臂向下向后画半圆。如图13-19(a)所示。②两脚不动,右臂由后向上向前画半立圆,左臂由前向下向后画半立圆。如图13-19(b)所示。③右劈向下成反臂勾手,勾尖向上;左臂向上成亮掌,掌心向前上方。右腿伸直,脚尖勾起,向额前踢。如图13-19(c)所示。④右脚向前落地,脚尖内扣。右手不动,左臂屈肘下落至胸前,左掌心向下。目视左掌。如图13-19(d)所示。上体左转90°,两腿下蹲成马步。同时左掌向前向左平搂变拳,收至腰侧,右勾手变拳,右臂伸直,由体后向右向前平摆,至体前时屈肘,肘尖向前,高与肩平,拳心向下。目视肘尖。如图13-19(e)所示。

图13-19　转身踢腿马步盘肘

注意事项:两臂抡动时要画立圆,动作连贯。盘肘时要快速有力,右肩前顺。

(四)第三节动作

1.歇步抡砸拳

动作要领:①重心稍升高,右脚尖外撇。右臂由胸前向上向右抡直,左拳向下向左使臂抡直。目视右拳。如图13-20(a)所示。②两脚以前脚掌为轴,向右后转体180°。右臂向下向后抡摆,左臂向上向前随身体转动。如图13-20(b)所示。③紧接上个动作,两腿全蹲成歇步。左臂随身体下蹲向下平砸,拳心向上,臂部微屈;右臂伸直向上举起。目视左拳。如图13-20(c)所示。

图13-20　歇步抡砸拳

注意事项:抡臂动作要连贯完成,画成立圆。歇步要两腿交叉全蹲,左腿大、小腿靠紧,臀部贴于左小腿外侧,膝关节在右小腿外侧,脚跟提起,右脚尖外撇,全脚着地。

2. 仆步亮拳

动作要领:①左脚由右腿后抽出前上一步,左腿踏直,右腿半蹲,成右弓步。上体微向右转。左拳收至腰侧,右拳变掌向下经胸前向右横击掌。目视右掌。如图 13-21(a)所示。②右脚踏地屈膝提起,上体右转。左拳变掌向前穿出,掌心向上,右掌平收至左肘下。如图 13-21(b)所示。③右脚向右落步,屈膝全蹲,左腿伸直,成仆步。左掌向下向后画弧成勾手,勾尖向上,右掌向右向上画弧微屈,抖腕成亮掌,掌心向前。头随右手转动,至亮掌时,目视左方。如图 13-21(c)所示。

（a）　　　　　（b）　　　　　（c）

图 13-21　仆步亮拳

注意事项:仆步时,左腿充分伸直,脚尖内扣,右腿全蹲,两脚脚掌全部着地。上体挺胸塌腰,稍左转。

3. 弓步劈拳

动作要领:①右腿踏地立起,左腿收回并向左前方上步。右掌变拳收至腰侧,左勾手变掌由下向上经胸前向左做携手。如图 13-22(a)所示。②右腿经左腿前方向左绕上一步,左腿踏直成右弓步。左手向左平携后再向前挥摆,虎口朝前。如图 13-22(b)所示。③在左手平携的同时,右拳向后平摆,然后向前向上做抡劈拳,拳高与耳平,拳心向上,左掌外旋接扶右前臂。目视右拳。如图 13-22(c)所示。

（a）　　　　　（b）　　　　　（c）

图 13-22　弓步劈拳

注意事项:左右脚上步稍带弧形。

4. 换跳步弓步冲拳

动作要领:①重心后移,右脚稍向后移动。右拳变掌臂内旋以掌背向下画弧挂至右膝内侧;左掌背贴靠右肘外侧,掌指向前。目视右掌。如图 13-23(a)所示。②右腿自然上抬,上体稍向左扭转。右掌挂至体左侧,左掌伸向右腋下。目随右掌转视。如图 13-23(b)所示。③右脚以全脚掌用力向下振踩,与此同时,左脚急速离地抬起。右手由左向上向前搂盖而后变拳收至腰侧,左掌伸直向下向上向前屈肘下按,掌心向下。上体右转,目视左掌。如图 13-23(c)所示。④左脚向前落步,右腿踏直成左弓步。右拳向前冲出,拳高与肩平;左掌藏于右腋下,掌背贴靠腋窝。目视右拳。如图 13-23(d)所示。

（a）　　　　　（b）　　　　　（c）　　　　　（d）

图 13-23　换跳步弓步冲拳

注意事项:换跳步动作要连贯、协调。振脚时腿要弯曲,全脚掌着地,左脚离地不要高。

5. 马步冲拳

动作要领:上体右转 90°,重心移至两腿中间,成马步。右拳收至腰侧,左掌变拳向左冲出,拳眼向上。目视左拳。如图 13-24 所示。

图 13-24　马步冲拳

6. 弓步下冲掌

动作要领:右脚踏直,左腿弯曲,上体稍向左转,成左弓步。左拳变掌向下经体前向上架于头左上方,掌心向上,右拳自腰侧向左前斜下方冲出。目视右拳。如图 13-25 所示。

图 13-25　弓步下冲掌

7. 叉步亮掌侧端腿

动作要领：①上体稍右转。左掌由头上下落于右手碗上，右拳变掌，两手交叉成十字。目视双手。如图 13-26(a)所示。②右脚踏地并向左腿后插步，以前脚掌着地。左掌由体前向下向后画弧成勾手，勾尖向上，右掌由前向右向上画弧抖腕亮掌，掌心向前。目视左侧。如图 13-26(b)所示。③重心移至右腿，左腿屈膝提起，向左上方猛力踏出。上肢姿势不变，目视左侧。如图 13-26(c)所示。

(a)　　　　　　　　(b)　　　　　　　　(c)

图 13-26　叉步亮掌侧端腿

注意事项：插步时上体稍向右倾斜，腿、臂的动作要一致。侧端高度不能低于腰，大腿内旋，着力点在脚跟。

8. 虚步挑掌

动作要领：①左脚在左侧落地。右掌变拳稍后移，左勾手变拳由体后向左上挑，拳背向上。如图 13-27(a)所示。②上体左转 180°，微含胸前俯。左拳继续向前向上画弧上挑，右拳向下向前画弧挂至右膝外侧，同时右膝提起。目视右拳。如图 13-27(b)所示。③右脚向左前方上步，脚尖点地，重心落于左脚，左腿下蹲成右虚步。左拳向后画弧收至腰侧，拳心向上，右拳向前屈臂挑出，拳眼斜向上，拳与肩同高。目视右拳。如图 13-27(c)所示。

（a）　　　　（b）　　　　（c）

图 13-27　虚步挑掌

（五）第四节动作

1. 弓步顶肘

动作要领：①重心升高，右脚踏实。右臂内旋向下直臂画弧以拳背下挂至右膝内侧，左拳不变。目视前下方。如图 13-28（a）所示。②左腿踏直，右腿屈膝上抬。左拳变掌，右拳不变，两臂向前向上画弧。目随右拳转视。如图 13-28（b）所示。③左脚蹬地起跳，身体腾空，两臂继续画弧至头上方。如图 13-28（c）所示。④右脚先落地，右腿屈膝，左脚向前落步，以前脚掌着地。同时两臂向右向下屈肘停于右胸前，右拳变掌，左掌变拳。右掌心贴靠左拳面。如图 13-28（d）所示。左脚向左上步，左腿屈膝，右腿踏直成左弓步。右掌推左拳，以左肘尖向左顶出，高与肩平。目视前方。如图 13-28（e）所示。

（a）　　　（b）　　　（c）　　　（d）　　　（e）

图 13-28　弓步顶肘

注意事项：交换步时不要过高，但要快。两臂抡摆时要成圆弧。

2. 转身左拍脚

动作要领：①以两脚前脚掌为轴向右后转体 180°。随着转体，右臂向上向右向下画弧抡摆，同时左拳变掌向下向后向前上抡摆。如图 13-29（a）所示。②左腿伸直向前上踢起，脚面绷平。左掌变拳收至腰侧，右掌由体后向上向前拍击左脚面。如图 13-29（b）所示。

注意事项：右掌拍脚时手掌稍横过来，拍脚要准而响亮。

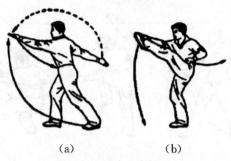

图 13-29　转身左拍脚

3. 右拍脚

动作要领：①左脚向前落地，左拳变掌向下向后摆，右掌变拳收至腰侧。如图 13-30（a）所示。②右腿伸直向前上踢起，脚面绷平。左拳变掌由后向上向前拍击右脚面。如图 13-30（b）所示。

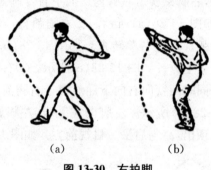

图 13-30　右拍脚

注意事项：与本节的转身左拍脚相同。

4. 腾空飞脚

动作要领：①右脚落地，如图 13-31（a）所示。②左脚向前摆，右脚猛力踏地跳起，左腿屈膝继续上摆。同时右拳变掌向前向上摆，左掌先上摆而后下降拍击右掌背。如图 13-31（b）所示。③右腿继续上摆，脚面绷平，右手拍击右脚面，左掌由体前向后上举，如图 13-31（c）所示。

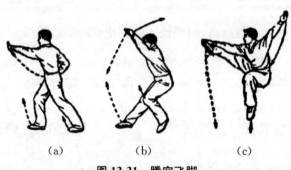

图 13-31　腾空飞脚

注意事项:踏地要向上,不要太向前冲,左膝尽量上提。击响要在腾空时完成,右臂伸直成水平。

5.歇步下冲拳

动作要领:①左、右脚先后相继落地。左掌变拳收至腰侧。如图 13-32(a)所示。②身体右转 90°,两腿全蹲成歇步。右掌抓握、外旋变拳收至腰侧;左拳由腰侧向前下方冲出,拳心向下。目视左拳。如图 13-32(b)所示。

(a)　　　　　　(b)

图 13-32　歇步下冲掌

6.仆步抡劈拳

动作要领:①重心升高,右臂由腰侧向体后伸直,左臂随身体重心升高向上摆动。如图 13-33(a)所示。②以右脚前脚掌为轴,左腿屈膝提起,上体左转 270°。左拳由前向后下画立圆一周,右拳由后向下向前上画立圆一周。如图 13-33(b)所示。③左腿向后落一步,屈膝全蹲,右腿伸直,脚尖内扣成右仆步。右拳由上向下抡劈,拳眼向上;左拳后上举,拳眼向上。目视右拳。如图 13-33(c)所示。

(a)　　　　　　(b)　　　　　　(c)

图 13-33　仆步抡劈拳

注意事项:抡臂时一定要画立圆。

7.提膝挑掌

动作要领:①重心前移成右弓步。同时右拳变掌由下向上抡摆,左拳变掌稍下落,右掌心向左,左掌心向右。如图 13-34(a)所示。②左、右臂在垂直面上由前向后各画立圆一周。右臂伸直停于头上,掌心向左,掌指向上,左臂伸直停于身后成反勾手。同时右腿屈膝提起,左腿挺膝伸直独立。目视前方。如图 13-34(b)所示。

（a）　　　　　　　　（b）

图 13-34　提膝挑掌

注意事项:抡臂时要画立圆。

8. 提膝劈掌弓步冲拳

动作要领:①下肢不动。右掌由上向下猛劈伸直,停于右小腿内侧,用力点在小指一侧;左勾手变掌,屈臂向前停于右上臂内侧,掌心向左。目视右掌。如图 13-35(a)所示。②右脚向右后落地,身体右转 90°。同时左掌变拳收至腰侧,右臂内旋向右画弧做劈掌。如图 13-35(b)所示。③左腿蹬直成右弓步。右手抓握变拳收至腰侧,左拳由腰侧向左前方冲出。目视左拳。如图 13-35(c)所示。

（a）　　　　　　（b）　　　　　　（c）

图 13-35　提膝劈掌弓步冲拳

(六)结束动作

1. 虚步亮掌

动作要领:①右脚扣于左膝后,两拳变掌,两臂右上左下屈肘交叉于体左前。目视右掌。如图 13-36(a)所示。②右脚向右后落步,重心后移,右腿半蹲,上体稍右转。同时右掌向上、向右、向下画弧停于左腋下,左掌向左、向上画弧停于右臂上与左胸前,两掌心左下右上。目视左掌。如图 13-36(b)所示。③左脚尖稍向右移,右腿下蹲成左虚步。左臂伸直向左、向后画弧成反勾手；右臂伸直向下、向右、向上画弧抖腕亮掌，掌心向前。目视左方，如图 13-36(c)所示。

（a）　　　　（b）　　　　（c）

图 13-36　虚步亮掌

2. 并步对掌

动作要领：①左腿后撤一步，同时两掌从两腰侧向前穿出伸直，掌心向上。如图 13-37(a)所示。②右腿后撤一步，同时两臂分别向体后摆。如图 13-37(b)所示。③左脚后退半步向右脚并拢。两臂由后向上经体前屈臂下按，两掌变拳，停于腹前，拳心向下，拳面相对。目视左方，如图 13-37(c)所示。

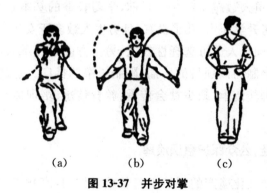

（a）　　　　（b）　　　　（c）

图 13-37　并步对掌

3. 还原

动作要领：两臂自然下垂，目视正前方，如图 13-38 所示。

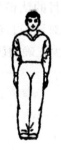

图 13-38　还原

第四节　长拳的推广路径

一、长拳推广过程中的现实困境

(一)保护资金不足,设施建设有待提高

在传统体育非物质文化遗产项目中,武术类非遗项目的发展形势相对较好,但仍有部分项目存在着资金短缺的问题。通过访谈长拳传承人得知:长拳也面临着资金严重不足的情况,没有充足的资金开办拳馆。因此,长拳活动的开展主要集中在公园或广场,而且,目前现有学员都是免费教授,没有任何资金来源,有时甚至在器材服装上倒贴资金。另外,长拳缺少展览展馆,会影响社会大众对该项目的认知态度,继而限制该项目的发展。

(二)传承方式单一,传承队伍人员匮乏

据了解,原来传承人所教授的学员人数较多,随着近些年学生的学习任务越来越重,升学压力逐年递增,学员人数越来越少。目前,学习长拳的基本是小学生,初中生很少,高中生由于面临着高考升学压力,几乎没有,且男生人数多于女生。此外,传承对象仍然是传承人的儿子,一方面是人员可选择性较低,另一方面是传承人内心仍然更倾向于家族传承,长远来看,这会制约该项目的传播,限制长拳的推广。总之,目前该项目传承方式主要是家族传承与师徒传承,缺少社会传承、教育传承、培训传承,大大限制了推广的范围。

(三)宣传效果不佳,公众保护意识淡薄

宣传活动在非物质文化遗产的保护中起着重要作用,离开了宣传活动,非遗被大众认识的可能性将大打折扣。长拳的展演活动基本是参与政府组织的非遗展示展演活动,几乎没有专场、专题展演交流活动。当前,互联网高速发展,很多项目借助互联网平台的推广获得了非常好的效果,但是长拳项目在互联网方面的推广很少。社会各界对该项目的保护重视程度不够,公众缺乏对该项目的认识与参与,当前学术精英的研究视角与该项目还存在一定的距离,企业家等欠缺对该项目的扶持与运营意识,其共同原因是对该项目不了解,对于该项目的重要价值缺少正确的认识。

二、长拳的具体推广路径

(一)完善保护规划,出台制度政策

武术非遗与其他传统体育非遗相比看似传承甚好,却也显露出诸多问题,迫切需要

非遗保护单位加以重视。政府保护部门应根据该类项目的特点制定武术非遗的保护规划与办法,并且由专人负责该类项目的保护工作。鉴于长拳保护传承过程中资金与设施建设远远满足不了需要,政府保护部门应有计划、分步骤地为该项目投入传承资金、完善相关基础设施建设。

首先,为项目建立传习基地,或者是提供场地支持来扶持传承人开办拳馆,帮助其探索自力更生道路,或者是允许其免费使用某个体育馆的场地进行传习。

其次,为项目建立展馆,利用传统图文、实物展示与现代声、光、电等手段全方位、立体化展示项目内容。

最后,为传承人与企业、学校、社区、机关单位等牵线,促成相互合作,为项目增加交流展示、教学培训的机会。

(二)拓宽推广渠道,调动社会参与

结合传统与现代传播手段扩大该项目的传播范围,引导商界人士、学术界专家、社会公众参与到长拳项目保护中。

首先,在传统传播手段的基础上引入时下流行的新媒体传播手段,充分结合传承人从事武术教学与文艺策划宣传等工作的优势,运用"两微一端"(微信、微博、新闻客户端)进行信息传播。

其次,通过直播活动与赛事过程,上传演出视频、纪录片等到各大视频网站,为公众提供直观的了解该项目的途径。

再次,促成商业合作,由企业运营举办相关赛事活动、演出活动,运用该项目相关元素开发相关服装、饰品等获得利润,为项目保护与传承提供资金支持。

最后,建立研究基地,通过成立长拳研究会,调动相关领域专家参与,定期举办长拳学术研讨会,继续挖掘相关历史文化与技法套路,丰富完善文化与技术体系。

(三)融入教育传承,扩大传承队伍

学校教育在文化、技术等知识的传承过程中占较大比例,反观非遗的文化技术传承在教育传承方面却不乐观。

首先,非遗保护部门与教育、体育部门应出台相关政策规定,促进项目的学校教育传承。选择该项目所在地的部分中小学、高等院校等开设长拳课程,尤其在高等院校的体育院系或专业开展该项目的必修课程,引导学生学习该项目。

其次,社会培训也是吸纳与培养传承人的重要途径,通过开办社区内长拳大讲堂,开展企业的健身防身技术培训,融入少年宫、俱乐部等形式的培训教学等吸纳社会人员参与该项目的习练,扩大传承队伍,进而积极推广。

最后,传承人在以家族传承、师徒传承为主的情况下要积极投入学校教育传承、社会培训传承的事业,并积极培养相关人才为扩大传承队伍奠定基础。

参考文献

[1] 陈辉. 武术文化传承与健身推广研究[M]. 长春:吉林大学出版社,2020.

[2] 高源,刘根发. 中国武术发展传播及文化传承探究[M]. 长春:吉林人民出版社,2020.

[3] 丁花阳. 新时代中华传统武术文化的传承与发展[M]. 长春:吉林人民出版社,2020.

[4] 李娅楠. 中国武术文化传承与多元发展的研究[M]. 北京:中国商务出版社,2018.

[5] 李远华. 全球化背景下中国武术的传承与发展研究[M]. 长春:吉林大学出版社,2019.

[6] 冯文杰. 中华武术的现代传承与发展[M]. 北京:中国商务出版社,2018.

[7] 王健,孙小燕,陈永新. 中国武术文化的传承教育与可持续发展[M]. 长春:吉林人民出版社,2019.

[8] 权黎明. 高校学术文库体育研究论著丛刊 传统武术文化教育发展审视[M]. 北京:中国书籍出版社,2019.

[9] 于世海. 高校武术教学的价值分析与优化研究[M]. 长春:吉林大学出版社,2020.

[10] 王国成. 传统武术文化传承与发展研究[M]. 北京:华文出版社,2017.

[11] 梁晓珊. 高校校园文化建设[M]. 长春:吉林人民出版社,2021.

[12] 赵翔,张博. 高校校园文化建设的多维度探究[M]. 西安:西北工业大学出版社,2021.

[13] 闫婕. 网络环境下高校校园文化建设研究[M]. 长春:吉林人民出版社,2020.

[14] 郭纯. 武术课程探析与教学创新研究[M]. 北京:中国纺织出版社,2018.

[15] 司红玉,韩爱芳. 武术[M]. 重庆:重庆大学出版社,2017.

[16] 栗胜夫. 中华武术演进论[M]. 北京:人民出版社,2017.

[17] 郑砚龙,肖祥,曾文波. 大学体育与健康实用教程[M]. 天津:天津科学技术出版社,2020.

[18] 郭大勇,黄志国. 高职体育理论与实践教程[M]. 北京:航空工业出版社,2020.

[19] 翟磊. 高校学术文库体育研究论著丛刊 现代散打技法解析与训练研究[M]. 北京:中国书籍出版社,2019.

[20] 张硕. 武术文化传承内容及路径研究[J]. 武术研究,2022,7(4):47-50.

[21] 张凯莉. 我国武术教育的当代使命与践行路径[J]. 吉林体育学院学报,2022,38(3):104-108.

[22] 王雅茹. 学校武术教育当代价值及实现路径[J]. 中华武术,2021(7):77-81.

[23] 张繁. 新时代高校武术文化发展路径研究[J]. 武术研究,2022,7(7):40-43.

[24] 于少文,刘璐璐,吴华,等."课程思政"视角下学校武术教育价值内涵与实践路径研究[J].广西科技师范学院学报,2020,35(5):88-91,17.

[25] 管炳广,赵甜甜,田孝彬."课程思政"理念下学校武术教育的价值探究[J].中华武术,2022(9):82-84.

[26] 赵长英.基于课程思政理念下高校武术教学的创新改革分析[J].中华武术,2021(7):71-73.

[27] 张丽,张红,许朋展.武术教学课程思政的价值探究[J].当代体育科技,2020,10(10):217-218.

[28] 赵建强,张晶杰,权黎明.武德文化融入高校体育文化价值与策略研究[J].武术研究,2021,6(5):47-49,53.

[29] 赵丹,马文博."课程思政"融入高校武术课程的生成逻辑与实践路径[J].中华武术,2020(10):98-101.

[30] 李彬彬,张欣怡.立德树人视域下高校体育与思想政治教育融合育人研究[J].体育风尚,2021(5):209-210.

[31] 杨雨龙,刘立清."课程思政"融入高校武术育人的新思考[J].武术研究,2020,5(7):67-70.

[32] 赵光勇.传统武德融入高校思政教育的路径探析[J].武术研究,2022,7(2):78-81.

[33] 赵成庆.新时代武术教育与校园文化互融发展研究[J].武术研究,2021,6(6):72-74.

[34] 郑漫晶,李争名.新时代背景下武术教育融入高校校园文化建设的价值研究[J].中华武术,2021(6):102-105.

[35] 毕映琛.武术教育融入高校校园文化建设的价值与实施之路[J].中华武术,2020(10):102-103,89.

[36] 杨溶,李正恩,李恒宇,等."体教融合"背景下学校武术教育改革路径研究[J].才智,2021(34):68-71.

[37] 张晓,徐晓东,张长念.体教融合背景下学校武术教育的优特价值与实现路径[J].武当,2021(6):62-63.

[38] 马文友."全人教育"理念下高校武术教学改革的理论设计与实践路径[J].南京体育学院学报,2020,19(9):73-78.

[39] 甄嘉玲,马文友."全人教育"视阈下学校武术教学审视及路径选择[J].武术研究,2022,7(4):81-83.

[40] 陈思琦.新中国武术散打发展研究[D].济南:山东体育学院,2021.

[41] 徐世文.论武术散打在青少年群体中推广的路径与方法[J].文体用品与科技,2018(24):190-191.

[42] 任兰.太极拳健康文化与和谐发展的应对策略研究[J].文体用品与科技,2022,4(4):99-101.

[43] 彭天,易鹏.文化自信背景下太极拳推广策略研究[J].武术研究,2021,6(3):72-74.